高职高专营销类专业能力本位系列教材

编写指导委员会

总　主　编：陈周钦

执行主编：曾艳英　　高南林

编　委　会：曾艳英　　覃常员　　蒋　令　　赵柳村

　　　　　　黄本新　　卢　岩　　张　波　　陈俊宁

　　　　　　陆凯红　　汤　俊　　高南林

高职高专营销类专业 能力本位 系列教材

（第二版）

团队建设与管理

TUANDUI JIANSHE YU GUANLI

主　编：陶　金
副主编：王松涛　边明伟

暨南大学出版社
JINAN UNIVERSITY PRESS
中国·广州

图书在版编目（CIP）数据

团队建设与管理/陶金主编 . —2 版 . —广州：暨南大学出版社，2022.3
（高职高专营销类专业能力本位系列教材）
ISBN 978 - 7 - 5668 - 3157 - 6

Ⅰ . ①团…　Ⅱ . ①陶…　Ⅲ . 企业管理—组织管理学—高等职业教育—教材　Ⅳ . ①F272.9

中国版本图书馆 CIP 数据核字（2021）第 214679 号

团队建设与管理（第二版）

TUANDUI JIANSHE YU GUANLI（DI-ER BAN）

主　编：陶　金

出　版　人：张晋升
责任编辑：周玉宏　亢东昌
责任校对：周海燕　黄亦秋
责任印制：周一丹　郑玉婷

出版发行：暨南大学出版社（510630）
电　　话：总编室（8620）85221601
　　　　　营销部（8620）85225284　85228291　85228292　85226712
传　　真：（8620）85221583（办公室）　85223774（营销部）
网　　址：http://www.jnupress.com
排　　版：广州市天河星辰文化发展部照排中心
印　　刷：佛山市浩文彩色印刷有限公司
开　　本：787mm×1092mm　1/16
印　　张：14.75
字　　数：377 千
版　　次：2010 年 3 月第 1 版　2022 年 3 月第 2 版
印　　次：2022 年 3 月第 13 次
印　　数：34001—37000 册
定　　价：39.80 元

总　序

"十一五"期间，教育部、财政部决定实施国家示范性高等职业院校建设计划，通过重点建设100所国家示范性高职院校，带动全国高职院校深化改革，提升高等职业教育的整体建设水平。这标志着我国高等职业教育进入了一个追求内涵发展的新历史阶段。这是科学发展观在我国高等教育领域的具体体现，对促进我国高等职业教育更好更快发展具有重大的战略意义。

在人数与规模上，高职教育已占我国高等教育的半壁江山。经过多年的发展，高职教育已从当初规模化建设转向突出内涵发展，转向深入课程改革与提升学生的核心专业能力培养上来。在当前全国各类学校争创示范院校的形势下，我国高等职业教育正在进行一场颠覆性变革。如何进行内涵建设，提高课程教学质量，是当前所有高职院校面临的一项重要课题。

随着我国生产力水平的不断提高，市场竞争日益激烈，传统的营销方式越来越不能满足经济发展的需要，市场向营销工作提出了更高要求，也向营销人才培养提出了更高要求。2006年以来，广东交通职业技术学院开始在全院各专业中大力推行基于工作过程和岗位能力的课程教学改革。我们通过工学结合基地建设、专家讲座、说课比赛、教学示范、教学观摩、教学评估、教师培训、教案评比等一系列工作，将教学改革逐步推进，并在各专业与一线教师中深入开展。根据我院"航标灯精神"和"铺路石品格"的人才培养理念，各专业对原有的专业课程体系进行了根本性的改造，并取得了初步的成效。

为了满足实际教学的需要和进一步巩固改革成果，在充分调研与分析的基础上，我们组织近二十所高职院校的百余位专业老师及多名知名企业的专业人士共同编写了这套营销类专业能力本位系列教材。我们力求将知名企业实践与理论有机结合起来，以就业岗位为导向，强调分析企业实际工作过程与岗位关键能力训练。重点结合近年来国内，尤其是广东的知名企业营销工作来进行内容提炼与编排。每一本教材都充分听取和吸收企业人员的意见，有企业顾问参与编写或是进行审核，合理补充新知识与新内容，充分体现高职教育的特点。所有案例、技能训练活动、习题等都精益求精，强调实践性与可操作性，真正把教师备课、授课、辅导答疑、学生考证、企业实际工作内容、岗位能力训练等教学、实训环节有机地结合起来。其编写特色主要体现在以下几个方面：

（1）突出能力本位。力求面向专业培养方向和岗位工作要求，不断强调学生岗位业务操作能力和思维、自我学习以及创造性解决问题的能力，促进学生就业以及后续发展。

（2）内容新颖。借鉴国内外最新教材与成果，案例主要取材近几年国内尤其是广东省内的知名企业实践经验，内容突出岗位实际操作，融会最新理论与实践成果。

（3）合作交流。本系列教材由全国近二十所高职院校近百名专业教师与企业专业人士共同合作编著而成，相互交流学习，集思广益，共同编写，具有较强的实战性与适用性。

（4）配套产品丰富。本系列教材除有电子课件外，还有教学用视频、习题、考卷、知名企业的一手岗位训练内容等，为一线教师提升教学质量提供方便。

衷心希望这套系列教材能有助于进一步深化高职院校营销类专业教学改革，为新形势下高职营销人才的培养作出一份贡献。同时，也希望广大教师与读者多提宝贵意见。

广东交通职业技术学院院长　陈周钦
2009 年 2 月

第二版前言

《团队建设与管理》一书已经出版十年，正是由于十年来各位读者的厚爱，让此书有了今天的第二版。我想，这十年是各位读者美好的十年，也是本人最重要的十年。这十年我完成了人生和事业的几件重要的事情，对于教育教学也有了更多的理解与认识，这十年我们的教育对象——高职高专的学生，也从"90后"变成了"00后"。他们更有个性，也迫使我们思考教育教学的改革。而且，社会的变革在这十年中也是巨大的，例如微信、移动支付等从无到有，公众号上各种各样的内容成了包括大学生在内的当代人重要的阅读对象。作为教师，有时候站在讲台上，看着下面的学生低头看着各自的手机，有的在玩游戏，有的在看小说，有的在看娱乐八卦，有的在看自己感兴趣的专业知识，每当看到此景我就不免思考，我们的课堂也确实需要变了，该如何吸引学生？要想吸引学生，就需要了解学生，资讯发达了，学生真的不需要老师了吗？每次思考此类问题，甚至在课堂上与学生讨论"在线课程到底能不能替代传统教学"，结论几乎都是一样的，那就是：不能完全替代。因为要想在线课程内容真正被学生掌握，需要学生具有强大的自觉、自律、自学能力。对许多高职学生来讲，没有强大的自律精神是不足以完全通过在线学习完成学业的。课堂教学还是有必要的，但是，课堂教学的内容需要更新，需要更活跃、更有时代特点的内容吸引学生。本着这样的思路，编者对此书内容进行了修订，以适应当前学生的需要。

本书在第一版内容的基础上修订，另全新增加了三个项目，由陶金编写"团队学习管理"和"团队压力管理"两个项目，由边明伟编写"团队重塑"项目。这三个项目是当前企业团队管理实践中都比较重视的内容，因此作为新增内容加了进来。同时，对本书的章节结构做了调整，从"章节"变为"项目"教学，教学任务更为清晰，适应了当前高职学生学习的特点。同时，本书与广州市锦昇信息技术有限公司开展了校企合作，吸收了该公司的真实案例。

在本书的编写过程中，我们认真研读了近几年国内外许多专家和学者的著作，并借鉴了其中部分内容，在此谨向他们表示深深的感谢！还要感谢暨南大学出版社的编辑，能成此书也有他们的辛劳和付出！

由于编者水平有限，书中难免会有错谬和不妥之处，恳请专家、同行和广大读者批评指正。欢迎大家就任何问题联系交流。

邮箱：123159240@ qq. com.

陶　金

2021 年 12 月

第一版前言

《团队建设与管理》一书根据能力本位的教学需要，体现高职教育特色教、学、做"一体化"的原则，适应了当前高职高专学生学习的特点，也紧扣了高职教育未来的发展趋势。

本书主要立足于讲述与职业相关的必要的基础理论知识，在坚持教材内容全面和严谨的前提下，大量使用案例、穿插量表测验、管理寓言、团队游戏等形式，以提高学生主动参与学习的积极性，更强化了教学效果，加深学生对课程内容的理解。本书全面论述了团队建设与管理的内容，内容深入浅出，做到了取材新颖、讲述生动、语言流畅、材料丰富、切实有用，克服了许多教材枯燥乏味的弊端，使读者能够感受到该书的实用性，并能使读者从概念到技能、从理论到实践都有所收获、有所飞跃。总体来看，该书较好地驾驭了团队"建设"与"管理"这两大主题，注重理论与实践相结合，研究性与操作性并举，具有时代性、科学性、实用性的特点。

本书由陶金任主编，王松涛、潘晓生任副主编。全书统稿由陶金完成。具体编写分工为：陶金编写第四、五、六、七章，王松涛编写第一、二、三章，潘晓生编写第八章。

在本书的编写过程中，我们兢兢业业、如履薄冰，认真研读了国内外许多专家和学者的著作，并借鉴了其中部分内容，在此谨向他们表示深深的感谢！尽管在本书后面列出了主要的参考文献，但这些仅仅是其中一部分。

由于编者资历尚浅，水平有限，加之时间仓促，书中难免会有错谬和不妥之处，恳请专家、同行和广大读者批评指正。欢迎大家就任何问题与编者联系交流。

编　者
2009 年 7 月

目 录

项目一　认识团队

职业能力目标：

1. 领会团队的概念。
2. 理解团队的构成要素。
3. 理解不同类型团队的特征。

任务一　团队与群体

●实践情景

　　《时尚》杂志是专门做女性时装宣传的，该杂志非常畅销。一本畅销杂志要编成，不论是总编还是其他的成员都需要有自主性，每个人自动自发地去收集资料；需要思考性，每个人要自己去想方法、想点子、想内容；需要合作性，剪接的、收集的、采编的、摄影的，要充分地合作，才能够把这本杂志出色地编出来。尽管它的发行量很大，但杂志社其实是一家很小的公司。不过，它虽然规模小，但是和中国石油公司这样庞大的公司一样，都是一个团队。几十万人的大企业和几百人或几十个人，哪怕是几个人的小企业，都是要有团队概念的，都要有自主性、创造性、协作性。团队不同于群体。群体可能只是一群乌合之众，并不具备高度的战斗能力，而团队则要满足自主性、创造性、协作性三个条件才行。英国谚语说得好，"一个人做生意，两个人开银行，三个人搞殖民地"，这就是团队的效果。团队是管理学上独具魅力的一个词，在竞争激烈的知识经济时代，单打独斗已经成为历史，现在的竞争已经不再是个体之间的竞争，而是更多地表现为团队与团队、组织与组织之间的竞争。很多时候，目标的实现、困难的克服、挫折的平复，不能仅凭个人的力量与勇气，而必须依靠整个团队的智慧。

【思考与启示】

什么是团队？团队的优势在哪里？成为一个团队，需要具备什么样的条件？团队与群体的区别在哪里？

一、什么是团队

团队，又叫工作团队，是现代企业组织中广泛采用的一种管理形式，指的是由为数不多的员工根据功能性任务组成的工作单位，其主要特征是团队成员承诺共同的工作目标和方法，共同积极配合协作，共同承担责任。团队与我国现在工厂企业里的班组、学校里的教研组是性质不同的两种基层单位。团队成员要接受一定的训练，要掌握团队工作技能和习惯，特别是每个成员都要掌握多种技能，以便在工作中相互支援。团队成员要具备解决问题和作出决定的能力，进而还要能确定问题并提出解决问题的方法。因此，并不是群体中的每一个人都能成为团队成员，同时，也不是每一个既定组织都可以引进团队组织和团队管理。

团队这种工作组织形式起源于 20 世纪 50 年代的工作设计与社会技术理论。1948 年至 1958 年英国煤矿的系列研究和原来瑞典沃尔沃公司的工作丰富化和自主化研究，证明了组织的功能是组织的社会心理过程（企业文化、个人动机等）与组织的生产技术和运行相互作用的过程。组织被理解为是一个把投入（人、财、物）转化为产出的社会—心理—技术系统，经济手段和社会心理影响各自作用于个人的工作绩效，从而对组织整体的运行产生作用。20 世纪 60 年代末至 70 年代初，西方的一些大跨国公司开始采用团队的组织形式，这在当时还是十分新鲜的做法。发展到今天，优秀的大公司都不同程度地运用团队这一组织形式来提高效率。在国内，也有少数企业依据国情引进和修订了国外的团队管理模式，并且取得了可喜的成绩。

作为一个团队，要符合以下三个条件：

1. 自主性

团队要有自主性，这就要求团队领导者要对团队成员适当放权，让成员能够自主做事。

（1）理清授权范围。

领导者要能理清自己的授权范围，掌握团队每位成员的"有效操作空间"。

（2）自主处理。

领导者要向被授权的成员讲清楚他的权限范围，并形成书面文字。

（3）合理安排工作。

领导者要根据重要性与紧迫性，将各项工作安排好先后顺序。

（4）共同协商。

领导者还要关注团队成员的工作，指出他们工作中存在的问题与不足，并形成书面文字，将每项问题细化。

让成员有自主性，就是让成员充分地感受到是自己在决定怎样处理并解决问题，而不是处处由别人指使自己去工作。给团队成员充分的自主权，可以使成员在工作的过程中，在履行职责的同时实现自身的价值，从而获得较大的心理满足，进而最大限度地调动成员的主观能动性和创造性，激发成员释放工作热情，使整个团队的工作效率大大提高。

2. 创造性

许多团队都存在着这样一种现象，即领导作出决策，下达命令，而下属只是依照领导的指示做事。什么事情都是领导一个人思考、一个人决策，这样的团队是没有创造性的团队。作为团队的领导者，要经常思考问题的关键点以及对团队的工作定期提出流程改善建议，该如何实施等涉及细节的具体操作步骤应交由下属去考虑。那么，领导者应如何培养成员的创造性呢？

（1）鼓励学习。

领导者要鼓励成员通过阅读和搜集相关信息加强对新知识的摄取，创建学习型组织。

（2）自我检查。

领导者应要求每个成员做自我检查，对目前工作状况的缺失进行分析，并提出具体的改进意见。

（3）优化改良。

领导者应要求成员在学习和借鉴他人优点与长处的基础上，结合自身特点，优化改良，提出新观点、新思路、新方法。

（4）有创造性思维。

领导者还要引导成员打破固有的思维定式，形成创造性思维模式。

作为团队的领导者，要努力培养成员的创新意识，使团队具有创造性，改变传统的上令下行的管理方式，使团队能够突破现状，不断超越、发展和进步。

3. 协作性

如果一个团队缺少成员之间的精诚协作，不论策略、创意多么完美，都是没有用的。协作是一切团队成功的保障。

（1）身先士卒。

在团队遇到重大任务或困难，尤其是比较棘手、难以解决的问题时，领导者要身先士卒，勇为表率，以自己的实际行动激励大家团结一致，共同战胜困难。

（2）角色转变。

领导者在下属面前不宜始终保持威严的形象，要视具体情况灵活转变角色。例如，对于新来的下属，领导者要充当教练员的角色，指导并帮助下属适应新的岗位、新的环境。

（3）不要推诿。

一个具有协作意识的团队，其成员尤其是团队的领导者应勇于承担责任，主动想办法去解决问题、弥补过失，而不是相互推诿、相互指责。

二、团队与群体的区别

根据卡特莱特和赞德的解释，群体就是互有关系、互相依赖到一定重要程度的人的集合。更精确地讲，群体可以定义为：为了实现某个特定目标而由两个以上相互作用和相互依赖的个体结合在一起的集体。关于团队，威廉姆斯认为，它首先是一个群体，在此基础上，其成员具有高度的相互依赖性和共同性。国内学者同样认为，团队是由更具有自主性、思考性和合作性的个体组成的群体。由此可见，作为同是由个体组成的集体，群体所涵盖的范围更广，而团队则是建立在群体基础之上的子集。

关于群体和团队的具体区别，威廉姆斯用了四个维度来进行区分：期望、沟通、过程和亲密程度。在期望维度上，威廉姆斯认为团队成员在参与、贡献、合作和支持方面有着比群体成员更高的期望值。在沟通维度上，威廉姆斯认为团队成员对沟通框架的要求比群体成员更高，并且团队成员也需要更快捷的沟通效果。在过程维度上，威廉姆斯认为团队成员的相互依赖性更强，但是在管理上的要求却要低于群体成员。在亲密程度这一维度上，威廉姆斯认为相对群体成员而言，团队成员间的亲密程度更高，虽然较高的亲密程度并不一定能够保证更高的效率和更好的结果。

威廉姆斯提出这四个维度的主要根据是他个人积累的丰富经验和管理与洞察能力。可以说，这四个维度比较综合地概括了群体与团队的不同。但是，对于每个维度中的具体指标（如果可以细分的话），威廉姆斯并没有给出明确的定义或者描述。而且这些维度本身也只是相对浅层的集中概括，它们并没有充分展开，因此也不能发掘出团队与群体在更深层面的区别。比如，在期望维度上，虽然威廉姆斯提到了其中诸如参与、贡献、合作和支持等具体层面的不同，但是对于产生这些不同期望值的原因，如成员身份的认同，却没有提及。而对于希望进行团队建设的组织，那些关于团队区别于一般群体的更详细而明确的描述，则更具现实意义。

群体和团队的区别主要表现在目标定位、身份认同、技能组合、领导作用、成员关系、工作态度、协作能力、沟通方式、工作结果诸多层面。

1. 目标定位层面

无论是群体还是团队，都可以定义为一个集体，而它们的组成单位则是构成集体的个体。作为集体中的个体，其目标往往与集体目标是不尽一致的。当然这也不可避免地会发生在群体和团队的成员身上。不同的是，当这种情况发生时，群体成员会将个体目标置于集体目标之上，而团队成员则会将个体目标置于集体目标之下。

2. 身份认同层面

根据威廉姆斯的分析，团队和群体的成员在参与、贡献、合作和支持方面具有不同的期望值。而导致这些不同期望值最主要的原因之一，就是个体成员对自己身份的认同。团队和群体在这方面最大的不同表现在个体相对于集体的主观意愿上的区别：团队中的个体成员具有强烈的组织归属感和使命感，而一般群体中的成员则仅仅将自己定位为一名普通的成员。

3. 技能组合层面

对于一般的群体而言，在其最初组建时所考虑的各方面的因素与组建团队所考虑的是不同的。通常，一般的群体中成员的技能组合是随机产生的，并且在其后的工作中也往往处于相对静止的状态；而对于高效率的团队，在其组建时就已经充分利用了成员间的互补性，而在其后的磨合与运营过程中，成员的技能组合更是呈现多元且互补的状态。

4. 领导作用层面

通常，为了更好地达到组织的管理和运营目标，一般群体的领导的权力更多地集中在少数的个体成员身上，他们的领导作用也因为其重要性而显得格外突出；但是对于团队而言，这种情况则是相反的：越是高效的团队，其组织内领导的权力越是呈下放趋势，并且领导权力的作用也因此而逐步减少和弱化。

5. 成员关系层面

这一层面所包含的内容可以包括具体的交流方式、成员间的信任度以及发表意见的多少等几个方面。一般的群体，成员间的交流往往是非正式和不充分的，彼此之间不够了解也缺乏信任，沟通的渠道少而不畅；而团队成员间的沟通却是多样而充分的，并且越是高效的团队，成员间的互相信任程度越高，因此团队也更鼓励他们发表不同的意见和建议。

6. 工作态度层面

这一层面和前面提到的成员身份的认同与相互间的期望有很大的关系。作为一般群体中的个体，成员往往是比较被动地接受领导所安排的任务，并且在创新方面不会有更多的想法，或者即使有也不愿意去实施；而作为团队中的个体，其工作的态度是积极主动的，而且在其工作的过程中也愿意进行不同的尝试来提高工作效率，推进更有效的运行方式。

7. 协作能力层面

这一层面主要是讨论集体中统一或者协调活动时所呈现出的状态。在一般的群体中，集体行动通常是由领导者统一安排的全部个体行为的简单组合，行为没有或很少能够产生协作；但是，团队的集体行动则具有严密分工与集体协作，每个成员的个体行动都是完整的集体中重要的有机成分，并且集体力量的发挥高度依赖于个体的相互支持和配合。

8. 沟通方式层面

与前面提到的领导的权力和作用具有很强的反向相关性的是，个体在集体决定方面所扮演的角色和所起到的具体作用。在一般的群体中，个体成员往往极少有机会参与关于整个集体的决策，因而每一个单独的个体所扮演的角色并不是很重要；但是，对于团队中的成员，每一分子都可以参与任何影响团队的决定，并在各种决定中扮演重要的角色。

9. 工作结果层面

这一层面的表现也是衡量其是否算得上是真正的团队的最重要依据之一。对于一般意义上的群体，其集体工作的结果通常小于个体成绩的总和。在进行集体工作的过程中，往往有大量的个体成绩要在组织内部耗掉，所以集体成绩最多也不过是个体成绩的累积。但是，对于一个团队，其集体工作的结果是要大于全部个体成绩的总和的。因为个体成员所扮演的角色和所起到的作用与原来单独的个体角色和作用有了本质的区别，高效的团队所产生的效果通常可以数倍，甚至数十倍地高于单个个体工作结果的总和。

熟悉这些不同的层面和每一层面上的具体区别，可以帮助管理者更好地分析所管理集体的实际状态。对于那些旨在进行团队建设的集体，更可以根据各自的实际情况设定好在每一个层面上所要达到的具体目标，从而让团队建设更加有的放矢。根据普通的群体和高效的团队在这些层面上的差距，还可以制订出更具体的评估指标，而那些细化了的指标则可以作为检验团队建设是否成功的有效衡量尺度。

三、实训技能与拓展

浪潮软件原名为"山东泰山旅游索道股份有限公司"，是以泰安市泰山索道总公司为基础改组而来的，公司A股于1996年9月23日在上海证券交易所正式挂牌上市交易。

　　早在 20 世纪 80 年代浪潮就致力于政府信息化平台的研究和开发，拥有电子政务平台（GWP）、"金质工程"、"数字民政"、"金税工程"等十余种政府信息化解决方案或产品，先后获国家奖 4 项，省部级奖 5 项，其中"全国纪检监察网络管理系统"被列入国家"863"重点科技攻关项目。浪潮在电子政务理论研究中一直处于业界领先地位，在国家科技部会同国家信息化办公室等部门，共同组织的"十五"国家重大科技攻关计划"中国电子政务应用示范工程"项目的十个课题的招标中，浪潮连中"e 站式服务框架下的网上税务软件及工程实现"和"政务系统可信的 Web service 技术的工程实现"两个课题。

　　浪潮软件董事长兼 CEO 王柏华在接受记者采访时说："浪潮软件推崇并倡导的是'以团队人才为本'的理念。团队合作精神和'团队人才'是浪潮软件核心竞争力的重要组成部分和市场竞争中重要的价值体现。"

　　"团队人才"并不是浪潮软件的独创，而是早已被国际认可的一种先进的管理理念。哈佛商学院的《第五项修炼》特别推崇"团队"能力。该学院非常强调"team"，强调提高每个"team member"的基本素质。王柏华认为，三类人才构成了软件企业的"团队人才"，第一类是懂技术、行业知识和管理的"软件金领"；第二类是作为系统分析及设计人员的"软件白领"；第三类是能够熟练编程的"软件蓝领"。三者缺一不可。

　　基于对"团队人才"的深刻认识，浪潮软件通过与韩国 LG - CNS 的合资合作，加强了对"软件金领""软件蓝领"的培养，从而构成了一个比较合理的"团队人才"结构体系，使浪潮软件在两年多的时间内，发展成为由 1 500 多名各类人才组成的我国软件业的中坚力量。

　　2002 年年末，《致加西亚的信》一书在浪潮软件掀起了一次"学习的革命"。浪潮软件山东大区的不少员工被书中的灵魂人物罗文的事迹所感动。浪潮软件总裁丁兆迎对记者说："有人说，这是一本站在管理者角度，让职员甘心接受管理的书。这么说也许有些偏颇，但也不是没有道理。作为管理者，不仅要注重工作的效益，还应统一思想方向，才能广纳贤才。"丁兆迎介绍，浪潮软件从成立之初起，就建立了一套科学有效的"以团队人才为本"的管理体制。在浪潮软件的管理思想中，"创新"是主旋律，整个团队都要不断地进行战略、制度、组织、观念和市场创新。丁兆迎介绍，浪潮软件还建立了适应自身发展的扁平化的组织体系。

　　浪潮软件副总裁肖成锋说："浪潮是我，我就是浪潮。"这是 EIS 产品部全体员工多年工作凝结的语言，从 2001 年的一个分销系统，扩展到分销物流、呼叫中心、专卖管理、客户关系管理、资金结算和电子商务等多个系统，无不来自这种共同的价值理念。

　　在队伍管理方面，EIS 团队已经开始在大连研发中心试行项目任务书制度和项目积分制度，对每一个项目成员的工作进行量化，为员工的评价提供参考数据。现在，EIS 团队成员不再是简单地遵守规则，而是已经成为建立和实施规则的积极推动者。

　　肖成锋认为，"用好人才的关键是要做到岗位合适和对其充分信任。岗位合适分为三方面，一是根据个人的特点安排合适的岗位；二是个人要喜爱岗位；三是岗位工作要具有一定的挑战性"。行业信息化的快速发展，使得在 EIS 产品部，具有挑战性甚至是完全创新的岗位不断出现，每个想在 EIS 发展的员工，都能找到足够大的舞台。EIS 管理层还根据企业需要和个人意愿多次调整工作岗位，部分原来表现并不出众的员工之所以在调岗后成为核心骨干，就得益于岗位的转变。肖成锋认为，"以团队人才为本"，就是要求在企业文化建设中，更讲整体利益、团队价值。EIS 管理层承认每一个为团队作出贡献的员工的成绩和价值，但不允许任何个人以为团队离不开自己而作出不顾及整体利益的行为。

实训技能讨论题：

1. 从团队人才让浪潮软件快速发展的案例中，你得到了什么启发？
2. 团队工作的优势是什么？

任务二 团队的构成要素

●实践情景

　　著名的成功学大师拿破仑·希尔曾经这样描述团队：首先，一个团队要有一个清晰的目标或使命，这个目标或使命通常包含在组织的使命中，体现了组织的远大目标。凭借这个目标，团队才会有方向感。相对于整个团队来说，团队的每个小组也有其明确的目标，而小组的每位成员的作用也很清晰明确。

　　其次，高绩效的团队有一位充满活力的领导者，他知道怎样合理有效地利用好团队中每个成员的力量，来高质量地解决问题，而这样解决问题的效果远远超过单个成员单打独斗所带来的效果。

【思考与启示】

团队的构成要素有哪些？

一、团队构成的五个要素

　　任何有组织的团队，都包括五个要素，简称"5P"，即目标（Purpose）、人员（People）、定位（Place）、权限（Power）和计划（Plan）。这五个要素是组成团队必不可少之物。

1. 目标（Purpose）

　　团队应该有一个既定的目标为团队成员导航，使他们知道要向何处去。没有目标，团队就没有存在的价值。对于一个企业来说，自从打算在内部建立团队起，就必须树立明确的目标，直至该团队完成使命为止。建立团队的原因是什么，我们希望我们的团队能够为我们的企业解决什么样的问题，完成什么样的任务，这些都是团队建立之初就应该明确的。团队的目标还有更广泛和深远的意义。共同、远大的目标可以令成员振奋精神，与企业的政策和行动协调、配合，充分发挥生命的潜能，创造超乎寻常的成果，从而体会到工作的真义，追求心理的成长与自我实现，并与周围的世界产生一体感。

　　归根到底，人是社会性的动物，有着一种天然的归属感。不仅团队，人类的任何一种组织的诞生都是基于个体彼此存在共同的需求。在人类群体活动中，很少有像共同的愿景这样能激发出强大力量的东西。只有共同的愿景才能使团队的成员知道自己的角色和任务，从而真正组成一个高效的群体，把工作上相互联系、相互依存的人们团结起来，产生"1＋1＞2"的合力，更有效地达成个人、部门和组织的目标。如果各个成员的目标各不相同，那么这个团队的前景就会变得暗淡。

当然，团队的目标也不是一成不变的。例如，在新产品开发出来以后，团队工作的重点毫无疑问地应该转移到增强新产品的竞争力上去；如果目标是提高客户对产品的满意度，那么团队工作的第一步就是如何提高服务质量等。

一个团队如果失去目标，团队成员就不知道何去何从，最后的结果可能就是失败，这个团队存在的价值就要打折扣。团队的目标必须跟组织的目标一致，此外，还可以把大目标分成小目标具体落实到各个团队成员身上，大家合力实现这个共同的目标。同时，目标还应该有效地被团队内外的成员知晓，有时甚至可以把目标贴在团队成员的办公桌上、会议室里，以此激励所有的人为这个目标工作。

2．人员（People）

人是构成团队最核心的力量，3 个以上（包含 3 个）的人就可以构成团队。

团队是由人组成的。确定团队目标、定位、职权和计划，都只是为团队取得成功奠定基础，最终能否取得成功取决于人。目标是通过人具体实现的，所以人员的选择是团队中非常重要的一个部分。在一个团队中需要有人出主意，有人制订计划，有人实施，有人负责协调，还要有人负责监督工作进展，评价团队最终的贡献。不同的人通过分工来共同完成团队的目标，在人员选择方面要考虑人员的能力如何、技能是否互补、人员的经验如何。

在这方面企业的自主性很大，选择成员的原则要根据团队的目标和定位来确定。一旦明确了团队需要进行哪些工作，下一步要做的事情就是制订出团队人员职位的明确计划。无论谁负责这项工作，他都应该尽可能多地去了解候选者，每个人都有哪些技能、学识、经验和才华。更重要的是，这些资源在多大程度上符合团队的目标、定位、职权和计划的要求。这都是在选择和决定团队成员时必须认真了解的。

3．定位（Place）

这里的定位包含两层意思：

（1）团队的定位，包括团队在企业中处于什么位置，由谁选择和决定团队的成员，团队最终应对谁负责，团队采取什么方式激励下属。

（2）个体的定位，指个体作为成员在团队中扮演什么角色，是制订计划还是具体实施或评估。

在迈克·波特的《竞争战略》中，定位是一个非常重要的方法。在企业的团队建设中亦是如此，但是它考察的重点不是外部的竞争环境，而是企业内部对团队的身份既定。团队如何结合到现有的组织结构中、如何产生新的组织形式，是管理者们应该思考的问题。

在讨论团队的定位问题时，有必要首先回答一些重要的问题，例如，团队是什么类型的，建议/参与团队？生产/服务团队？计划/发展团队？行动/磋商团队？团队面临的首要任务是什么？团队对谁负责？依据什么原则确立团队的各种规范？

明确团队的定位是非常重要的，因为不同类型的团队有着极大的差异，它们在工作周期、一体化程度、工作方式、授权决策方式上都有很大的不同。如果一个服务团队可能需要持久的工作，那么它的一体化程度是非常高的；如果一个研发团队的工作周期可能很短，那么它的成员的差别化要求会很高。

在团队的定位明确以后，接下来就可以制订一些规范，规定团队任务、确定团队应如何融入组织中。同时，也可以借此传递公司的价值观和团队预期等重要信息。当然，这不仅仅是改造组织结构的问题，而是要改造公司思维，使其成为一个更具有合作性的工作场所，让来自不同部门的人员能够真正成为团队伙伴。这将打破传统的组织结构模式，需要深入研究传统的组织结构模式，重新审视组织自身的结构问题，从而给企业团队以准确的定位。

4. 权限（Power）

所谓权限，是指团队负有的职责和相应享有的权利。

对团队权限进行界定的过程也就是要回答以下几个问题：团队的工作范围是什么？它能够处理可能影响整个组织的事务吗？它的工作重心集中在某一特定领域吗？不同团队的界限是什么？团队在多大程度上可以自主决策？

团队中领导者的权力大小跟团队的发展阶段相关。一般来说，团队越成熟，领导者所拥有的权力相应越小，而在团队发展的初期则相对比较集中。

团队权限关系的两个方面：

（1）整个团队在组织中拥有什么样的决定权，如财务决定权、人事决定权、信息决定权。

（2）组织的基本特征，如组织的规模多大，团队的数量是否足够多，组织对于团队的授权有多大，它的业务是什么类型。

团队工作成效在很大程度上取决于团队的积极性和主动性。在企业中，影响人们工作积极性的主要因素就是权责利的合理配置问题。团队的权限范围必须和其定位、工作能力及所赋予的资源相一致。调动团队的积极性，需要适当、合理、艺术地授权。

这些实际上是团队目标和团队定位的延伸。解决了这些问题，也就初步解决了团队的权限问题。当然，要解决的问题会因团队的类型、目标和定位不同而有很大的差异，这也取决于组织的基本特征，如规模、结构和业务类型等。对于复杂多变的情况，我们无法给出特定的解决方案，但是在解决权限问题时必须坚持这样一个原则：一定要分清轻重缓急。

5. 计划（Plan）

计划包括两个层面的含义：

（1）目标最终的实现，需要一系列具体的行动方案，可以把计划理解成实现目标的具体工作程序。

（2）按计划进行可以保证团队工作的顺利进展。只有按照一定计划，操作团队才会一步一步地贴近目标，从而最终实现目标。

团队应如何分配和行使组织赋予的职责和权限，应如何高效地解决面临的各种各样的问题，换句话说，团队成员应该分别做哪些工作，如何做，就是工作计划。

一份好的团队工作计划常常能够回答以下问题：每个团队有多少成员才合适，团队需要什么样的领导，团队领导职位是常设还是由成员轮流担任，领导者的权限和职责分别是什么，是否应该赋予其他团队成员特定职责和权限，各个团队是否应定期开会，会议期间要完成哪些工作任务，预期每位团队成员把多少时间投入团队工作中，如何界定团队任务的完成，如何评价和激励团队成员。

但是我们也不可能对以上某些问题给出具体的解答。具体的答案应根据组织本身的特点和实际需要进行合理选择。需要强调的一点是：有些规模或结构相对简单的组织应当考虑人员问题，而不是优先考虑职权和计划问题，这样可以避免在决定团队如何发挥作用之前选定团队成员而导致一系列问题的出现。

二、实训技能与拓展

一家企业的经理在全体员工大会上讲人才的重要性。第一句话是：企业之间的竞争关键是人才的竞争，企业的"企"字就是"人"字当头，如果去掉这个"人"字，下面就是一个"止"字，"企业"就变成"止业"。第二句话是：企业现有员工的素质已经远远不能满足企业发展的需要。这虽然是事实，但坐在下面的员工会觉得不舒服。第三句话是：企业要继续花大力气做好引进人才的工作。这句话一说出来就会有员工想，我在这里辛辛苦苦干了这么多年，没想到企业给我这样的待遇；还有员工会认为，既然要从外面引进人才，我就没必要留在企业了。所以这个会开完以后，原来的一些骨干就开始写辞职报告。

实训技能讨论题：

1. 该企业经理的这种观点正确吗？
2. 团队中的各要素之间如何优化协调？

任务三 团队的类型

●实践情景

2020 年，在全球上市公司市值排名中，阿里巴巴位列前十，下面我们来看看阿里巴巴创始期的"十八罗汉"。

马云，花名风清扬。1999 年 2 月 20 日，大年初五，在一个叫湖畔花园的小区 16 栋 3 层，18 个人聚在一起开了一个动员会。屋里几乎空空如也，只有一个破沙发摆在一边，大部分人席地而坐，马云站在中间讲了整整两个小时，就这样"忽悠"大家一起来创业。

孙彤宇，1996 年春加盟中国黄页，一路努力工作，2003 年 4 月 14 日，被马云任命为淘宝网项目负责人，率领淘宝创业团队进行新的创业。

金建杭，复旦大学新闻学院的高才生，进入阿里前曾在浙江日报社、国际商报社、外经贸部中国国际电子商务中心等机构任职，1999 年 11 月加入阿里巴巴集团，负责阿里巴巴集团公关、政府事务、市场活动。

蔡崇信，持有耶鲁大学经济学士及耶鲁法学院法学博士学位，于1999年加入阿里巴巴集团，出任 CFO，负责阿里所有投资并购的运作，现担任集团董事局执行副主席，负责集团战略投资。

彭蕾，历任阿里巴巴人力资源部副总裁、市场部副总裁、服务部副总裁和小微金融服务集团 CEO。

张瑛，在阿里巴巴创业初期，主要负责团队成员的饮食起居。

吴泳铭，毕业于浙江工业大学计算机系，后加入了中国黄页，1997年跟随马云进京，负责网站技术开发。

盛一飞，现任支付宝用户体验部的总监。盛一飞与中国黄页结缘于"第一届上海电视节"的项目招标，这是当时中国黄页的一个大单，但在此之前，中国黄页的网站设计都是由程序员做的。马云发现，有设计的网站服务更值钱，于是找到广告公司，而盛一飞所在的广告公司一举中标。

楼文胜，最早的时候负责阿里巴巴网站的策划文案，后担任阿里巴巴集团 B2B 中国市场运营部核心产品部产品规划师，以及江苏阿里巴巴销售团队的管理。

麻长炜，淘宝网产品技术中心用户体验设计总监。

韩敏，阿里人对她的评价是简单纯粹、心直口快、"大气善良的好姐姐"。

谢世煌，现担任阿里资本部门的副总裁，主要负责战略投资、并购以及业务拓展。

戴珊，在阿里巴巴创业阶段创建过多个部门，如服务部、电话销售部、人力资源部等。

金媛影，曾全面负责阿里巴巴和淘宝网的客户服务，并参与过阿里巴巴的各个服务产品的开发与规划，有着丰富的现代电子商务贸易服务领域的经验。

蒋芳，据称她个性简单，纯粹，是极富个人魅力和影响力的领导者，带领团队在反欺诈等业务领域取得了巨大的推进。

周悦虹，Java 架构师，淘宝早期采用的 MVC 框架 WebX，其核心代码就是由周悦虹编写的。

师昱峰，酷爱研究网络技术，经朋友介绍加入阿里巴巴。

饶彤彤，主要从事与网络及基础设施有关的工作。

（案例来源：https://club.1688.com/threadview/48200928.html，有修改.）

【思考与启示】

通过阿里巴巴"十八罗汉"的案例，对你理解团队建设中团队成员的构成有哪些启发？

一、团队的四种主要类型

根据团队存在的目的和拥有自主权的大小可将团队分成问题解决型团队、自我管理型团队以及多功能型团队。随着互联网的发展，还出现了虚拟团队。

1. 问题解决型团队

问题解决型团队是一种临时性团队，是为了解决组织面临的特殊问题而设立的。问题解决型团队工作的核心任务是提高生产质量，提高生产效率，改善企业工作环境等。在这样的团队中，成员就如何改变工作程序和工作方法相互交流，提出一些建议。成员几乎没有什么实际权力来根据建议采取行动。

最初，团队类型大都属于问题解决型，来自同一部门的若干名志同道合的人临时因为某一件事情聚集在一起，就如何扩大产品知名度、提高生产线产出率、改进工作流程、改善工作环境等问题展开讨论，相互交换意见，吸收彼此观点，形成集体决策，达成工作共识。我们把这种团队称为问题解决型团队。但是，这些团队并不具备执行力，即这些团队所形成的意见和建议专门将由具有执行力的部门负责采取行动，贯彻决策，实现目标。

20世纪80年代，问题解决型团队的典型代表为"质量管理小组"或者"质量圈"。这种工作团队的组成结构为：职责范围近似或重叠的部分员工、主管，一般人数为5～12人。他们定期举行会议，在现场讨论质量问题或生产过程中将要面临的问题，调查原因，提出解决问题的建议，并监督相关部门采取有效的行动。

2. 自我管理型团队

随着团队素质的不断提高，缺乏贯彻力、执行力，调动员工积极性、参与性动力不足等问题使问题解决型团队渐渐面临权力不足、功能欠缺等问题。因此，为了弥补这种缺陷，就要求团队具有自主解决问题的能力，能够独立承担所有责任，具备这两种特征的团队被人们称为"自我管理型团队"。这种团队是一支真正能够独立承担责任的团队，团队中的成员不仅注重问题的解决，而且看重解决问题后的执行能力。

通常来说，自我管理型团队的人数为10～15人，成员构成呈现多样化。成员需要分担一些上级领导的职责，比如人员招聘、绩效评估、工作任务和工作强度的分配，以及工作时间的安排。

当然，并不是所有自我管理型的团队都会获得团队成员的支持。例如，道格拉斯航空公司的员工在面临大规模的解雇形势时，就曾联合起来反对公司采用自我管理型团队形式，他们认为实行这种团队形式，并不一定能给公司注入新鲜的血液，也不一定能提高公司的管理效率。

因此，应正确认识自我管理型团队的功效，它并不是培养团队制胜能力万能的技巧和方法。在设计这样的团队以及期望它们拥有极高的工作效率之前，组织应开展一项环境分析，以确定自我管理型团队是否与一些组织因素保持一致：①企业对团队有明确的具体要求，并赋予相应的权力和责任；②组织的价值观和目标与团队具有一致性，组织文化和领导的支持为团队的运行提供环境支持；③组织的资源、政策和训练保证团队具有竞争力。

3. 多功能型团队

多功能型团队由来自不同部门、不同工作领域，拥有不同技能和经验的员工组成，他们来到一起的目的是完成一项任务。采用多功能型团队是一种有效的方式，它能使组织内（甚至组织之间）不同领域员工之间交换信息，激发出新的观点，解决面临的问题，协调复杂的项目。多功能型团队的兴盛时期是 20 世纪 80 年代末，当时所有主要的汽车制造公司，包括丰田、尼桑、本田、宝马、通用、福特、克莱斯勒都采用了多功能型团队来直接完成复杂项目。

20 世纪 60 年代，爱必尔诺威开发了卓有成效的 360 度反馈系统，该系统采用的是一种大型的任务攻坚团队模式，成员来自公司各个部门。由于团队成员在知识、经验、背景和观点上不尽相同，加上要处理的工作任务复杂多样，因此实行这种团队模式，建立有效的合作，需要相当长的时间，而且团队成员还应具有很强的合作意识和过硬的个人素质。

多功能型团队通常是由来自同一等级、不同工作领域、跨越横向部门界限的员工组合而成的，将这些人才聚合起来的唯一目的就是完成一项特殊的、特定的任务或目标。

但是，多功能型团队并不是简单的人员组合，它的管理模式也不是简单的管理荟萃。在团队建立的早期需要花费大量的时间和精力来搭建组织内部、组织之间不同领域员工的信息交流平台，还要调和团队成员间因地域、部门、能力不同而造成的矛盾。因此，将那些背景、经历和观点不同的成员聚合在一起，再建立起相互信任并能真正合作的团队需要花费大量的时间。但不管怎么说，采用多功能型团队总是一种有效的方式，它能让组织内（甚至组织之间）不同领域员工之间交换信息，激发出新的观点，解决面临的问题，从而做好复杂的项目。

4. 虚拟团队

互联网的日益普及，不仅拓宽了人们的信息渠道，同时也拓展了人们的工作空间，移动办公和异地办公日渐增多。随着互联网应用水平的不断提高，基于互联网进行工作和沟通以及管理的"虚拟团队"也日渐流行。这种俱乐部式的虚拟团队以灵活多变为特点，以共同的项目工作为基础，而效率则建立在相互的信任和配合上。

如何维护和管理这种虚拟团队，提高团队效率，日益受到人们的关注。这种虚拟团队的出现，必然对传统的组织形式和管理方法提出新的要求。面对虚拟的成员，传统的命令和控制方式已不再有力。要想真正管理好虚拟团队，就必须调整虚拟成员的定位，并在虚拟团队中树立起良好的信任氛围。这种信任不是一成不变的，而是随环境和成员的变化而改变的。对这种无形的团队，只有靠有形的管理，才能做到"形散而神聚"。

指向你公司的路标或许正在变成鼠标，可从地图上查找的地址或许正在变成电子邮件地址。原处于萌芽状态的虚拟团队以一种"随风潜入夜，润物细无声"的方式成了组织发展的新趋势和管理层关注的焦点。

虚拟团队不一定依赖于一个看得见、摸得着的办公场所而运作，但同时又是一个完整的团队，有着自己的运行机制。它的存在跨越了时间和空间的限制，团队成员来自各个非常分散的地区，因此缺乏成员之间相互接触时所具备的特征，而这些特征往往是创造一流业绩的先决条件。

虚拟团队其实缘起于"前网络时代"，如利用非网络媒介而运作的新闻、远程销售、远程教育等领域，而以"I"，即以 information（信息）、idea（思想）和 intelligence（智慧）为代表的网络经济则使虚拟团队的规模化发展成为必需。

二、实训技能与拓展

马化腾曾在自己的专访节目中说："现在这个市场，拼的从来就不是金钱和流量，而是拼自己的团队。"

在腾讯的企业文化中始终被贯彻的是腾讯的"创始人精神"。在腾讯现在的运营体系中，有各式各样、大小不一的团队存在。但这些团队的定位，无外乎从项目研发到上市运营的三大职能体系：产品策划、研发和运营。这样的团队定位，可以最大限度地将各个项目的人员配置进行合理细分，有的时候，一个大的项目甚至能裂变出二三十个小团队。横向，各团队互相竞争；纵向，各团队紧密合作，只为同一个项目能够在市场上发光发热。如此这般的团队运营模式，现在在各家公司都有所应用，它成功地让很多企业实现了系统化的员工工作管理。在当下热门的手游——"王者荣耀"里，有辅助、射手、中单、打野、上单五个位置，在团队细分之中也是同样的道理。正如有些公司早午夕会的制度一样，腾讯也有着自己严格的会议制度。腾讯内部的早会，完全可以当作是一次小型的述职会议，他们会让员工总结前一天未解决的问题、今天待完成的任务和最终要达成的目标。各部门中设置自己团队专用的"进度墙"，当天进度条跑满者，可以获得公司额外的绩效奖励。进度条的完成情况可以直接通过信息化监控手段直接汇总到当天的数据报表中。这样高效透明的管理模式，无疑会对员工的工作效率起到极大的督促作用。

（案例来源：https：//baijiahao.baidu.com/s？id = 1672839074446772494&wfr = spider&for = pc，有修改．）

实训技能讨论题：

1. 腾讯的团队属于哪种类型？

2. 探讨各个类型团队的不同点。

●项目小结

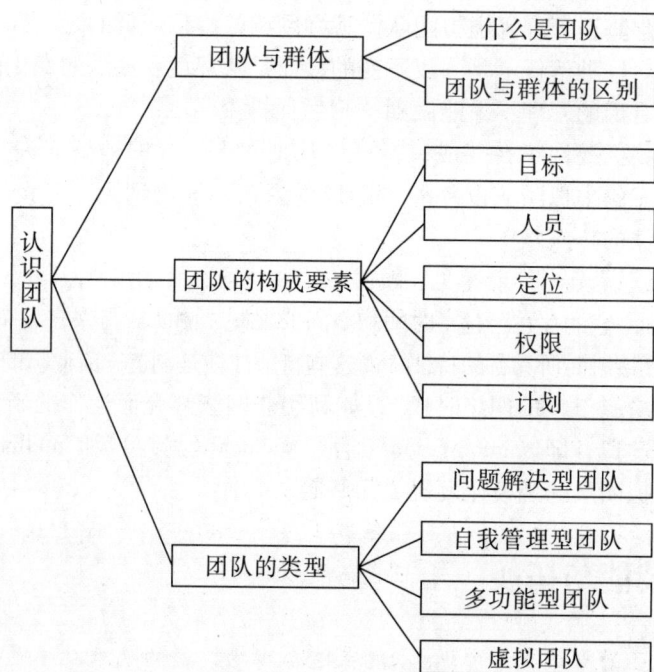

●复习思考题

1. 请思考下面四种类型，哪些是群体？哪些是团队？
(1) 国家体操队。
(2) 某饭店宾客。
(3) 候车亭的乘客。
(4) 某民间舞龙队。
2. 团队的构成要素是什么？
3. 不同类型团队各自的特点是什么？

●延伸阅读

贝尔宾团队角色理论——团队角色自测问卷

贝尔宾团队角色理论简介：

剑桥产业培训研究部前主任贝尔宾博士和他的同事们经过多年在澳大利亚和英国的研究与实践，提出了著名的贝尔宾团队角色理论，即一支结构合理的团队应该由八种人组成。这八种团队角色分别为：

（一）实干家（CW，Company Worker）

A. 典型特征：保守；顺从；务实可靠。

B. 积极特性：有组织能力、实践经验；工作勤奋；有自我约束力。

C. 能容忍的弱点：缺乏灵活性；对没有把握的主意不感兴趣。

D. 在团队中的作用：

1. 把谈话与建议转换为实际行动。

2. 考虑什么是行得通的，什么是行不通的。

3. 整理建议，使之与已经取得一致意见的计划和已有的系统相配合。

（二）协调员（CO，Coordinator）

A. 典型特征：沉着；自信；有控制局面的能力。

B. 积极特性：对各种有价值的意见不带偏见地兼容并蓄，看问题比较客观。

C. 能容忍的弱点：在智商以及创造力方面并非超常。

D. 在团队中的作用：

1. 明确团队的目标和方向。

2. 选择需要决策的问题，并明确它们的先后顺序。

3. 帮助确定团队中的角色分工、责任和工作界限。

4. 总结团队的感受和成就，综合团队的建议。

（三）推进者（SH，Shaper）

A. 典型特征：思维敏捷；开朗；主动探索。

B. 积极特性：有干劲，随时准备向传统、低效率、自满、自足挑战。

C. 能容忍的弱点：好激起争端；爱冲动；易急躁。

D. 在团队中的作用：

1. 寻找和发现团队讨论中可能的方案。

2. 使团队内的任务和目标成形。

3. 推动团队达成一致意见，并朝决策方向行动。

（四）智多星（PL，Planter）

A. 典型特征：有个性；思想深刻；不拘一格。

B. 积极特性：才华横溢；富有想象力；有智慧；知识面广。

C. 能容忍的弱点：高高在上；不重细节；不拘礼仪。

D. 在团队中的作用：

1. 提供建议。

2. 提出批评并有助于引出相反意见。

3. 对已经形成的行动方案提出新的看法。

（五）外交家（RI，Resource Investigator）

A. 典型特征：性格外向；热情；好奇；联系广泛；消息灵通。

B. 积极特性：有广泛联系人的能力；不断探索新的事物；勇于迎接新的挑战。

C. 能容忍的弱点：时过境迁，兴趣马上转移。

D. 在团队中的作用：

1. 提出建议，并引入外部信息。

2. 接触持有其他观点的个体或群体。

3. 参加磋商性质的活动。

（六）监督员（ME，Monitor Evaluator）

A. 典型特征：清醒；理智；谨慎。

B. 积极特性：判断力强；分辨力强；讲求实际。

C. 能容忍的弱点：缺乏鼓动和激发他人的能力；自己也不容易被别人鼓动和激发。

D. 在团队中的作用：

1. 分析问题和情景。

2. 对繁杂的材料予以简化，并澄清模糊不清的问题。

3. 对他人的判断和作用作出评价。

（七）凝聚者（TW，Team Worker）

A. 典型特征：擅长人际交往；温和；敏感。

B. 积极特性：有适应周围环境以及人的能力；能促进团队的合作。

C. 能容忍的弱点：在危急时刻优柔寡断。

D. 在团队中的作用：

1. 给予他人支持，并帮助别人。

2. 打破讨论中的沉默。

3. 采取行动扭转或克服团队中的分歧。

（八）完美主义者（FI，Finisher）

A. 典型特征：勤奋有序；认真；有紧迫感。

B. 积极特性：理想主义者；追求完美；持之以恒。

C. 能容忍的弱点：常常拘泥于细节；容易焦虑；不洒脱。

D. 在团队中的作用：

1. 强调任务的目标、要求和活动日程表。

2. 在方案中寻找并指出错误、遗漏和被忽视的内容。

3. 刺激其他人参加活动，并促使团队成员产生时间紧迫的感觉。

团队角色自测问卷

说明：下列问题可能在不同程度上描绘了您的行为。每题有八个句子，请将10分分配给这八个句子。分配的原则是：最能体现您行为的句子得分最高，以此类推。最极端的情况也可能是10分全部分配给其中的某一句话。请根据您的实际情况把分数填入后面的表中。计算出每个角色的得分，得分最高的2~3个角色便是您的团队角色。

一、我认为我能为团队作出的贡献是：

A. 我能很快地发现并把握住新的机遇。

B. 我能与各种类型的人一起合作共事。

C. 我生来就爱出主意。

D. 我的能力在于，一旦发现某些对实现集体目标很有价值的人，我就会及时把他们推荐出来。

E. 我能把事情办成，这主要靠我个人的实力。

F. 如果最终能导致有益的结果，我愿面对暂时的冷遇。

G. 我通常能意识到什么是现实的，什么是可能的。

H. 在选择行动方案时，我能不带倾向性、也不带偏见地提出一个合理的替代方案。

二、在团队中，我可能有的弱点是：

A. 如果会议没有得到很好的组织、控制和主持，我会感到不痛快。

B. 我容易对那些有高见而又没有适当地发表出来的人表现得过于宽容。

C. 只要集体在讨论新的观点，我总是说得太多。

D. 我的客观看法，使我很难与同事打成一片。

E. 在一定要把事情办成的情况下，我有时使人感到特别强硬甚至专断。

F. 可能由于我过分重视集体的气氛，我发现自己很难与众不同。

G. 我易于陷入突发的想象之中，而忘了正在进行的事情。

H. 我的同事认为我过分注重细节，总有不必要的担心，怕把事情搞砸。

三、当我与其他人共同进行一项工作时：

A. 我有在不施加任何压力的情况下去影响其他人的能力。

B. 我随时注意防止工作中的疏忽。

C. 我愿意施加压力以换取行动，确保会议不是在浪费时间或离题太远。

D. 在提出独到见解方面，我是数一数二的。

E. 对于与大家共同利益有关的积极建议我总是乐于支持的。

F. 我热衷寻求最新的思想和新的发展。

G. 我相信我的判断能力有助于作出正确的决策。

H. 我能使人放心的是，对那些最基本的工作，我都能组织得井井有条。

四、我在工作团队中的特征是：

A. 我有兴趣更多地了解我的同事。

B. 我经常向别人的见解进行挑战或坚持自己的意见。

C. 在辩论中，我通常能找到论据去推翻那些不甚有理的主张。

D. 我认为，只要计划必须开始执行，我就有推动工作运转的才能。

E. 我有意避免使自己太突出或出人意料。

F. 对承担的任何工作，我都能做到尽善尽美。

G. 我乐于与工作团队以外的人进行联系。

H. 尽管我对所有的观点都感兴趣，但这并不影响我在必要的时候作决定。

五、在工作中，我得到满足，因为：

A. 我喜欢分析情况，权衡所有可能的选择。

B. 我对寻找解决问题的可行方案感兴趣。

C. 我感到，我在促进良好的工作关系。

D. 我能对决策有强烈的影响。

E. 我能适应那些有新意的人。

F. 我能使人们在某项必要的行动上达成一致意见。

G. 我感到我的身上有一种能使我全身心地投入到工作中的气质。

H. 我很高兴能找到一块可以发挥我想象力的天地。

六、如果突然给我一份困难的工作，而且时间有限，人员不熟：

A. 在有新方案之前，我宁愿先躲进角落，拟订出一个摆脱困境的方案。

B. 我比较愿意与那些表现出积极态度的人一道工作。

C. 我会设想通过用人所长的方法来减轻工作负担。

D. 我天生的紧迫感，将有助于我们不会落在计划后面。

E. 我认为我能保持头脑冷静，富有条理地思考问题。

F. 尽管困难重重，我也能保证目标始终如一。

G. 如果集体工作没有进展，我会采取积极措施去加以推动。

H. 我愿意展开广泛的讨论，意在激发新思想，推动工作。

七、对于那些在团队工作中或与周围人共事时所遇到的问题：

A. 我很容易对那些阻碍前进的人表现出不耐烦。

B. 别人可能批评我太注重分析而缺少直觉。

C. 我有做好工作的愿望，能确保工作的持续进展。

D. 我常常容易产生厌烦感，需要一两个有激情的人使我振作起来。

E. 如果目标不明确，让我起步是很困难的。

F. 对于我遇到的复杂问题，我有时不善于加以解释和澄清。

G. 对于那些我不能做的事，我有意识地求助他人。

H. 当我与真正的对立面发生冲突时，我没有把握使对方理解我的观点。

自我评价分析表

大题号	CW	CO	SH	PL	RI	ME	TW	FI
一	G	D	F	C	A	H	B	E
二	A	B	E	G	C	D	F	H
三	H	A	C	D	F	G	E	B
四	D	H	B	E	G	C	A	F
五	B	F	D	H	E	A	C	G
六	F	C	G	A	H	E	B	D
七	E	G	A	F	D	B	H	C
总计								

您的角色是 _____

特征表现 _____

项目二 团队建设

职业能力目标：

1. 领会团队建设的目的。
2. 理解高效团队的特征。
3. 理解团队建设的原则。
4. 理解团队创建的过程。
5. 领会团队建设中的阻力与误区。

任务一 团队建设的目的

●实践情景

有一个牙科医生，第一次给病人拔牙，心里非常紧张。他刚把牙齿拔下来，不料手发抖，牙齿掉进了病人的喉咙。"非常抱歉，"医生说，"你的病已经不属于我的职责范围，你找喉科的医生去吧。"喉科医生检查过后，说："牙齿落到胃里去了，你找胃病专家吧。"胃病专家给病人检查之后说："牙齿落到肠子里去了，你找肠科教授吧。"

最后，病人屁股朝天地出现在肛肠科室。医生用内窥镜一看，吃惊地叫道："天呀，你那里怎么长了颗牙齿？快找牙科医生去吧。"

［资料来源：幽他一默．中国医药指南，2003（2）．］

【思考与启示】

从这家医院医生一盘散沙的表现来看，团队建设的重要意义以及目的是什么？

一、团队建设的主要目的

团队产生于传统组织内部，是传统组织为了进一步提高效率和环境适应力的结果，企业核心化为团队，则是当今环境的直接要求。因此，团队建设的目的，就是为了克服传统组织的弊端，塑造出一种适应信息时代的新型组织。

1. 增强组织灵活性

市场环境的新变化是企业组织普遍采用团队形式的主要原因。如今的市场环境已逐步走向全球化激烈竞争的买方市场，产品的寿命周期不断缩短，顾客的需求也日益向个性化和多样化的方向发展，多样化和及时获得是顾客需求的最重要特征。因此，组织的团队结构管理模式就成为企业竞争战略重点转移的必然要求。任何企业要想在激烈的竞争环境下生存、发展，都必须改变过去等级分明、决策缓慢、机构臃肿、人浮于事、对外界变化的应变能力差的管理模式。团队给予员工必要的团队工作技能训练，团队的共同价值取向和文化氛围使组织能更好地应付外部环境的变化和适应企业内部的改革、重组。团队工作以灵活快捷和柔性为其竞争战略。

2. 激发工作积极性

工作团队具有独立的决策权，使得团队成员拥有更大的活动天地，享有宽松、自主的环境，从而充满工作的积极性。在团队生产条件下，由于最终产出是共同努力的结果，因此，团队的气氛会给那些因存在"免费搭便车"的企图而产生偷懒动机的参加者施加社会压力，促使他们为团队的绩效、荣誉而努力工作。

3. 提高生产率

团队的组织模式使组织结构大大简化，组织内部协调简单，领导和团队、团队和团队以及团队内部成员之间的关系变成伙伴式相互信任和合作的关系，使企业决策层能腾出更多的时间和精力，制定正确的经营发展战略，寻找良好的市场机会，改变传统的"火车跑得快，全靠车头带"的企业状态，组成"联合舰队"式的作战群体，产生比个体简单相加高得多的劳动生产率。

4. 建设积极的内部员工关系

这是指促使企业内部公关条件的优化，增进团队沟通协调，提高员工归属感和自豪感，增强企业内部的凝聚力。每个团队都有特定的团队任务和事业目标，团队鼓励每个参与者把个人目标融入和升华为集体的团队目标，并承诺他们的共同目标，这就使企业文化建设中的核心问题——共同价值体系的建立，变成可操作性极强的管理问题。同时，团队的工作形式要求参加者只有默契地配合才能很好地完成工作，促使他们在工作中有更多的沟通和理解，共同应付工作和生活压力。

5. 提高员工素质

团队建设可以极大地提高员工素质，增强员工的工作技能，充分体现企业的人本管理。团队鼓励成员一专多能，并对员工进行工作扩大化训练，要求成员积极参与组织决策。团队工作形式培养了职工的技术能力、决策能力和人际关系处理能力，使员工从附属中解放出来，充分体现了以人为本的管理思想。

6. 保证信息传递畅通

信息渠道通畅，提高了信息的开放性、共同性和集成性，改善了组织决策。团队工作模式以计算机网络、信息处理软件为支撑技术，"团队之间的协调和联系通过线上的共享信息实现"。通过建立企业内联网和企业外部网实现信息的共享和集成，消除了传统组织结构（如宝塔式的科层结构）中由于层层传递所造成的信息失真和延误，提高了信息传递的质量和速度。

二、实训技能与拓展

陈辉的父亲于1982年在安徽宿州创办了新联禽业，专注于孵化蛋鸡苗。陈辉说他从小在鸡窝里长大，由于了解此行业工作环境艰苦，陈辉在考大学时并没有选择此行业，而是选了哈尔滨理工大学的计算机专业，1998年毕业后直接去珠海工作。2002年，父亲希望陈辉回到宿州接手新联禽业。

回到宿州后，陈辉发现老厂长的管理传统，没有绩效考核。公司的组织结构简单粗放，层级分工不明确，比如销售，没有一个专门的团队，而由其他人兼任。而且交易实行一锤子买卖，卖完鸡苗不提供后续服务。新联所处的行业竞争也日趋激烈。20年来，整个蛋鸡行业只卖一个品种——褐壳蛋鸡，企业之间竞争也只有一种手段——价格战。管理的问题和日趋"红海"的行业，迫使陈辉思考企业与行业的创新与变革。

但陈辉对禽业并不熟悉，先是磨炼了一段时间。2006年，熟悉了业务的陈辉开始按照自己对管理的理解对公司进行改革。首先，对员工绩效考核，加大激励，并按现代企业的模式搭建组织结构，明确了不同岗位的责、权、利。其次，陈辉建立了独立的销售团队，将销售和售后服务统筹管理。这次管理变革使新联禽业的生产效率改观不少，鸡苗存栏10多年的时间翻了十多倍，产品质量也随着销售团队的专业化稳步提升。

随着对行业的深入了解，陈辉开始思考进行深层次的产品改革。

首先，新的市场需求是代表更健康品质的土鸡。这种土鸡生一种粉壳的鸡蛋。于是陈辉的第一刀，分开了传统生褐壳蛋的红鸡和满足新需求的优质土鸡。陈辉选择了土鸡这个细分市场。然后第二刀，分开了传统的大蛋和口感更佳的小蛋，陈辉选择了后者，人称"小粉"。

紧接着，陈辉开始第三刀。2014年以前，新联禽业的主业是卖鸡苗。然而，刚破壳的60天对鸡苗的成活非常关键，需要在防疫、温控、饲养等方面精心培育。如果养鸡的农户在上述这一系列问题上出错，就会出现鸡苗大量死亡的问题。同时，这些饲养流程耗时耗力，也限制了养鸡场的规模，因此，过去的蛋鸡苗只能卖给中小型养鸡场。

陈辉想，如果新联先把鸡苗养到60天，把最难养的阶段度过以后，再卖给农户，此时的鸡苗不仅成活率高，而且农户一买走，就能下蛋，就能产生现金流。陈辉将这些破壳60天的鸡称为"青年鸡"，给了陈辉进军中大型养鸡市场的机会。陈辉这第三刀，就切在蛋苗和青年鸡之间。"小粉"和青年鸡变成了新联禽业的拳头产品，市场需求惊人。陈辉说，基本能达到全国前10%的中高端人群，人均需求每天一个"小粉"，全国每年需求4亿只青年鸡。于是，从2014年至今，才过了短短六年，陈辉估计新产品已达年产10亿枚"小粉"，400万只青年鸡。堪称10倍速变化！又20年过去，在陈辉的带领下，新联禽业从一家单一的鸡苗孵化企业，已经成长为销售从饲料到鸡苗、青年鸡、鸡蛋等多个蛋鸡行业产品品类的安徽省省级农业龙头企业。

接下来，源于日本的无菌蛋、温泉蛋也进入中国市场。这些用来生吃的蛋种对卫生和安全的要求近乎严苛。巧的是，这些卫生防疫方面的标准对于一般的企业而言可能是一道难以逾越的坎，但是种鸡养殖同样是一个对卫生标准要求很高的产业，新联禽业此前在培育青年鸡时在无菌养殖方面积累了丰富的经验。这些经验用来开发无菌蛋可谓得心应手。重组了业务的供需链以后，陈辉惊喜地发现新产品的利润空间比原来大了很多，业务也好谈了。以前想卖行业平均30块钱一盒的鸡蛋，陈辉就是作价29，谈一单都很费劲。而新产品开发出来以后，陈辉去谈客户的时候，发现客户意识到这个产品很好，根本就不谈价格。如果原来的利润空间是5%～8%，新产品的利润空间可以达到20%～30%，而面对这样的价格，陈辉说："客户一点反应都没有。"解决了产品的创新，陈辉也在思考着能为整个蛋鸡行业带来哪些认知升级。蛋鸡行业小而散，人们喜欢一窝蜂似的扎堆。看到一个品类能赚钱，大家就拼命地扩大这个品类的生产规模，又导致行情剧烈波动，很多人因此而亏损。除此以外，很多疾病没办法控制，多种疫苗高度依赖进口。一直以来，疫情和行情这两座大山压得整个蛋鸡行业喘不过气来。陈辉以前是学计算机的，在物联网信息化建设上有特长，他琢磨着，用信息技术解决疫情和行情的问题。以前养鸡场管理比较粗放，很多时候鸡生了病，老板都不能及时知道。陈辉组织团队开发出一套物联网系统，在养鸡场布设声音、视频和温度传感器，一旦鸡生病，系统就可以发现，帮助养鸡场老板及时控制疫情。用物联网解决了疫情的问题，行情的问题怎么解决？养鸡行业每天会产生大量的数据，包括养鸡场有多少只鸡，新进了多少只鸡，多大的存栏量，吃了多少料，今天的单价是多少，这一系列的数据陈辉的团队都通过密布的物联网终端进行采集，形成大数据，叫"蛋鸡之家智慧云平台"。实际上，在物联网和云服务技术流行以前，从2002年到现在，每一天的玉米价格和豆粕价格，鸡蛋的成本、售价、利润，所有这些数据一直留存在新联的系统之中。通过对这些数据进行分析，陈辉可以帮助客户研判行情，进行合理的规模控制。虽然大数据和云计算现在在各行各业并不鲜见，但是当时陈辉是第一个在蛋鸡养殖行业做这件事的，为自己也为蛋鸡行业生长出一条第二曲线。

短短的六年时间内，陈辉分别做了小粉鸡、创新蛋品和物联网云平台三类创新。

企业创新通常会面临一个两难困境，不创新，等死；乱创新，找死。这一系列的创新改革，能顺利吗？创新大师克里斯坦森在《创新者的窘境》中，提到三种应对创新的组织变革方式。第一种，如果不能内部变革，就收购一家创新企业。但是陈辉已经处在蛋鸡行业的前沿，现成的创新企业还没有出现。第二种，老企业主业转型做新业务。第三种，在内部孵化独立的创新机构。起初，陈辉老是用内部团队转型去做创新，没有形成独立的创新小分队。结果他发现，内部创新项目老是夭折。这是因为，新业务即便不与老业务产生直接的冲突，也势必导致在资金、人力、品牌等资源上形成内部竞争，结果不是创新，而是自我破坏。陈辉意识到这种破坏力太强，他果断成立了三家公司，分别处理三种创新业务。把创新业务独立出来，既保证了创新的活力，也不会过度地影响老业务的自身发展。这样即便创新最终不成功，也不会拖累老业务。而新业务如果做成，就能自然而然地生长成公司的第二曲线，这种自下而上的涌现式创新，叫作分形创新。新联完整的蛋鸡养殖供应链原本就很强，在新的创新模式下，三个分形业务都有不错的发展。新联禽业也跻身中国蛋鸡行业全国前十，华东市场第一。

（案例来源：混沌大学公众号，2021年1月21日。）

实训技能讨论题：

阅读完案例，你能总结出陈辉是如何改造这个传统的禽业公司的吗？

任务二　高效团队的特征

●实践情景

　　小王、小张和老李正围在刚生产出来的空调周围查找原因，为什么空调指示灯显示运转正常而空调却没有制冷？这种空调是公司新开发的环保节能型空调，小王是生产线上的总装工人，小张是负责生产过程排产和工艺的生产工程师，老李是产品开发工程师。虽然三人在公司的角色和岗位职责不同，但是，自这种环保节能型空调投入试产以来，他们三人就在一起工作了。在面对问题时，三人并不气馁，他们对每一个环节进行仔细分析，查找问题原因，不但解决了这个问题，而且顺利地完成了公司新产品的试生产任务。在这次团队协作配合中，他们清楚地意识到如果不是因为这次新产品的试生产任务，他们三人是很难在一起进行工作的；小王、小张和老李充分认识到各自的工作特点和能力长短，要达成团队工作目标，必须打破传统部门分工的限制，紧密地围绕这次新产品试生产任务开展工作，使这个小小的团队高效地运转，最终完成团队的工作目标。

　　【思考与启示】

　　从本案例中小王、小张和老李能够顺利完成团队任务可以看出，该团队的运作是有效的，那么高效团队的特征是什么？

一、高效团队的主要特征

　　高效团队的特征表现在：团队整体运作所取得的工作成效通常大于单个人员取得的工作成效；团队可以有效地解决复杂的问题；团队工作可以激发人员的创造力；在团队中成员之间可以互相学习、互相弥补各自的不足；团队工作可以加强人员的自省，令团队成员充满工作激情。

　　从表2－1可以看出高效团队与无效团队之间的差别。

表2－1　高效团队与无效团队的特征对比

高效团队	无效团队
共同设定目标，个人与组织目标相结合	由上级设定目标，不考虑个人需求
双向沟通	政令宣达，压抑自我

（续上表）

高效团队	无效团队
共同参与，注重每一个人的贡献	权威领导，注重短期目标达成
能力与信息决定影响力	职位决定一切
寻求共识以作决策	寻求决策的共识
鼓励分歧与冲突，以强化决策品质	压抑冲突，要求和谐一致
重视问题根源的解决	妥协或处理表象问题
强调组合功能与相互依赖性	强调个人英雄主义
自我评估，并以团体发展绩效为主	主管考核，以成果绩效评定为主
鼓励创新与自我实现	要求服从及内部稳定性

高效团队具有以下六个特征：

1. 具有明确的团队目标

有这样一则小故事，一个猎人在丛林中捉到一只受伤的幼鹰，他把这只幼鹰带回家饲养，让这只幼鹰跟家里的一群鸡一起啄食、嬉戏。日子一天天过去了，幼鹰渐渐长大了，羽翼也逐渐丰满了，猎人想把这只鹰训练成猎鹰，却发现它根本就没有飞的欲望，完全就像一只鸡。猎人尝试了许多方法，都不奏效。最后，猎人把这只鹰带到山崖边，把它扔了下去，奇迹出现了：这只鹰在求生本能的驱使下拼命扑打着翅膀，居然飞了起来。

这个故事告诉我们，在长期的安逸生活下，我们很容易失去目标；一旦失去目标之后，我们就会变得毫无战斗力了。

一个好的团队，大家一定有共同的、明确的目标，这个目标是大家都认可的，是一面旗帜，大家都朝着旗帜的方向前进。团队成员有着共同的目标，并清晰地知道目标、方向、原则分别是什么，为完成共同目标，成员之间彼此合作，这是构成和维持团队的基本条件。实际上，正是这种共同的目标、方向，才决定了团队的性质。

在团队管理中，我们的首要任务就是在任何行动前先确定目标、方向。这样不但能使不同角色的团队成员有完全一致的目标，更重要的是使团队有前进的动力。这正是高效团队与无效团队的不同之处。

高效团队在行动前总能经过周密的调研，确定要达到的目标，并坚信这一目标对团队来说具有重大的意义和价值。然后，通过这个目标所指引的方向制订行事的原则，以后便完全按照绩效来考量，以确定目标的实现。

清楚地制定团队自身的目标，不仅能使团队成员明白团队以及自身所追求的方向，更能激发团队成员的热情、好奇心、活力和创造力。应该说，目标使得团队的存在有了价值。

与经营追求高效益一样，高效团队的管理也追求高绩效，只有先获得管理的高绩效，才能获得经营的高效益；离开了绩效，任何策略与目标都只能局限于策略与目标本身，无法收到实际效果。正是由于认识到这一点，一个高效团队的领导者往往都有着强烈的以绩效为本的意识，他们不断创建追求绩效的团队文化。同时，团队领导者也明确将之传达给团队成员，让每个成员的头脑中都有一个绩效的概念，树立为提高绩效而努力的意识。

2．团队成员互信协作

一个好的团队，为了达成团队共同目标，团队成员能及时共享资源、知识、信息，以便总结经验和教训。

积极、信任、团结互助、文化和谐的团队氛围，能把团队成员的力量结合在一起，推动团队高效运作。一次，联想运动队和惠普运动队进行攀岩比赛。惠普队强调齐心协力、注意安全，共同完成任务。联想队在一旁没有做太多的士气鼓动，而是一直在合计着什么。比赛开始了，惠普队在全过程中几处碰到险情，尽管大家齐心协力，排除险情，完成了任务，但因时间拉长，最后输给了联想队。那么，联想队在比赛前是在合计什么呢？原来，他们按照队员个人的优势和劣势进行了精心的组合：第一个是动作机灵的小个子队员领头示范，第二个是高个子队员，接着是女士和身体庞大的队员排在中间，最后的是具有独立攀岩实力的队员。于是，他们几乎无险情地迅速完成了任务。团队成员在才能上一定是互补的。共同完成目标任务的关键就在于发挥每个人的特长，使之产生整体搭配的协同效应。

团队成员相互信任是高效团队的显著特征，就是说，每个成员对其他人的行为能力都深信不疑。我们在日常的人际交往中都能体会到，信任是相当脆弱的，需要花大量的时间去培养，又很容易被破坏。而且，只有信任他人才能换来他人的信任，不信任只能导致更深的不信任。在高效团队中，团队成员都能感受到别人的赞赏和支持。

在团队成员之间的关系上，团队文化表现为"成员之间的相互协作及共为一体"。团队成员彼此把对方视为"一家人"，都是团队的一分子，相互依存，同舟共济，肝胆相照，荣辱与共。成员在互动过程中逐渐形成了一系列的行为规范，一方面，他们和谐相处，充满凝聚力；另一方面，他们又彼此促进，为了团队的成功他们常常指出对方的缺点及进行对事不对人的争执，其终极目标是促成更好的合作，追求团队的整体绩效与和谐。

3．职责明确，信息沟通顺畅

好的团队的特点就是大家的角色都不一样。每一个团队成员要扮演好自己特定的角色，角色互补才会形成好的团队。

个体间有差异，人和人是不同的。如一个足球队有前锋、中场、后卫各个不同的角色，每个人分工不同，职责不同。团队也是一样的，需要不同的角色并进行明确分工。一个高效的团队对每个成员的工作职责范围的划分是很明确的，并且有严格的工作流程。

此外，高效团队还是沟通顺畅的团队。在沟通顺畅的团队里，团队领导为员工提供了献计献策的机会，借此激发出团队成员许许多多不寻常的创见和有价值的建议，这也使得团队成员更易于达成共识，而不是暗中对抗、内部消耗，浪费团队资源。微软就是以创造团队文化而闻名的公司，以项目小组的形式来开发电脑软件即由微软首创。微软除了在打造品牌上的独到策略之外，团队建设更是它维持其品牌质量的至关重要的手段，也是该公司不可替代的竞争力所在。其中，极其明确的分工和周密的流程设计是其团队建设的重要手段之一。在微软，每一个团队成员都十分清楚自己的职责、自己的工作在整体中的位置和顺序以及时间进度。由于分工明确，而且每个人都无法被他人替代，因此彼此都互相尊重，同时敢于提出自己的不同见解，使信息沟通更加顺畅。可见，职责明确、信息沟通顺畅是高效团队的显著特征之一。

4．具有高度的凝聚力

有了规范是不是就可以建立有效的团队呢？我们首先要弄清楚如何形成团队的凝聚力。把一群人安排在一起非常容易，但使那一群人真正像一个人一样工作就没那么简单，因此必须建立起团队凝聚力——成员对团队的认同性，并期望为团队之持续发展而努力付出。团队的凝聚力直接关系到团队的战斗力。凝聚力高，团队的成员才会自愿地把自己的潜力发挥出来，用积极的态度去应对团队面临的挑战和困难。反之，如果团队凝聚力低下，人人各自为政，自打算盘，那么团队协作就难以进行，团队默契也无从说起，团队效率也就低下，建设团队的意义也就失去了。凝聚力高低对团队运作的影响如表2-2所示。一般而言，塑造团队凝聚力主要注重以下几个要素：

表2-2　凝聚力高低对团队运作的影响

	凝聚力高	凝聚力低
团队目标	明确；成员有认同感	不明确；缺乏认同感
团队活动	明确的行动；工作成果好	暧昧不明；成果差
满意度	满意度高	满意度低
成员间吸引力	程度高	程度低
领导型态	参与式	权威式
团队气氛	开放	感受威胁
沟通	双向	单向
行动力来源	自发性	被动性
个人能力	互补长短	互为牵制、抵消
价值观	一致	分歧
成败	分享、同担	归于少数人

（1）有效的交流。

在一个工作团队中，成员们具有不同的技能、专长、责任甚至地位，不同技能的人集中在一起并相互合作，团队的任务才可能高效地得到执行。团队成员应该清楚地了解，每一个成员都为整个团队作出了贡献。因此，他们需要有效的交流。

一个团队的内部交流如何，由团队的大小和队员的分布决定。最有效的交流方式是非正式的直接交流，更理想点，队员们可以直接地随意接触。有资料表明，物理距离对团队成员间的交流有着巨大的影响。研究显示，如果队员座位间的距离小于10米，那么他们约有30%的机会至少每周交流一次；当距离增加到20米，机会便减少到5%；而当距离增加到60米，交流机会就几乎为零了。所以，主管可以创造一些经常在一起的机会，利用团队早餐会、备忘录、电话、公告栏等方式，鼓励同事间的自由交流。

（2）一起度过的时间。

提供寻找共同的兴趣和观点的机会。

（3）独立。

可以使人们感到该团队是特殊的，是不同于其他群体的。

（4）压力。

压力强调了相互依赖的重要性，并且可以使团队得到巩固。大家都知道，海绵在通常情况下总是呈极度扩张状态，占有最大的空间，但当我们用手指或其他重物挤压海绵时，它就会收缩成团。人也是这样，在可能的情况下，都想拥有自己最大的"势力范围"，与他人保持一定的距离，并且有时候还会因为一些矛盾与他人产生对立。但当出现困难、危及群体共同的利益或生存发展时，人们就会像海绵一样抱成一团，共同应对挑战。

在一次小学生夏令营活动中，营员们因为一些问题发生争执，形成了两个对立的"帮派"，"帮派"的成员间壁垒分明，互不来往，还时常有意地制造一些对抗，给整个活动带来很大影响。为了化解矛盾，组织者设计了一个方案。在一个雨天，开始了营地的搬迁，并故意用人力车来运送行李。由于道路泥泞，车子经常陷入泥坑中不能动弹，而仅靠一个"帮派"的力量是无法把车子拉出来的。在困难面前，需要两个"帮派"共同努力，团结一致，才能解决问题。一开始，大家还相互观望；后来一起推车但不讲话；最后，他们一起商量如何解决问题。在这次搬迁之后，两个"帮派"的营员们开始有意无意地相互寻找话题进行沟通，最后帮派界限消失了，小营员们忘却了他们之间的不快，并且加深了他们之间的友谊。困难让他们消除了隔阂。所以，当团队面临压力和威胁时，团体精神就会迸发出来。

（5）规模。

小型团队往往比大型团队更具凝聚力，因为这可以使成员之间进行更多的来往。如果团队成员多于12人，他们就很难顺利开展工作。他们在相互交流时会遇到许多障碍，也很难在讨论问题时达成一致，甚至形成一些小帮派。一般说来，如果团队成员很多，就难以形成凝聚力、忠诚感和相互信赖感。所以，要塑造富有成效的团队，一般应该把成员人数控制在12人之内。

（6）激励。

以团队为基础进行绩效评估、利润分享、激励等，可以在成员之间产生一种以团队为核心的合作观念。

5. 善于发现问题

在高效团队中，每个人都善于观察事物，迅速发现问题，及时作出反应，适时分析问题症结，提出对策。也就是说，高效团队成员都具有缜密分析后马上采取行动的能力，知道在出现问题时下一步将要干什么。这样的行为方式有助于克服工作中的困难，打破前进道路上的壁垒，并能够有效地处理棘手的问题。

6. 执行力强

高效团队的第六大特点是执行力强。班尼斯与纳那斯在他们对成功团队的研究中同时发现，执行力强是高效团队成员所具有的相同特点。什么是执行力？简单说来，就是指能将目标转化为现实、将不可能变为可能的能力。

在高效团队中，人人都是学生。"学习、学习、再学习"以及"终身学习"是全体团队成员的共识。虽然在学习型团队中团队领导扮演着教师的角色，但他同时也是学生。在学习型团队中，每一位成员都是先做学生，再做老师，大家互帮互学，没有严格的师生之分。"知之为知之，不知为不知"，大家互相帮助，互相提高，共同进步。

20世纪初，在英国乡村有一套牛奶配送系统，将牛奶送到顾客门口。由于牛奶瓶没有盖子，山雀与知更鸟常常毫不费力地在顾客开门收取牛奶前先一步享用。后来，厂商加装了铝制的瓶盖，山雀与知更鸟不再拥有这份"免费早餐"。但到了 20 世纪 50 年代初期，当地的所有山雀（约 100 万只）居然学会了刺穿铝制瓶盖，重开"免费早餐"的大门。反观知更鸟，却只有少数学会了这一本领，且始终没有普及到大多数。

很明显，山雀经历了组织学习的过程，个体的创新技能被传送给群体成员，成功地增强了族群对环境的适应能力。但问题是，为什么山雀可以，而知更鸟却不能呢？

生物学家研究发现，山雀在年幼时期，就已习惯和同类和平相处，甚至编队飞行。而知更鸟则是排他性较强的鸟类，在势力范围内是不允许其他雄鸟进入的，同类之间基本上是以敌对的方式沟通。因此，虽然两者同属鸟类，但和谐相处的山雀比起互相敌视的知更鸟更能学习互助，进化程度更高。学会在实践中总结，在总结中实践，所有的问题都将不再是"问题"。

实践是团队学习的基础。毫无疑问，通过学习获得并提高工作技能，是团队学习的主要内容和目的。高效团队往往能从实践中总结，在总结中实践，通过学习来提升自己，也就是我们所称的学习型团队。

在学习型团队中，团队成员之间关系融洽，大家经常在一起探求新知，通过交流与沟通，各人倾其所能，贡献自己所学的新知识、新技能，相互取长补短。每个人都可以各展所长，成为老师；反过来，他也同时虚心学习别人的长处，成为其他成员的学生或听众，互通有无，取长补短。

反省其实也是一种学习能力。团队走向高效是一个不断摸索的过程，在此过程中难免会不断地犯错误。而反省正是认识错误、改正错误的前提。无论是对团队还是对团队成员，反省的过程就是学习的过程。有没有自我反省的能力、具不具备自我反省的精神，决定了团队能否永葆高效。

因此，"一日三省吾身"是高效团队的日常工作。唯有时常反省自我，对团队进行反思，及时审查团队的所得所失，才能使团队不断进步，始终保持高效。

二、实训技能与拓展

公司销售部的业务员小王从展览会上拿到一批有关客户的资料，回到公司后赶紧锁到自己的抽屉里，小赵问："有没有什么资料？"小王不想把资料拿出来，就打岔说别的事。小赵明白是怎么回事了，心想：以后你也别想在我这里得到任何信息，我就是用不上也不告诉你。

实训技能讨论题：

1. 你认为这种现象发生的根源是什么？
2. 如果你是小王，或者小赵，你该怎么做？

任务三　团队建设的原则

●实践情景

近年来，中国不少企业成长迅速，在全球公司排名中大放异彩，这些公司无一例外地都有一支精良的传奇团队。例如，阿里巴巴的"十八罗汉"；腾讯"五虎将"：马化腾、张志东、陈一丹，还有曾李青、许晨晔；百度"七剑客"：李彦宏、徐勇、刘建国、雷鸣、郭眈、崔姗姗、王啸；携程"四君子"等。或许在企业已经壮大的后期少有人知道这些成员的存在，但是在企业发展的前期却对企业的发展起了决定作用。

【思考与启示】

建设一个高绩效的团队，应遵循什么原则？

一、团队建设的主要原则

1. 团队规模要适中

纵观国内外最适宜工作的团队，我们就会发现，工作团队规模一般都不是很大。原因有三：其一，避免出现"搭便车"现象。由于成员过多，在进行绩效考评时，容易造成该奖的没奖，该罚的没罚，导致不客观、不公正，团队凝聚力下降，团队工作效率自然会大打折扣；其二，成员太多，相互沟通很难顺利进行，沟通减少，就很难培养成员之间相互尊重、相互信任的氛围；其三，成员过多，意见分散，讨论问题时很难达成一致。团队规模一般应尽量小，但团队规模还受其他许多因素的影响。有研究表明：

（1）当期待团队采取行动时，团队规模应该小一点；而当听取意见、反映情况时，团队规模应该大一点。

（2）当团队的任务是作出高质量的复杂决策时，最好由7~12人组成。

（3）当团队的主要任务是解决矛盾和冲突，取得协议时，最好由3~5人组成。

（4）当团队既要取得协议，又要作出高质量决策时，最好由5~7人组成。

（5）当团队要迅速作出决定并采取行动时，团队成员人数最好是奇数而不是偶数。

总的来说，团队的规模到底应是多大并没有定规。在现代企业中，为了提高团队效率，团队通常应包括为完成任务所必需的各项技能的拥有者，以及为协调各方关系所需要的各方利益的代表者。在这样的前提下，团队规模应尽量小，或者通过将任务适当地分解而把大团队分解为小团队。同时，还需要在团队效率与整个组织效率之间寻求均衡。

2. 完善成员技能

任何团队都必须培养起正确的技能组合。每一种技能都是为完成团队目标所必需的、互补所缺的技能。乔恩·R.卡曾巴赫将团队要求的技能分为三类：①技术性或职能性的专家意见。在这里尤其强调在一个团队中，相对于团队的目标和任务，其成员技术和职能的互补性。如，只有市场营销人员的产品开发小组，或只有工程师的产品开发小组，不会比同时具备这两种互补技能人员的团队更成功。②解决问题和决策的技能。团队必须能看出他们面对的问题和机会，对他们必须采取的后续步骤进行价值评估。然后，对如何发展作出必要的权衡、取舍和决定。否则将失去团队工作的核心意义。③人际关系的技能。没有有效的交流和建设性的争论，就不可能产生共同的理解和目的。这些技能包括承担风险、善意的批评、客观公正、积极倾听等。

如果一个团队不具备以上三类成员，就不可能充分发挥其绩效潜能。对具有不同技能的人进行合理搭配是极其重要的。一种类型的人过多，另两种类型的人自然就少，团队绩效就会降低。但在团队形成之初，并不需要以上三方面的成员全部具备。在必要时，可安排一个或多个成员去学习团队所缺乏的某种技能，从而使团队充分发挥其潜能。

3. 分配团队成员角色

贝尔宾在研究如何选择一个有效的团队时发现，选择合适的人员组合是很重要的，团队角色分配是对个人拥有的技能和本领的识别，还要把这些技能和本领与实际情况所需要的技能和本领相比较。

贝尔宾的研究结论是，采用参与式管理方式的企业应当在其期望中的管理人员身上寻找某些特征。他建议，在设计一个有效团队时，管理人员必须记住，团队需要不同品质的人，必须确保选择合适类型的团队成员以获得正确的平衡。应考虑每个潜在成员在技术方面能作出多大贡献，以及该成员在团队中扮演什么角色。

贝尔宾的八种团队角色理论，我们在项目一的延伸阅读部分做了介绍，对每种角色从典型特征、积极特性、能容忍的弱点和在团队中的作用四个方面进行了概括分析，大家可以参看此部分内容。

对角色的了解可以使主管一方面在与队员沟通时注意使用不同的风格；另一方面，在团队业务（或任务）的完成上充分利用每个人的优势，使工作任务分配与成员的偏好一致，使团队成员各尽其能。

4. 树立共同目标

共同的目标是团队存在的基础。心理学家马斯洛曾说，杰出团队的显著特征便是具有共同的愿景与目标。由于人的需求不同、动机不同、价值观不同、地位和看问题的角度不同，对企业的目标和期望值有着很大的区别。因此，要使团队高效运转，就必须有一个共同的目标和愿景，就是让大家知道"我们要完成什么""我能得到什么"。这一目标是成员共同愿望在客观环境中的具体化，是团队的灵魂和核心，它能够为团队成员指明方向，是团队运行的核心动力。确立团队目标的程序如下：

（1）成立团队目标专家小组。

团队目标专家小组应由三部分人组成，即团队管理者、资金投资方、成员代表，这样讨论出来的目标才会具有代表性意义。要对小组成员进行培训，以确保设定目标时符合"SMART

原则"。必要情况下，对新确定的目标要与团队成员进行深入沟通与对话，以了解团队成员的需求。

（2）收集内外部环境资料。

收集内部资料，更有利于团队管理者立足现实，高效率地利用现有的人才资源完成目标；收集外部资料，能更多地获得外部的支持，并能在达到目标时与竞争者进行有准备的竞争。

（3）列出符合要求的目标。

愿景目标要建立在内外部资源的基础之上，不要设立虚无缥缈的目标或只代表少数人利益的目标。具体目标要符合"SMART 原则"。

（4）进行关键性指标选择。

一个团队不应有太多的目标指标，否则会给团队制造很多思想枷锁。一个愿景目标可以分解为 3～5 个具体目标，具体目标应在列出的所有目标中进行选择。

（5）列出实现目标的回报。

实现目标后，会给整个团队及团队成员带来什么样的回报，是成员获取工作动力的第一要素。如果一个团队没有列出团队成员完成目标后能得到什么样的报酬，结果可想而知。

（6）找出完成目标所需要的资源及达到目标的必要条件。

从收集的资料中列出所有有利于实现目标的资源，并且找出相应的困难与障碍、团队成员所需要的必备技能，以便让不具备此技能的团队成员进行学习。

（7）计算完成目标的时间并确定具体时间。

列出详细的完成目标时间，在信息化时代，很多团队的时间单位变得越来越小，有的目标时间可以具体到以秒为单位。时间越精确，对团队管理者及成员来说越有帮助，但时间应具有合理性。

5. 明确领导和结构

目标决定了团队最终要达成的结果，但高绩效团队还需要领导和结构来提供方向和焦点。在团队中，对于谁做什么和保证所有的成员承担相同的工作负荷问题，团队成员必须取得一致意见。另外，团队需要决定的问题还有：如何安排工作日程，需要开发什么技能，如何解决冲突，如何作出和修改决策，决定成员具体的工作任务内容，并使工作任务适应团队成员个人的技能水平。所有这些都需要团队的领导和团队结构发挥作用。有时，这些事情可以由管理者直接来做，也可以由团队成员通过担当各种角色来做。

6. 建立绩效评估与激励体系

美国哈佛大学商学院詹姆斯教授的一项研究表明，一个人如果受到激励，就可能发挥他全部潜能的80%，没受到激励，其潜能只能发挥出20%。可见激励对于团队工作而言是不可或缺的条件，团队管理者可根据团队成员的不同需要制定和实施不同的激励机制。例如，对于团队中高成就感需要者来说，从努力到完成个人目标的飞跃就是最好的奖励，只要他们从事的工作能给他们提供个人责任信息反馈和适度冒险，他们就能从内部得到激励。通用电气公司总裁杰克·韦尔奇曾对公司的领导者们说："你们是一支不断获胜的队伍中的一员，最佳团队中的一员，全世界最推崇的团队中的一员。你们必须热爱你的员工，拥抱你的员工，奖励你的员工，激励你最好的员工。如果最好的员工损失掉20%，是你们的失职，如果最差的员工留下

10%，也是你们的极大错误。"这说明建立有效的激励机制十分必要。

合理的制度与机制建设主要包括：

（1）团队纪律。有了严明的纪律，团队就能战无不胜。

（2）上级对下级的合理授权。这样就能明确责任和义务，充分调动各方面的积极性和创造性。

（3）有效的激励约束机制。要建立科学的工资制度以及公平的考核与升迁制度，在实施激励时，要充分考虑人的需求的多样性，激励形式要丰富多样，注重精神激励与物质激励并举并重，不论是正激励还是负激励都应该做到及时，这样才能促进团队不断发展。

7. 培养相互信任精神

管理者和团队领导对团队的信任气氛具有重大影响。因此，管理人员和团队领导之间首先要建立起信任关系。然后才是团队成员之间的相互信任关系。斯蒂芬·P. 罗宾斯建议采取以下方法来培养信任感：

（1）表明你既是在为自己的利益而工作，又是在为别人的利益而工作。

我们每个人都关心自己的利益。然而，如果别人认为你是在利用他们，利用你的工作、利用你所在的组织为你的个人目标服务，而不是为你的团队、部门、公司利益服务，你的信誉就会受到损害。

（2）成为团队的一员，用言论和行动来支持你的工作团队。

当团队或团队成员受到外来攻击时，维护他们的利益。

（3）表明指导你进行决策的基本价值观是一贯的。

不信任来源于不知道自己面对的将是什么。思考一下你的价值观和信念，让它们在你的工作中起指引作用。行动与目的一致，而一贯性就能够赢得信任。

（4）公平。

在进行决策或采取行动之前，先想想别人对该决策或行动的客观性与公平性会有什么看法。在进行绩效评估时，亦应该客观公平、不偏不倚。在分配奖励时，更应注意其平等性。

（5）说出你的感觉。

说出你的感觉，别人会认为你是真诚的、有人情味的，他们会借此了解你的为人，并更加尊敬你。

（6）开诚布公。

开诚布公，可能带来信心和信任。因此，应该让人们充分了解信息，解释你作出某项决策的原因，对于现存问题则坦诚相告，并充分展示与之相关的信息。

（7）保密。

你信任那些你可以信赖和依靠的人，因此，如果别人告诉你一些秘密，他们必须确信你不会泄漏这些秘密。如果他们认为你会把私人秘密透露给不可靠的人，你就会失去信任。

（8）表现出你的才能。

表现出你的专业和技术才能以引起他人的尊敬。另外，还应注重培养和表现你的沟通、团队建设和其他人际交往能力。

二、实训技能与拓展

企业的生存发展与它自身的文化条件及所处的文化环境密不可分。扎根中国市场或是面向中国用户的企业，进行中国文化背景团队的建设，实则是借助中国文化进行企业文化建设，将中国文化融入企业管理、生产、服务等方面，更容易激发中国用户的文化认同，进而形成品牌好感，影响购买。同时，中国文化中包含的正面、积极的价值观、管理理念、经营思想等，对企业的发展具有巨大的促进作用。

首先，儒家思想影响到企业文化建设。企业文化建设与管理的核心主体与客体都是人，企业文化理论的本质特征是倡导以人为中心的人本管理哲学，主张将培育进步的企业文化和发挥人的主体作用作为管理的主导环节，充分发挥员工的主观能动性和创造性。中国儒家文化的实质是人伦文化，提倡仁、义、礼、智、信、忠、孝、和、爱等思想，其中"和为贵"是中华几千年历史中处理人际关系、民族关系、社会关系的传统原则，是企业运作的润滑剂。

儒家思想代表人物是孔子，孔子思想常为企业所用。有"日本近代实业界之父"之称的涩泽荣一，一生参与创办、经营几百家企业，如王子造纸、东洋纺织、石川岛播磨等，这些企业创办至今已逾百载，仍长盛不衰。有人问他如何把企业办得如此出色，他解释说，是"《论语》加算盘"，就是生产经营中儒家道德与利益追求互用的道德经济合一说，或叫义利两全说、义利统一说，讲伦理道德时考虑利益因素，讲利益追求时考虑伦理道德。涩泽对儒家的解释一反传统的解释，使儒家思想获得了新的力量。

其次，道家思想的影响。"道"是道家的中心思想，老子的"道法自然，无为而治"的意思是事物发展有其规律，人们应当按规律办事，不可妄为。应用到企业文化建设中，首先，领导者应该顺应自然发展规律，并按照规律制定制度；其次，企业发展要考虑自身的特点及所处环境，切忌想当然为之；最后，对于管理者而言，要权责分明，让全体员工各尽其责。

辩证地看待一切事物，是道家思想的又一精华之处。商场如战场，有胜有败，面对激烈的竞争，企业应该有一个清醒的认识。当处在经营困难时期，不气馁，通过不懈的努力，使困难局面得到改善；当处在顺境时，也应该认识到企业自身还存在一些问题。要辩证地看待企业的发展，不过分忧虑和安逸。

最后，还有法家思想、兵家思想等中国文化思想，都是当代企业可以借鉴的文化瑰宝。

实训技能讨论题：

作为当代中国大学生，你是如何看待中国传统文化在企业团队建设中的作用的？

任务四 团队创建的过程

●实践情景

华为公司有各种各样的人才，不同的人有不同的培养路径。针对刚走出校门的"学生娃"，华为是如何让他们融入其中，认同华为文化，并将他们打造成攻城略地的"狼性铁军"的呢？

华为新员工入职培训，采用"721法则"，即70%的能力提升来自实践，20%来自导师的帮助，10%来自课堂的学习。这一培训法则贯彻了华为一贯的"实践出真知"的理念，强调了实践对新员工未来成长的重要性。同时，这也给新员工明确了一个信号，就是要想有所作为，就必须脚踏实地工作，要有务实的态度。

华为对新员工入职培训包括三个阶段：入职前的引导培训、入职时的集中培训和在岗的实践培训，实践培训是三个阶段的重点。三个阶段总的培训大约需要三个月的时间。

1. 入职前的引导培训

对校园招聘的拟录用的大学生，提前分配到华为的各个业务部门，并指定一名指导导师。导师被要求每个月必须给学生打一次电话，沟通了解他们的个人情况，给确实想进华为的学生安排一些任务，提前让其了解岗位知识，帮助他们做好走向工作岗位上的思想准备。

华为是国内最早实行"全员导师制"的企业，三十年始终如一地坚持实施，收到了极佳的效果。华为对导师的选拔有两个条件：第一绩效必须好，第二要充分认可华为文化。同时，一名导师名下不能超过两个学生，以保证传承的质量。

在华为，导师也被称为"思想导师"，相当于部队的"指导员"，在新员工成为正式员工的三个月里，导师会及时指出他们"练习作业中的错题"，带新员工熟悉新的环境和岗位技能要求等，有效缩短了员工进入新环境的磨合期。同时，也密切了员工之间、上下级之间的关系。

导师要对新员工的绩效负责，新员工的绩效也会影响到导师的考核。为此，华为拟定了一些措施，激发了老员工踊跃担任导师的积极性和带好新员工的责任感。这些激励措施有：一是晋升限制，规定凡是没有担任过导师的人，不能提拔；二是给予导师补贴，补贴会持续发放半年；三是开展年度"优秀导师"评选活动，在公司年会上进行隆重表彰等。

2. 入职时的集中培训

全部新员工到深圳华为总部集中培训，学习华为的企业文化。除了正常的培训、学习、研讨、分享等内容，还要学习以下内容：

学习两篇文章，一篇是华为总裁任正非的《致新员工信》，主要讲华为的文化和对新员工的要求；另一篇是任正非推荐的《把信送给加西亚》，讲述了一名士兵信守承诺，穿过重重障碍将信按时送达加西亚将军的故事，主要是讲执行力。

看一部电影《那山，那人，那狗》，讲述的是一个老乡村邮递员退休后让儿子第一天接替自己工作的故事。影片倡导的敬业精神，正是华为追求的价值观，非常感人。可见，华为对通信的感情之深，也可以看出任正非当时挑选这部影片的良苦用心。

此外，新员工还要看三本书：《黄沙百战穿金甲》《下一个倒下的会不会是华为》和《枪林弹雨中成长》，并写读后感，这三本书都是写华为公司自己员工的故事和案例，对于新员工感受华为文化是最为真切的资料。

集中培训有点像军训，也有点像大学生活。整个培训过程都会融入华为提倡的文化理念，让新员工了解华为的历史、文化价值观。

3. 在岗的实践培训

在导师的带领下，深入一线，到一线真实的工作环境中去锻炼和提高。不同岗位的新员工，他们的培训内容和方式是有很大差别的。

这一阶段的培训时间最长，培训和学习方式也是多种多样的。如软件训练营、iLearn-ingX 学习平台等，所有这些学习培训都遵从"721 法则"，与实践真实贴近。

【思考与启示】

根据案例资料，阐述一下华为公司是如何对新员工进行培训的？

一、团队建设的几个阶段

通常，团队建设可以分为五个阶段：成立期、动荡期、稳定期、高产期、调整期。

（一）成立期

即团队形成的初期。在这个阶段，团队的创建人必须根据团队的任务、目标来思考创建一个什么样的团队，即团队类型，团队的规模应该控制在多少人，应该包含哪些必需的技术人才、管理人才，各自的角色是什么，对这些初步的内容必须拿出一个明确的规划来。因为如果目的不清，在选择团队成员的时候就会出现不知如何配合的问题。

1. 成立期团队成员的行为特征

（1）被选入团队的人既兴奋又紧张。

（2）高期望。

（3）寻找自我定位，试探环境和核心人物。

（4）有许多纷乱的焦虑、困惑和不安全感。

（5）依赖职权。

2. 团队组建的两个工作重点

在一个组织中组建团队一般有两种可能：一是建立以团队为基础的组织，即以团队为整个组织的运行基础；二是在组织中有限的范围内或在完成某些任务时采用团队的形式。其特点是团队的目的、结构、领导都不确定，团队成员各自摸索群体可以接受的行为规范。当团队成员开始把自己看作是团队的一员时，这个阶段就结束了。

在这个阶段，主要应完成以下两方面的工作：一方面是形成团队的内部结构框架，另一方面是建立团队与外界的初步联系。

(1) 形成团队的内部结构框架。

团队的内部结构框架主要包括团队的任务、目标、角色、规模、领导、规范等。在其形成过程中，下列问题是我们必须要明白的：

①是否该组建这样的团队。

②团队的任务是什么。

③团队中应包括什么样的成员。

④成员的角色分配如何。

⑤团队的规模要多大。

⑥团队生存需要什么样的行为准则。

(2) 建立团队与外界的初步联系。

这主要包括：

①建立起团队与组织的联系。

②确立团队的权限。

③建立对团队的绩效进行考评、对团队的行为进行激励与约束的制度体系。

④建立团队与组织外部的联系及协调的关系，如建立与企业顾客、企业协作者的联系，努力与社会制度和文化取得协调等。

在团队组建之初，团队成员比较关注所要做的工作的目标和工作程序。

在人际关系的发展方面表现为：成员之间相互了解和相互交往，彼此容易表现出一种在一起的兴趣和新鲜感受。所有团队成员需要明白的是："人们对我的期望如何？我如何才能融入团队？我们该做什么？有什么规矩？"在行为方面则可能表现为：在完全了解形势之前，不会轻易投入；承受着可能的对个人期望的模糊和不确定状况；保持礼貌和矜持，至少一开始不表现出敌视态度等。

3. 如何帮助团队度过成立期

(1) 宣布你对团队的期望是什么。也就是希望通过团队建设，在若干时间后，取得什么样的成就，达到什么样的规模。

(2) 明确愿景。告诉团队成员，我们的愿景目标是什么，向何处去。

(3) 为团队提供明确的方向和目标。在跟下属分享这个目标的时候，要展现出自信心，因为如果连自己都觉得这个目标高不可攀，那么下属还会有信心吗？

(4) 提供团队所需要的一些资讯、信息。比如要一个小组的成员到东北成立一个分公司，就必须给他足够的资讯，包括竞争对手在这个商圈中的分布、市场占有率分别是多少；计划在这个区域投入多少资本。

(5) 帮助团队成员彼此认识。成立期是初识阶段，大家还不知道彼此是谁，自己有一些特长，还不好意思展示出来，所以这个时候有必要让团队的成员彼此认识。你要告诉他们，哪位成员身怀什么样的绝技，这样容易彼此形成对对方的尊重，为以后的团队合作奠定良好的基础。

（二）动荡期

团队经过组建阶段后，隐藏的问题逐渐暴露，团队内部冲突加剧，虽然说团队成员接受了团队的存在，但仍抵制团队加给他们的约束。而且，对于能否改变这个团队，还存在争执，互不帮助。在这一阶段，热情往往让位于挫折和愤怒。抗拒、较劲是常有的现象，那些团队组建之初就确立的基本原则可能像暴风中的大树一样被打倒。这个阶段之所以重要，是因为如果团队成员可以安全通过的话，出现在面前的就不再是支离破碎的部分，而是团队本身了。

1. 团队在动荡期阶段的表现

（1）期望与现实脱节，隐藏的问题逐渐暴露。

（2）有挫折和焦虑感：目标能完成吗？

（3）人际关系紧张（冲突加剧）。

（4）对领导权不满（尤其是出问题时）。

（5）生产力遭受持续打击。

随着时间的推移，一系列的问题都开始暴露出来，人们从一开始的彬彬有礼、互相比较尊重，到慢慢地发现了每个人身上所隐藏的缺点，看到团队当中一些不尽如人意的地方，比如团队的领导朝令夕改，比如团队成员的培训进度落后，刚开始承诺有很多很好的培训机会，为什么一遇到问题的时候就耽误了？

团队对于团队的目标也开始怀疑了，当初领导者很有信心地要达成某个目标，但经过一两个月的检验，发现基本上是高不可攀、难以达到的。而人际关系方面，冲突开始加剧，人际关系变得紧张，互相猜疑、对峙、不满，成员开始把这些问题归结到领导者身上，对领导权产生不满，尤其在问题出现的时候，个别有野心的成员，甚至会想到挑战领导者，这个阶段人们更多地把自己的注意力和焦点放在人际关系上，无暇顾及工作目标，生产力在这个时候遭到持续性的打击。

2. 动荡期的特点

团队动荡期的特点体现在以下三个方面：

（1）成员与成员之间的动荡。

团队进入动荡期后，成员之间由于立场、观念、方法、行为等方面的差异必然会产生各种冲突，什么工作行为、任务目标、工作指导等统统忘却于脑后。此时，人际关系陷入紧张局面，甚至出现敌视、情绪化严重及向领导者挑战的情况。其结果是，一些人可能暂时回避，一些人甚至准备退出。

（2）成员与环境之间的激荡。

首先，这种激荡体现在成员与组织技术系统之间的激荡。如团队成员在新的环境中可能对团队采用的信息技术系统或新的制作技术不熟悉，经常出差错。这时最紧迫的是进行技能培训，使成员迅速掌握团队采用的技术。

其次，成员与组织制度系统之间的激荡。在团队建设中，组织会在其内部建立起尽量与团队运作相适应的制度体系，如人事制度、考评制度、奖惩制度等。但是，由于这些制度是在组织范围内制定和实施的，相对于小范围的团队来说未必有效；也就是说，针对性差。所以制定适应团队发展的行为规范已迫在眉睫。

再次，团队成员与同组织其他部门之间的关系磨合。团队在成长过程中，与组织其他部门要发生各种各样的关系，也会产生各种各样的矛盾冲突，需要进行很好的协调。

最后，团队与社会制度及文化之间的关系也需要协调。

（3）新旧观念与行为之间的激荡。

团队在动荡期会产生新旧观念与行为之间的激荡。在传统组织中进行团队建设将不得不面临一系列行为方式的激荡与改变，在这一过程中，团队建设可能会碰到很多阻力。如成员可能会因为害怕责任、害怕未知、害怕改变等而拒绝新的团队行为方式；领导也可能会因为可能的权力变小而拒绝许诺等。这时需要运用一系列手段来促进团队的成长。

3．如何帮助团队度过动荡期

（1）度过动荡期最重要的问题是如何安抚人心。

要认识并处理各种矛盾和冲突，比方说某一派或某一个人力量绝对强大，那么作为领导者要适时地化解这些权威和权力，绝对不允许以一个人的权力打压其他人的贡献。同时要鼓励团队成员就有争议的问题发表自己的看法。

（2）准备建立工作规范。没有工作规范、工作标准约束，就会造成一种不均衡，这种不均衡也是冲突源，领导者在规范管理的过程中要以身作则。

（3）需要调整领导决策，鼓励团队成员参与决策。

（三）稳定期

经过一段时间的激荡，团队将逐渐走向规范。在这个阶段中，团队内部成员之间开始形成亲密的关系，团队表现出一定的凝聚力。这时会产生强烈的团队身份感和友谊关系，彼此之间保持积极的态度，表现出相互之间的理解、关心和友爱，并再次把注意力转移到工作任务和目标上来，大家关心的问题是彼此的合作和团队的发展。团队成员对新的技术、制度也逐步熟悉和适应，并在新旧制度之间寻求某种均衡。团队与环境的关系也逐渐地理顺。

1．稳定期的特征

稳定期的人际关系开始解冻，由敌对情绪转向相互合作，人们开始互相沟通，寻求解决问题的办法，团队这时候也形成了自己的合作方式，形成了新的规则，人们的注意力开始转向任务和目标。通过第二个阶段的磨合，进入稳定期，人们的工作技能开始慢慢地提升，新的技术慢慢被掌握。工作规范和流程也已经建立，这种规范和流程代表的是团队的特色。在这一阶段，团队面临的主要危险是团队的成员因为害怕遇到更多的冲突而不愿提出自己的好建议。这时的工作重点就是通过提高团队成员的责任心和权威，来帮助他们放弃沉默，给团队成员新的挑战以显示出彼此之间的信任。

2．如何帮助团队度过稳定期

团队要顺利地度过稳定期，最重要的是形成团队的文化和氛围。团队精神、凝聚力、合作意识能不能形成，关键就在这一阶段。团队文化不可能通过移植实现，但可以借鉴、参考，形成自己的文化。这一阶段最危险的事就是大家因为害怕冲突，不敢提一些正面的建议，生怕得罪他人。

（四）高产期

在这个阶段，团队结构已经开始充分地发挥作用，并已被团队成员完全接受。团队成员的注意力已经从试图相互认识和理解转移到充满自信地完成手头的任务。至此，人们已经学会了如何建设性地提出不同意见，能经受住一定程度的风险，并且能用他们的全部能量去面对各种挑战。大家高度互信、彼此尊重，也呈现出接受团队外部新方法、新输入和自我创新的学习状态。整个团队已熟练掌握如何处理内部冲突的技巧，也学会了团队决策和团队会议的各类方法，并能通过团队追求团队的成功。在执行任务过程中，团队成员加深了了解，增进了友谊，除了高度的相互信任外，还可以退后一步，让团队显示自己巨大的能量。

1. 高产期团队的特征

（1）团队信心大增，具备多种技巧，协力解决各种问题。

（2）用标准流程和方式进行沟通、化解冲突、分配资源。

（3）团队成员自由而建设性地分享观点与信息。

（4）团队成员分享领导权。

（5）巅峰的表现：有一种完成任务的使命感和荣誉感。

2. 如何带领高产期的团队

一个高产期团队，维持得越久越好。主要方法如下：

（1）随时更新工作方法和流程。并不是过去制定的一套方法和流程都是对的，就不需要改变它，时间推移了工作方法也需要调整，所以要保持团队不断学习的一种劲头。

（2）团队的领导应如团队的成员而不是领袖。领导者要把自己当作团队的一分子去工作，不要把自己当成团队的长者、长官。

（3）通过承诺而不是管制来追求更佳的结果。在一个成熟的团队中，应该鼓励团队成员，给他们一些承诺，而不是命令。有时资深的团队成员可能反感自上而下的命令式方法。

（4）要给团队成员具有挑战性的目标。

（5）监控工作的进展，比如看一看团队在时间过半的情况下，任务是否已经完成了一半，是超额还是不足。在进行监控反馈的过程中既要承认个人的贡献，也要庆祝团队整体的成就，毕竟大家经过磨合已经形成了合力，所以团队的贡献是至关重要的。当然也要承认个人的努力。

（五）调整期

古话说，天下没有不散的筵席。任何一个团队都有它自己的寿命，高产期的团队运行到一定阶段，完成了自身的目标后，就进入了团队发展的第五个阶段——调整期。

调整期的团队可能有三种结果：

（1）团队的任务完成了，先解散。

伴随着团队任务的完成，团队的使命要结束，面临着解散，这个时候成员的反应差异很大，有的人很悲观，好不容易大家组合在一起，彼此间都形成了很好的默契，但这么快又面临解散；也有一些人持乐观的态度，他们觉得没有白来一趟，完成了既定的目标，新的目标还在等待着他们。人们的反应差异很大，团队的士气可能提高，也可能下降。

（2）团队这一任务完成了，第二个任务又来了，所以进入了修整期。

经过短暂的总结、休年假等，要进入到下一个工作周期，这个时候新的团队又宣告成立，可能原来一部分成员要离开，新成员要进入，因为人员的选择跟团队的目标是有关联的。

（3）对于表现不太好的团队，将勒令整顿，整顿的一个重要内容就是优化团队的规范。

通常团队不能达到目标就是因为规范建立不够，流程做得不够，没有形成一套系统的方式和方法。

二、实训技能与拓展

某企业在创业时，管理者的下属只有 10 位员工，大小事情都由他来决定。当每位员工只有一个问题时，他可以作出决策。现在企业已经发展壮大，他面对的是 100 位员工，由于外部环境的变化，每位员工的问题可能不止一个，假定是两个，那么总计就有 200 个问题。虽然管理者的能力也许有所提高，现在一天能处理 20 个问题，但当他面对 100 位员工提出来的 200 个问题时，全部解答完要花 10 天的时间，而且每一天又会增加很多新的问题。

实训技能讨论题：

在企业发展的不同阶段，企业的团队也面临着不同的问题，请问该如何面对、处理这些问题？

任务五　团队建设中存在的阻力与误区

●实践情景

草原上有很多野牛，每当雨季来临时，它们就聚集到水草丰美的地方，享用大自然赐予的美餐，养得膘肥体壮。这些野牛虽然长得很壮，但彼此之间并不团结，只要事不关己，就作壁上观。野牛的肥美引来了很多垂涎欲滴的食肉动物。一天，一只观察许久的狮子终于向其中一头野牛发起了进攻，这头被饥饿的狮子追赶得走投无路又疲惫不堪的野牛因为得不到同伴的帮助，最后变成了狮子的美餐。过了两天，尝到甜头的狮子又对另一头野牛发起了进攻，这头野牛两天前曾目睹同伴被吃而不去帮助，还庆幸自己逃过一劫，现在也遭到了同样的命运，在同伴冷漠的自保中丧命狮口……于是，草原上的野牛因为自己的冷漠和对危机的迟钝反应，以及它们的侥幸心理和不团结，数量在一天天减少。

（资料来源：李慧波．团队执行打造企业卓越执行力．北京：中国城市出版社，2007．）

【思考与启示】

从本案例显示的"丛林法则"中，探讨为什么会出现"一个和尚挑水喝，两个和尚抬水喝，三个和尚没水喝"的现象？在团队建设中存在哪些误区？

一、团队建设中存在的阻力

1. 来自组织结构的阻力

（1）传统的等级官僚体制限制团队的发展。

因为它主张自上而下的管理方式，而团队很多时候需要拥有相当的自主权。从某种意义上来说，这是对传统组织结构的一种挑战。

（2）死板而没有风险的企业文化。

企业是越稳越好，但事实上成熟的企业都鼓励边缘化的探索，鼓励做一些有风险、有益的尝试。这为企业未来的生存和发展带来新的渠道和发展路径，而且对团队来说也是一种很好的尝试。

（3）从信息传递看，传统组织结构往往是自上而下的。

团队中的个体之间，成员和领导之间，甚至团队和团队之间都可以进行信息传递，可能是自上而下，也可能是自下而上，甚至可能是在平级当中进行传递。

（4）部门间的各自为政。

传统的组织结构中有生产部门、销售部门、研发部门、客户服务部门，每个部门都有自己的部门职责，他们各自为政，不太喜欢让交流融洽的团队方式打乱他们原有的阵地。但由此带来了许多问题和麻烦，公司的销售业绩上不去，销售部门说生产部门没有生产出合格的产品，次品率太高，卖不出去；生产部门说研发部门研发出来的产品没有考虑到生产的工艺和流程，所做的开发就目前的技术、设备和人员的技巧是做不到的；研发部门说只有按照他们所设计的来生产才具有竞争力。这就导致了组织的堕落、衰退，团队有时可以整合这些力量。一个市场研发的团队过去是由研发部门自己承担，但今天吸收了来自各个不同部门的成员：可能有生产部门的成员，他们来确定研发与生产工艺如何衔接；可能有销售部门的成员，他们了解顾客需要什么样的产品。今天的研发部门其实是一种跨部门的团队合作，只有这样研发出来的产品才能在生产、销售、客户服务等环节上被大众所接受。

2. 来自管理层的阻力

（1）管理层担心一旦有了团队，自身就失去了应有的权力和定位。

（2）管理层担心组织机构不再需要他们了。

（3）团队成员认为管理层没有及时地授予团队权威和责任。

（4）管理层没有及时提供足够的培训和支持。

（5）管理层没有及时传达企业的总体目标并制定出相关的细则。

3. 来自个人的阻力

（1）既然强调团队的贡献，那么个人的贡献谁来承认？个人的成就感从哪儿来？

（2）如果在团队中必须保持一种合作的态势，那么个性还能不能发挥，个人优势还能不能得到认可？

（3）个人害怕团队会给他带来更多的工作。

（4）团队成员害怕承担责任。

（5）团队成员担心团队在一起工作时会出现新的冲突。

二、团队建设中存在的误区

1. 误认为团队利益高于一切，将团队等同于一般群体

很多企业认为培育团队精神就是要求团队的每个成员都要牺牲小我，换取大我，否则就有违团队精神，就是个人主义在作祟。这使许多企业重视整体优势，远离个人英雄主义，但追求趋同的结果必然导致团队成员的个性创造和个性发挥被扭曲和湮没。而没有个性就意味着没有创新，这样的团队只有简单的复制功能，而不具备持续创新能力。其实团队不仅仅是人的集合，更是能力的有机结合。团队精神的实质不是要团队成员牺牲自我去完成一项工作，而是要充分利用和发挥团队所有成员的个体优势。

团队是由个体结合而成的，但它不是简单的人群组合，而是由一群心理上相互认同，行为上相互支持、相互影响，利益上相互联系、相互依存，目标上有共同向往的人们结合在一起的集合体。认为团队就是一般群体，这种认识是错误的。群体是由有着共同目标、在心理上相互依赖、在行为上相互影响的个人构成的人群有机体。团队是群体细分出来的一部分，它是优秀的群体，如果把团队等同于一般群体，就忽视了团队能够提高效率的优势，还会使团队成员丧失一定的创造力。

2. 重人情，轻纪律，害怕冲突

不少企业在团队建设过程中过于追求团队的亲和力和人情味，认为"团队之内皆兄弟"，严明的团队纪律是有碍团结的。这就直接导致了管理制度的不完善，或虽有制度但执行不力，使制度形同虚设。纪律是胜利的保证，只有做到令行禁止，团队才会战无不胜，否则充其量只是一群乌合之众。

很多人认为团队合作就是要保证内部和谐，任何争吵或者与团队意志不和谐的声音都有害于团队团结，不利于增强团队凝聚力。这种对于团队内部冲突的畏惧，主要来自两种担忧心理：一方面，很多管理者害怕团队中的冲突会使他们丧失对团队的有效控制，并且担心有些人的自尊心会在冲突过程中受到伤害；另一方面，一些团队的管理者认为冲突和争吵会浪费时间，不能保证留出更多时间来实施决策，投入到他们认为"真正的"工作中，从而可能降低团队的工作效率。

于是，一些团队的管理者往往通过避免破坏性的意见分歧来巩固自己的团队。这显然是对团队和谐的认识误区。因为，团队无原则的和谐，反而可能将需要解决的重大问题掩盖起来，久而久之，这些未解决的问题会更加棘手。鼓励团队内部建设性的、没有戒备的争论，识别虚假的和谐，保持良性的冲突，可以保证决策的科学性和成员对决策的充分理解和执行。实践中，很多在外人看来机制不良、总是争论不休的团队，往往是能够坚守和不折不扣地执行决策的团队。缺少良性冲突、无原则地回避矛盾的团队，作出的决策也许是不可能完成的任务。良好而持久的合作关系需要积极的冲突来促使其前进，但在很多情况下冲突被视为禁忌，你所处的职位越高，就越容易发现你的同事们花费很多时间和精力试图避免激烈的争论，所有成员都在处心积虑地维持表面的和平。

3. 逃避责任，缺少投入，不公平的竞争环境

在团队协作中，逃避责任是指团队成员在看到同事的表现或行为有碍于团队集体利益的时候，不能够给予提醒。团队成员逃避责任的主要原因是不愿在指出别人不妥的行为之后造成人际关系的紧张，或者倾向于有意避免不愉快的谈话，即使对同事的表现心怀不满或怨恨，他们也会把责任层层推卸或压在团队领导身上，而置企业整体利益于不顾。优秀的团队则能够消除这些顾虑。

在团队中，投入由两步组成：阐明问题，达成共识。优秀的团队可以在很短的时间内达成共识，大家都同意按该决定进行工作，即使先前反对这项决定的人也是如此。而问题团队则相反，大家行动迟缓，迟迟不能作出重要的决策，直到出现确凿的证据，这样看起来可能很谨慎，却导致了团队内部行动迟缓、缺乏信心的风气。投入欠缺的团队具有以下表现：

（1）队伍中的指令和主要工作任务模糊不清。

（2）由于不必要的拖延和过多的分析而错过商机。

（3）反复讨论，无法作出决定。

（4）团队成员对已经作出的决定反复提出质疑。

如果一个团队内部没有公平的竞争，团队成员将在失望、消沉中最终选择以"做一天和尚撞一天钟"的方式来混日子，这其实就是一种"披上团队外衣的大锅饭"。企业只有通过引入公平竞争机制，实行奖勤罚懒、奖优罚劣，打破这种看似平等实为压制的利益格局，团队成员的主动性、创造性才会得到充分发挥，团队才能长期保持活力。

三、实训技能与拓展

方太集团是中国本土企业中生产厨房电器，特别是抽油烟机的大品牌，它有一个很好的理念——"我是一切的根源"。企业里的每个人，自我负责和相互负责相结合，运营过程中出现问题，我的是我的，你的也是我的，我的也是你的，大家为了一个整体的团队绩效而努力，每个人都在为公司创造价值。

有这样一个故事：1998年，方太厨具在沈阳设立分公司后，派了三个浙江小伙子去开拓市场。一天，一个客户一次买了两台抽油烟机，没想到都漏油。女主人非常恼火，因为方太这个品牌的六大特点中第一个特点就是不漏油。她马上给沈阳分公司打电话，要求服务人员一小时之内必须赶到，否则投诉。

当时这三个小伙子正在陪另外一家分公司的经理吃饭，接电话的小伙子当时就傻眼了，另外哥俩也大眼瞪小眼，谁都不说话。旁边的分公司经理说，人家让你一小时内赶到，怎么还不去？看到这三个人不太有经验，分公司经理说这顿饭咱甭吃了，你们三个留一个在家值班，其他两人带上两台抽油烟机跟我去。

到了用户家楼下，分公司经理说，你们哥俩在下面等我，我打电话你们再上去。他上去刚敲开门，女主人就劈头盖脸一顿数落，很不客气。他诚恳地说："对不起，这是我的错"。接着就是一个90°的鞠躬。

女主人当时就愣住了。就在这时候，分公司经理又说了一句："对不起，这是我的错"。然后又来了一个90°鞠躬，"对不起，这是我的错"。局面这才有所缓和。经理接着说："对不起，我能进去看一下吗？"进到厨房一看，问题很明显，他马上说："真抱歉，影响了您的生活和情绪。很抱歉，这是我的错。您看这样行不行，我们带来两台新的给您换上，有什么问题咱们明天再说，别影响您的情绪。"

这时，他又打电话让那哥俩把那两台抽油烟机拿上来，换好之后，又客气地说："对不起，由于我们的问题导致您心情很不愉快，真的很抱歉。今天您先用，明天我们再来解决问题。"

（资料来源：李慧波. 团队执行打造企业卓越执行力. 北京：中国城市出版社，2007.）

实训技能讨论题：

1. 这件事情本来和这位分公司经理没有任何关系，他当时为什么这样做？他这样做，反映了什么问题？

2. 如果你是该公司的员工，遇到这种情况，你该怎么做？

●项目小结

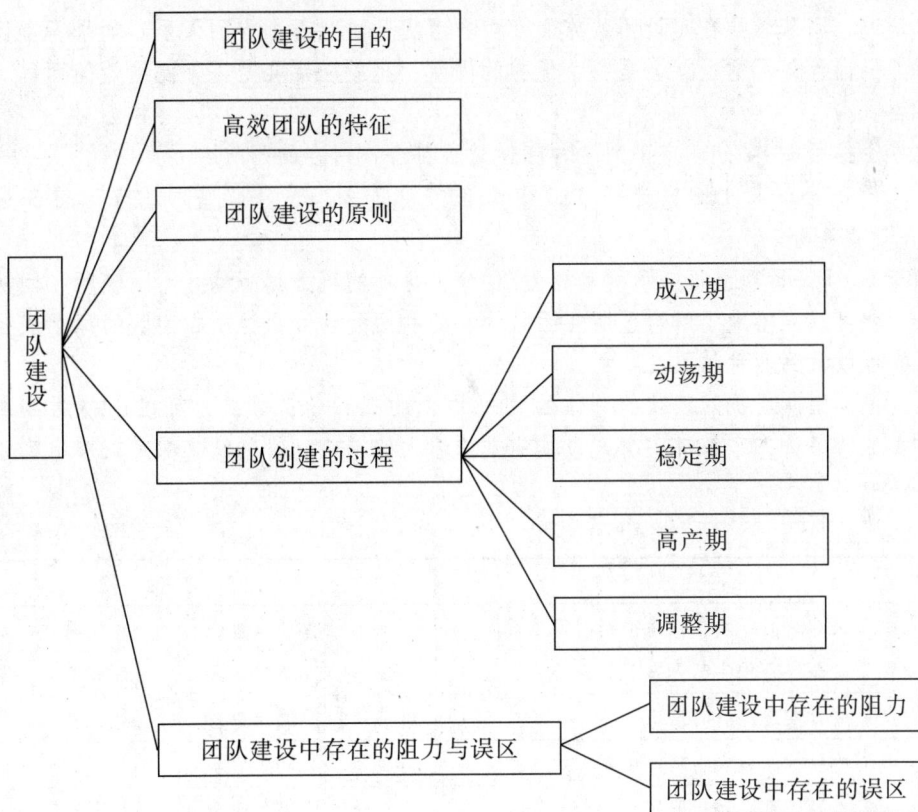

●复习思考题

1. 高效团队的特征是什么？
2. 试述团队建设的原则。
3. 列举出分别处于团队五个不同阶段的实例，各 2 ~ 3 个。
4. 团队的建设过程一般分为哪几个阶段？都有什么特征？

●延伸阅读

测试：你创建的团队健康有效吗？

如果想要了解自己团队的现状，特别是想知道通常我们组建的团队是否健康有效，以及自己的团队具体表现如何，可以从以下五个方面来评价团队：

（1）共同领导。这是指团队的每一个成员都可以并有义务分享一份领导责任，一个团队是大家共同来领导的。如果一个团队是独裁专制的，那它的健康水平也较低。

（2）团队工作技能。这是指成员在一起工作相处的技巧。

（3）团队氛围。这是指团队成员共处的情绪和谐度和信任感。

（4）团队凝聚力。这是指团体成员对目标的一致性。

（5）团队成员的贡献水平。这是指团队成员为履行自己的责任所付出的努力和成就程度。

也就是说，团队领导在建设团队方面，应当考虑从这样五个方面入手。如果一个团队在这几个方面都很出色，那它也就会是一个优秀的团队，也就必定会是一个高绩效的团体。可根据下表自行测试。

测试方法：用1～4分评定下列各种陈述是否符合你所在的团队。

选择"不适合"得1分，选择"偶尔适合"得2分，选择"基本适合"得3分，选择"完全适合"得4分。

A、B、C、D、E项，每一项的满分为20分，每项的得分越高越好。比较所在团队不同方面的得分，就可以粗略地了解自己所在团队的长处和短处。如果让所在团队的每个成员都作以下评定，就可以得到两种结果：

其一，得到团队成员对团队的总体的（平均化的）评价；其二，可以比较总体评价和每一个团队成员的评价，了解每一个人与其他人的看法的差距。这些结果都可以应用到团队建设的具体设计中去。

内容	问题	答案			
A. 共同领导	每个人都有同等发言权并得到同等重视	不适合	偶尔适合	基本适合	完全适合
	把团队会议看作头等大事	不适合	偶尔适合	基本适合	完全适合
	团队成员实现他们的承诺	不适合	偶尔适合	基本适合	完全适合
	我们的目标、要求明确并达成一致	不适合	偶尔适合	基本适合	完全适合
	大家都知道可以互相依靠	不适合	偶尔适合	基本适合	完全适合
B. 团队工作技能	大家把参与看作是自己的责任	不适合	偶尔适合	基本适合	完全适合
	每个人都表现出愿为团队的成功分担责任	不适合	偶尔适合	基本适合	完全适合
	对于实现目标，大家有强烈一致的信念	不适合	偶尔适合	基本适合	完全适合
	大家在团队内体验到透明和信任感	不适合	偶尔适合	基本适合	完全适合
	我们的会议成熟、卓有成效	不适合	偶尔适合	基本适合	完全适合

（续上表）

内容	问题	答案			
C. 团队氛围	每个人的意见总能被充分利用	不适合	偶尔适合	基本适合	完全适合
	大家都完全参与到团队会议中去	不适合	偶尔适合	基本适合	完全适合
	每个人都让大家充分了解自己	不适合	偶尔适合	基本适合	完全适合
	我们每一个人的角色十分明确，并为所有的成员所接受	不适合	偶尔适合	基本适合	完全适合
	团队成员不允许个人事务妨碍团队的绩效	不适合	偶尔适合	基本适合	完全适合
D. 团队凝聚力	在决策时我们总请适当的人参与	不适合	偶尔适合	基本适合	完全适合
	大家都能主动而创造性地提出自己的想法和考虑	不适合	偶尔适合	基本适合	完全适合
	如果让大家分别列出团队的重要事宜，每个人的看法都会十分相似	不适合	偶尔适合	基本适合	完全适合
	大家感到能自由地表达自己真实的看法	不适合	偶尔适合	基本适合	完全适合
	在团队会议时大家专注于主题并遵守时间	不适合	偶尔适合	基本适合	完全适合
E. 团队成员的贡献水平	所有的人都能了解充分的信息	不适合	偶尔适合	基本适合	完全适合
	每个人都努力完成自己的任务	不适合	偶尔适合	基本适合	完全适合
	在决策时，大家能顾全大局，分清主次；大家互相尊敬	不适合	偶尔适合	基本适合	完全适合
	大家都很擅长达成一致意见	不适合	偶尔适合	基本适合	完全适合

项目三　团队领导力训练

职业能力目标：

1. 领会领导的概念。
2. 领会不同的领导方式。
3. 理解团队的领导艺术。
4. 了解提高团队领导艺术的途径。

任务一　领导概述

● **实践情景**

　　2020 年秋季，陶乐去广州某百货商店给妈妈买衣服，该百货商店中老年服装有四个专柜，组成十字形，由于妈妈告诉了她喜欢的花型，陶乐就按照妈妈要的去选择。她先在 A 店看到一个花型是妈妈喜欢的，看起来不错，但是一看面料和价格，要四五百元，太贵了，于是又去 B、C、D 店仔细挑选。让她意外的是，在 D 店她发现了一件和 A 店一模一样的衣服！都是妈妈喜欢的那种花型！她觉得很吃惊，然后又看了 D 店的衣服吊牌，价格两百多元，为什么一模一样的衣服价格差别这么大呢？于是她用手机悄悄把两件衣服的吊牌拍下来，仔细对照。结果发现，两件衣服的吊牌上标示的面料、安全类别等所有信息都一模一样，只有价格不一样。她怀疑这两家店有什么猫腻。然后，她悄悄地找到 A 店的一名服务员，让她看两个吊牌，那个服务员看了之后，尴尬得哑口无言。最后，陶乐一件衣服都没有买，因为很明显这两家店可能都是拿了小厂衣服再分别自行贴上价格信息，她不想被欺骗。当然，出于不想惹事的习惯思维，她并没有去百货商店服务台投诉，但此后，她对该商场的产品不再像以前那么信任了。

【思考与启示】

请问，该案例中两个店的店长是否可能知道这种情况的存在？该百货商店又该如何对各个门店进行管理？

一、领导的含义

领导就是领导者率领和激励下属为实现组织或群体目标而努力的过程，其实质是对下属的一种影响力。该定义包含以下要点：

（1）领导者一定要有下属或追随者，即被领导者。领导者必须与团体其他成员构成领导和被领导关系。

（2）领导和被领导关系之所以产生，是因为权力在领导者和被领导者之间的分配不平等。就是说，领导者拥有相对强大的权力，可以影响组织中其他成员的行为，而组织中的其他成员却没有这样的权力，或者说，其所拥有的权力并不足以改变其被领导的地位。

（3）领导的本质是影响力。影响力泛指一切能够改变团体或个人行为的力量。领导过程既是领导者运用职权进行指挥的过程，又是领导者凭人格魅力和影响力，吸引、指导和激励下属去实现组织目标的过程。

（4）领导具有目的性。领导影响下属是为了达到这样的效果：使下属心甘情愿和满怀热情地为实现群体的目标而努力，与下属一道达成组织或群体的目标。

（5）领导是一种活动过程，是一种包含着领导者、被领导者、作用对象和客观环境等多种因素的活动过程。

（6）领导的基本职责是确立目标、制定战略、进行决策、编制规划、组织实施，促使其下属努力实现预定的共同目标。

（7）领导的工作绩效不是通过领导者个人，而是通过被领导者的群体活动成效表现出来的。

二、领导方式的类型

领导方式指领导者与被领导者之间发生影响和作用的方式。领导方式可以划分为以下几种类型：

1. 活泼型（使人独处的领导）

活泼型领导的性格特点是思维比较活跃、不受约束，创造性思维比较强，在别人眼里他们是聪明的一类。他们很容易接受新事物和新人，并且在遇到困境的时候可能会想出奇招渡过难关。在生活中显得非常幽默。他们的跳跃联想思维让他们在得到新点子的同时，也会带来坏处，有时发展到无组织无纪律。他们更喜欢人性化的管理而不喜欢制度化的管理。其实人性和制度对于一个组织的健康运转都是有益的。也就是他们习惯即时行为而没有计划，也不喜欢计划，他们相信自己能解决所碰到的问题；也由于这种快速行为，可能会导致冲动。

使人独处的领导具备大部分活泼型的性格。为什么他们会采用这样的方式呢？人都这样，很容易接受和自己相似或者相同的价值观，也认为别人同样具备这种价值观。所以活泼型性格的领导认为别人或下属跟自己一样聪明，跟自己一样能把事情解决得很好。活泼型性格的人发散思维比较强，因此"散"字扎根在他们心里。领导们放心地授权给下属去做，这样下属也有充分的自信和活力来完成任务，下属不想辜负领导的期望，于是把事情办得更好。这种方式更适合销售这种软性部门。在技术部门，看重的是资历和经验，特别是领导对待年轻人，如果采用这种方法，可能会效率低下，因为技术部门的年轻人不像销售人员那样可以独立解决问题，他们更需要领导的指导。采用这种方式的前提是大家都是能人，能独立地解决问题。采用这种方式是领导对下属的充分信任，让下属对自己有信心，给下属一个舞台表现和锻炼自己；但如果在下属缺乏经验和技术的情况下，会犯下严重的错误。

2. 力量型（以解答为核心的领导）

力量型的领导在文学作品中是最常见的，在人们的心目中领导就是雷厉风行、坚决果敢的。但最近几年，由于强调团队合作，国内外更趋于喜好和平型的以解答为核心的领导。力量型性格的人非常自信，有时甚至自信心极度膨胀。他们做事情很有魄力，说一不二，他们了解怎样和人相处，并且总是思考国家高层或者管理高层的事情，因为他们觉得领导的位置总有一天是他们的。力量型性格的人还有一个特点，就是很要强，不想别人超过自己，这是他们动力的源泉。发展到另一端，很可能对别人产生嫉妒的心理。在知识交流的模式中，力量型性格的人采取的是一种单向的方式，即向第三者讲述、说明，甚至是说服，所以难得有双向的交流。知识上的单边主义可以解释为专制；在感情上，善于表现力量的人在表达的时候往往会忽视第三方的感受，感情的单边主义可以解释为独裁。可能第三者迫于力量的压力或避免冲突，表面上作出专心聆听状，但心里却在表达否定和不满。

力量型性格的人在领导方式上则体现为以解答为核心。领导者信心十足，但这也的确是因为他们有实力。因此，他们更相信自己的判断和决策。他会告诉下属应该怎么具体地去完成任务。这样的指导在下属缺乏经验和技术的情况下，与使人独处的领导相比更具有优势。这样的方式适合团队中知识和能力差异比较大的情况，还适合对待技术部门的新人。这种单向的领导方式缺乏交流和沟通，因此，领导者要有绝对优势的决策能力以及分析判断能力，并且下属要有很好的执行力。这样的好处是决策快，缺点是由于决策过程中缺少下属执行者的参与，有时很难得到下属对决策的理解和执行的热情。如果严重，会陷入独裁和专制。

3. 和平型（以询问为核心的领导）

和平型的人最大的特点就是平等的观念特别强，如果认为自己是强人，那肯定也很容易认同别人的价值观，尊重别人。他看待问题的方式也是等分的，他能看到别人好的一面，也能看到别人不足的一面。他在给你陈述事实的时候，会把各种利弊告诉你，是跟你提建议，而不是下达命令。他们尊重你的价值观、你的决策。他们以和平的方式和别人相处，有时甚至会掩盖冲突。他们在团队中可能就是一种黏合剂，在感情上和知识交流上把大家黏结在一起。这种人的价值观念符合普遍的价值观念——尊重每个人，相信每个人的潜能。和平型的人由于平等的观念比较强，所以在生活和决策中能平衡各种力量和各种关系。也可能正由于这种平等的观念，会让他们近似平等地把精力分配到各种知识和兴趣上，所以有时容易粗心，甚至会缺乏责任心。

和平型领导的表现方式就是以询问为核心。这种领导是戴维·珀金斯最推崇的。这的确更符合现在的团队状况，因为现在团队中成员的力量一般都是比较均衡的，并且各有所长。所以具备和平型性格的人才去认真听取意见，集思广益，创造高智能的团队。以询问为核心的领导者在知识交流上给大家提供了一个交流的平台和框架，并且引导谈话，而不是像以解答为核心的力量型领导那样主宰谈话。在决策上，以询问为核心的领导采用民主集中制的原则，让更多的人来参与。在执行的过程中，执行者才有更好的理解和推进决策执行的热情。在团队中，和平型的领导如果不体现出力量型的一面，就很难征服别人，并且被认为是无能的。这样的协作要长时间的磨合，所以在面对危机的时候，需要有快速的解决方法，并且要给团队成员提供梦想和前景。

4. 完美型（以梦想为核心的领导）

完美型性格的人最大的特点就是做事仔细、负责。完美型性格的人性格中带有很多梦想成分，做事挑剔，所以这就培养了他们严谨的思维和仔细的行事风格。他们对自己有目标，用目标来衡量自己的行为，有时候要求还非常高，他们不允许自己犯下错误，认为那是不完美的，是不可原谅的。他们更习惯从细处着手，有时候看不到大的方向和目标，所以，完美型性格的人容易陷入死理跳不出来，会为了小利而忘大利。他们做事仔细，记性又好，又挑剔，所以非常适合做技术和财务工作的。他们对待别人也像对待自己一样，觉得错误是不可原谅的，所以他们的反馈常采用否定的方式，让人觉得他们愤世嫉俗。他们的挑剔在社会健康发展、财务健康方面能起到很大的作用，更适合做监管类的工作。

完美型性格的领导方式就是以梦想为核心，他们会有构想，给别人指出目标，有时也提出具体的实施步骤。

结合中西方的观点，在这四种性格中最优的是力量型和和平型，最优领导方式是以询问为核心的方式。在一个人身上，性格往往不止一种，领导方式也不止一种，只是在这个人身上，总会有一种突出的性格和一种突出的领导方式。

三、团队领导必备的素质

1. 思想政治素质

思想政治素质是指个人从事社会政治活动所必需的基本条件和基本品质，它是个人政治思想、政治方向、政治立场、政治观点、政治态度、政治信仰的综合表现。一名优秀的领导者，必须具备良好的政治品质和工作作风。思想政治素质的具体要求是：坚持四项基本原则，坚持改革开放，自觉按照党的路线、方针、政策办事；全心全意为人民服务，以身作则，为人表率；要有理想、有事业心、有责任感；要有正确的思想作风，不谋私利，有自知之明；要有良好的生活作风，品行端正，艰苦朴素；要有正确的工作作风，工作细致，讲究方式方法，不拉帮结派。

2. 知识素质

知识素质是指个人做好本职工作所必须具备的基础知识与专业知识。作为一名领导者，主要工作是管理，特别是对人的管理。而管理是一门综合性的学科，涉及多方面的知识，这就要求领导者必须具有广博的知识。对于不同层次的领导者在知识方面的要求是不同的，高层次领导者的知识面要宽，低层次可相对窄一些。此外，对于不同层次领导者在知识结构方面的要求也是不同的，但就其共性来说，领导者应掌握以下几方面的知识：通晓马克思主义理论；对于一般社会科学、自然科学各方面的知识，都要有所了解，知识面要比较广；对于管理科学各方面的知识则要比较精通；对于社会生活方面的实际知识也要比较熟悉，要有丰富的生活经验和工作经验。

3. 能力素质

能力是知识和智慧的综合体现。领导是一种综合实践活动，对于能力素质的要求比较高。能力来源于学习、实践和经验，具体包括以下几方面：筹划和决断能力；组织指挥能力；人际交往能力；灵活应变能力；改革创新能力。

4. 心理素质

人的心理素质是指人在感知、想象、思维、观念、情感、意志、兴趣等多方面心理品质上的修养。它是一个内容非常广泛的概念，涉及人的性格、兴趣、动机、意志、情感等多方面的内容。心理素质是领导素质的一个重要组成部分，从某种意义上说，它制约和影响着领导素质。良好的心理素质即指心理健康或具备健康的心理。领导者的心理素质包括：事业心、责任感、创新意识、权变意识、心理承受能力、心理健康状况、气质类型和领导风格等。

5. 身体素质

身体素质是个人最基本的素质。没有健全的体魄和良好的身体素质，领导者就失去了事业成功最起码的条件。一个身体健康、精力旺盛的领导者在思维、记忆等方面会明显强于那些身体素质差的人。身体素质包括以下几个方面：体质、体力、体能、体型和精力等。

四、实训技能与拓展

（一）某高校某院教师要参加教学能力比赛，该比赛需要每个参赛团队的每位成员拍摄教学视频。该院共有4个团队参赛，4个团队总人数共计11人。为了提高拍摄质量，该院领导请了该地方电视台的拍摄小组进行拍摄。原计划拍摄八九个小时。但是，实际上，每位教师在拍摄过程中都可能会遇到网络问题、内容长度问题、时间要求问题，导致最后实际拍摄14个小时也没有完成。而且，两天后制作好的视频质量也远远低于预期。

（二）京东公司能够迅速发展，必有其优秀之处。京东秉承4S人才发展观，即京东style、京东stage、京东speed、京东success。其中第一个是京东风格，也就是符合京东价值观的人。在《京东人事与组织效率铁律十条》中，明确提出"价值观第一，能力第二"的用人原则，通过能力、绩效和价值观体系量化评分，将员工分为金子、钢、铁、废铁和铁锈五类。价值观和业绩都很好的人是金子；能力业绩不错，价值观也不错的人，是钢，大部分员工属于此类；价值观不错，能力稍差的人，是铁；能力不行，价值观也不行的人，是废铁；能力很强，价值观不过关的，是铁锈，要坚决去除。在京东，根据价值观第一原则，团队结构的理想比例为：80%钢＋20%金子，以促进团队的稳定和发展。

实训技能讨论题：

（1）请问，从案例（一）反映出来的问题来看，该院领导在这件事情上应该有哪些反思？

（2）请思考，京东为什么如此重视人的价值观？

任务二 团队的领导艺术

●实践情景

某厂的业务部由供应科、销售科、车队、仓库管理科、广告制作科组成。当 A 调任该部经理时，听到不少人反映广告制作科、仓库管理科迟到早退现象严重，劳动纪律差、工作效率低。虽然经过多次批评教育，但成效不大，群众反应很大。为了做好领导工作，A 经理对这两个科室进行了调查分析，情况如下：

文化水平及修养：广告制作科的员工全是大专以上文化程度，平时工作认真，干劲大，但较散漫；仓库管理科的员工文化程度普遍较低，思想素质较差。

工作性质：广告制作是创造性工作，工作具有独立性，好坏的伸缩性也较大，难以定量考核工作量；仓库管理是程序化工作，内容固定，且必须严格按规章制度执行，工作量可以定量考核。

工作时间：广告制作工作有较强的连续性，不能以 8 小时来衡量，有时完成一项工作光靠上班 8 小时是远远不够的；而仓库管理 8 小时内的工作是关键；上下班的准时性、工作时间不能随意离开岗位是十分重要的，否则就会影响正常的收发货物，有的还会直接影响车间的正常生产。

广告制作科的员工工作责任心强，有强烈的创新意识、有实现自我价值和获得成功的欲望，工作热情较高。仓库管理科的员工由于工作环境分散、工作单调，员工积极性不高。

【思考与启示】

根据以上情况，你认为 A 经理对这两个部门应如何实施领导？

一、领导艺术的含义

要实行有效的领导，领导者不仅要掌握基本的领导方法，而且要有高超的领导艺术，这样才能创造性地完成各项领导任务，达到预期的目的。讲究领导艺术是提高领导效能的重要途径。所谓领导艺术，就是领导者在一定知识、经验和辩证思维的基础上，富有创造性地运用领导原则和方法的才能。也可以说，领导艺术是领导者的一种特殊才能。这种才能表现为创造性地灵活运用已经掌握的科学知识和领导方法，是领导者的智慧、学识、胆略、经验、作风、品格、方法、能力的综合体现。

领导艺术有五个含义：

（1）领导艺术离不开领导者的个人素质，一个满足现状、不求上进的人不会成为一个成功的领导者。

（2）领导艺术与实践密切联系，单靠书本永远培养不出有用的人才，实践是领导艺术的基础。

（3）领导艺术的主要特征是创造性，能够给人以美感。不能给人以美感的领导者，谈不上领导艺术。

（4）领导艺术的表现形式是程序化和非程序化、模式化和非模式化，呆板教条的人是掌握不了领导艺术的。

（5）领导艺术的主要内容是解决领导工作中的各种复杂矛盾。

二、领导艺术的特征

领导艺术是一个相对独立于领导科学之外的领域，它不能不问对象、不加选择地照预先规定的程序千篇一律地办事。领导艺术是具有以下特性的特殊才能：

1. 领导艺术是一般艺术的高层次移植

领导艺术，既然是一种艺术，自然也是来自一般艺术。艺术既表现人的感情，也表现人的思想，并且用生动的形象来表现。领导艺术不是虚构的，而是生活中活生生的实在形象，要求领导者本身来塑造自己在生活中的不同形象，并运用形象来产生强烈的导向力。因此，这种移植不是艺术的搬家，而是艺术的升华。

2. 领导艺术是情感投资所形成的工作优势

如果说领导科学是靠智力投资来形成工作优势的话，那么领导艺术则主要是靠情感投资来形成工作优势的。运用领导艺术要动感情，就要平易近人、热情处事，只有领导者与被领导者在心理上产生了感情的共鸣，才能有共同的心声，以情动人才能产生服人的效果。一个不平等待人、摆官架子的领导者，会让人觉得是感情上的绝缘体、感情投资的吝啬者，是谈不上领导艺术的。

3. 领导艺术是心理磁化所形成的磁场

领导艺术的手法，必须借助自身的心理活动，去沟通被领导者的心理要素，使之产生心理共鸣，互相适应、互相吸引。领导者对周围群众的凝聚力，就是在心理磁化过程中产生一个大的磁场而形成的磁力。否则领导方法就失去了艺术性。

4. 领导艺术是领导者内在美的外在表现

领导艺术是领导文明的表现，是领导者品质的表现，往往对被领导者产生强烈的感染力，形成一种美的分享。然而，领导艺术毕竟不是事物的原形，而是原形在美学屏幕上的映象，正如经过加工、雕刻的工艺品一样，变得美了。领导艺术性的增强，也少不了艺术的加工。

三、领导艺术的分类

领导者领导一个系统，如果使用同一方法的技巧不同，就会产生不同的效果。

1. 用人的艺术

如何履行领导职能是衡量一个领导者领导能力的尺度。在众多的领导谋略和技艺中，用人的策略是首要的，因为人是企业的生命之本。当今社会，人才更是宝贵的智能资源，最发达的国家是拥有人才最多的国家。因此，领导在用人艺术上应做到：

（1）工作与才能相适应。

（2）工作与人的性格相适应。

（3）任何一个团体在人员搭配时，要尽可能做到知识互补、能力互补和性格互补。

（4）人才更新。新官上任都想放与众不同的"三把火"。

（5）用人不疑，用人不嫉。

2. 分配工作的艺术

（1）能分配给一个人完成的工作，绝不分给两个人，切忌"共同负责"。

（2）分配工作要尽量满足员工在工作中的社交欲望，使其有机会与别人接触。

（3）要让下级跳起来摘果子，工作难度稍大些，完成工作后才更有成就感。

（4）工作内容最好多样化，以减轻工作疲劳。

（5）工作分配要甘苦搭配。

3. 支持下级的艺术

（1）要重视下级的意见，作决策时把基层领导当作"顾问"。

（2）让基层领导做自己的"发言人"，自己的意图靠下级去传达沟通，这样可使基层领导在群众心目中的地位提高。

（3）做下级决策的赞助人，对于基层领导已作的决定，没有非反对不可的理由就要支持。

（4）充当下级的"缓冲者"，一般情况下尽量不使自己处于"第一线"，但基层领导出了差错，领导要主动站出来承担责任，使下级在工作中有"安全感"。

（5）领导者应尊重、支持下级的意见，但要保持头脑清醒。一位最佳的领导者，是一位知人善任者。在下级甘心从事其职守时，领导者要有自我约束力，而不可插手干涉他们。否则后果必然是一方面浪费了自己的宝贵时间与精力，另一方面会养成没有主见、没有责任感的下属，又反过来加重自己的负担。

4. 运用权力的艺术

领导者有权推动决策，但权力的威力往往不在行动之时，而在行动之前，动不动就使用权力，有时反而削弱了权力的威力。权力要成为工作的间接推动力，以身作则，班子团结，才是工作的直接推动力。

5. 检查工作的艺术

对下级的检查督促，要求前后一致，不要朝令夕改，前后矛盾，免得下级无所适从。检查督促的严密程度要适当，不检查督促是领导者的失职，但过于频繁，效果却适得其反，下级轻则会抱怨"婆婆嘴"，重则会感到领导对自己不信任，对自己的能力有怀疑。

四、实训技能与拓展

根据调令，A前往B公司担任经理。在交接班时，前任经理特意对领导班子中的一位副手的情况作了详细介绍，说这位副手个性强，不好合作，凡事都要听他的，有时经理决定了的事，如果他不同意，经理的决策就很有可能得不到有效的实施。前任经理还对 A 说，要不是他知道自己要调离，那一定会建议上级想办法把这位副手撤掉。前任经理的介绍在 A 的心理上形成了很大的阴影。

后来，A 正式接手工作，在与这位副手的接触中，发现这位副手确实很有个性，如自尊心很强，为人很正直，对工作很有主见，也敢于负责，好胜心强，总希望自己分管的工作做得比别人好。

实训技能讨论题：

对于这位副手，应该怎样做，才能既调动其积极性又能实现有效的领导，保证组织整体目标的实现？

任务三　团队领导普遍存在的问题

●实践情景

谢某担任某集团公司总经理兼党委书记以来，对自己的管理方式情有独钟："最好的管理方式就是朦胧管理。如果一切都循规蹈矩，那么我们什么事情都办不成。"

在财务管理方面，他一个电话、一张纸条就可以调动成千上万的资金为己所用。他四处出击，试图赌赌运气。许多投资项目每次都是他个人擅自拍板，缺乏科学论证，最后全部打了水漂。当时有位副总经理看不惯他的专横，提议多派几个熟悉业务的人去负责一项工程，他竟火冒三丈："这件事你们谁也不用插手了！"

不仅如此，他还迷上了赌博，前后共输掉 1 300 多万元。为了筹措赌资，他强行向一下属厂长索取 50 万元，某职工食堂售卖饭票款 5 万元也被他索走送上赌台。

在人事管理方面，谢某也是唯我独尊。公司下属有一家食品公司，1993 年，该公司一名职工通过招标竞争，当上了经理，不到一年，公司形势大好。但仅仅因为她看不惯谢某的"朦胧管理"模式，而被撤职。1993 年初，谢某要提拔心腹为集团公司副总经理，其他领导要求开党委会讨论，谢某两眼一瞪："什么事都要由党委会讨论，那还要我这个法人代表干什么？你们这样做，还给不给我面子？"于是，其心腹顺利地坐上了集团副总的位置。

在公司，无论是谢某的左膀右臂还是其下属公司的骨干，凡是吃透了"朦胧管理"之精神的，都无一例外地成了偷"腥"的猫，公司从此一蹶不振。

【思考与启示】

谢某的"朦胧管理"模式反映了什么问题？该公司的团队领导存在什么样的问题？

一、团队领导普遍存在的一些问题

1. 权力分配不当

所谓领导者的权力分配不当，就是权力与职位、职责不相匹配，也就是破坏了职权一致、权责对等、层级分明原则，从而造成有职无权、职大权小，无职有权、职小权大，有权无责、有责无权，权小责大、权大责小，责权不清、推诿扯皮等现象。

领导权力分配一般有两层含义，一是权力在组织中的分布，这是从组织结构角度对权力进行分配；二是指权力的授予，是从事务和工作的需要出发，领导者根据实现任务和完成工作的需要将其权力的一部分授予下属。一般来讲，第一层权力分配因为是按照组织结构和组织形式进行的，所以每一职位权力的大小和责任的轻重都有相对稳定的规定；相对于第一层权力分配，第二层权力分配在权力和责任的大小上都有相当的灵活性。这样看来，第二层权力分配较为容易出现权力分配失当现象，第一层权力分配则较少。

2. 领导权力错位

权力错位即领导者的越权，指领导者实际行使的权力超越职位相应权力的现象。越权，广义讲既有范围上的越权，也有使用上的越权。

范围上的越权，又分为僭越本分、兼理旁涉与越俎代庖三种情形。僭越本分，原指不守本分，冒用上级名义、礼仪和器物，此处指行使上级领导职权；兼理旁涉，指在未被委托和接受代理的情况下行使其他领导范围职权；越俎代庖，此处专指行使下级领导者的职权。

在领导实践中，越权是一种极为有害的现象。首先，它破坏正常工作秩序。分级领导、分工主管、各司其职、各负其责，这是领导活动系统的正常工作秩序。而越权行为破坏了这一正常工作秩序，它使得人们职责不清、位置不明，如同改变机器运转方向和速度，必然失去功能。其次，越权不利于团结。越权实则"侵权"。上级被侵权会认为侵权者飞扬跋扈、颐指气使，定有取代之心，因而或迎头痛击，或暗中设伏；平级侵权引起钩心斗角、关系紧张；下级被侵权则产生被"罢黜"心理，认为上级不信任自己。

3. 权力不受

权力不受有正当不受与无由不受之分。所谓正当权力不受，是指下属对领导者职业特权与越权行为的抵制。我们熟知的"将在外，君命有所不受"，就是孙子对吴王越权行为的抵制。而对领导者职业特权的抵制，则是我们极为赞扬的，因为它是同以权谋私现象的一种难能可贵的斗争。所谓无由权力不受，是指下属对领导者职位权力的抵制。这种抵制是不能容许的。有人认为，领导对了我就听，领导错了我就不听。这个问题较为复杂，但并不是一本糊涂账。这里必须弄清楚"领导错了"是什么意思。如果仅是你认为的，那不能算数。比如领导者的决策，即便真的错了，从决策与其实施之初看，人们无法认定其错，又没有更好的决策出台，那下属还是要依计划而行的。

4. 领导权力变异

领导权力变异，主要表现为使用权力的"越位"现象，即无限制地使用权力，将权力泛化到自己的职业中去，从而使自身职业的服务功能（职业规范所规定的应该做的乃至必须做的本职工作）转化为职业特权。

　　所谓职业特权，是指超出职业规范的规定，利用职务之便实施对他人的控制能力。职业特权不只产生于领导权力变异的现象中，每个有职业的人都有可能获取职业特权。比如，旅客列车上卧铺车厢的列车员，他手中有少数机动卧铺票。按其职业规范规定，这是为解决有特殊需要的旅客（如急症患者）的困难而赋予他的职业权力。可他却超越这个规定，将这几张卧铺票部分乃至全部出售给除票价外肯拿出一定好处费的人，这就使他的职业服务功能变成了职业特权。

　　职业特权的实质是以权谋私。少数领导者利令智昏、见利忘义、见利忘法，最后终将自食恶果，走上人民的审判台。领导者的职业特权，在现实生活中造成极大危害，它不仅直接造成国家、集体、人民群众的有形财产损失，还使按规定该办的事办不成，严令禁止的事却畅通无阻，更严重的是它败坏了社会风气，必须坚决杜绝。

　　5. 领导权力旁落

　　权力旁落不同于上述第二层权力分配即权力授予，后者是领导者有意识的、明确的授权行为，是根据实现任务和完成具体工作的需要采取的必要措施，而前者没有明确的授权行为，是在长期过程中，领导者的权力被他人逐渐蚕食后形成的不正常局面。

　　领导权力旁落，一种表现为领导者的无奈、认可、默许；另一种则表现为领导者与权力蚕食者的激烈"夺权"冲突。不管哪种表现形式，权力旁落的领导者都只是个名号，形同虚设。这样的领导者"门庭冷落"，很少有人向他请示、汇报工作，他的指示无人照办，指挥失灵。

二、实训技能与拓展

　　不到两年换一个，换了12任厂长也没摆脱亏损的一家国有企业，却在一个农民手里起死回生。1994年5月，当王义堂接手河南泌阳县水泥厂时，该厂亏损123万元，到年底，王义堂却使该厂营利70万元。第二年实现利税525万元。第三年在原材料价格大幅度上涨的情况下，仍实现利税470万元。

　　当时水泥厂多年亏损，再任命谁为厂长呢？难！有人说："让王义堂试试吧！"王义堂？这提议让大家一愣，他是水泥厂所在地的农民，他怎么能当国有企业的厂长呢？可再一琢磨，认为王义堂有本事，他和别人合伙开办的公司，个个营利。县里与王义堂签订了委托经营协议。王义堂交10万元抵押金，企业亏损，抵押金没收；企业营利，退还抵押金本息，还可按30%的比例得到奖励。

　　谈起当时厂里的情况，王义堂至今记忆犹新：全厂413名职工，其中行政管理人员113人，厂长一正八副，各自为政。一个科室有五六个人，天天没事干。来三五个客人，是一两桌相陪；来一个客人，也是一两桌相陪，20个月吃掉30多万元。

　　上任后，王义堂把原来的副厂长全部免掉，但对原来的规章制度，没有改变，只是不让原来的制度成为挂在墙上的空口号。他规定，职工犯错误只允许三次，第四次就开除。不过，他到底也没开除一个人，倒是有二三十个闲人主动调走了，因为实行计件工资后，这些人再也不能像以前那样光拿钱不干活了。于是，企业每小时水泥的产量从过去的五六吨提高到十多吨。

　　起初，有城里人身份的人对王义堂的严格很不满意，但王义堂早上5点钟就上班，一天在厂里待十几个小时，他的责任心，最终让职工认可了。

针对王义堂现象，一位经济学家评论说，这是一个有普遍意义的典型个案：厂长、经理个人的道德境界在相当程度上决定着整个企业的生死兴衰。这不是纯经济学所能研究和解决的问题，在目前企业存在亏损的情况下，关注并研究王义堂现象有着特殊的意义。

实训技能讨论题：

1. 王义堂现象说明了什么？
2. 王义堂是如何展示领导才能的？

任务四　提高团队领导艺术

● 实践情景

有一位大师的授徒之方是这样的：这位大师在一次表演上场前，他的弟子告诉他鞋带松了。大师点头致谢，蹲下来仔细系好。等到弟子转身后，又蹲下来将鞋带解松。有个旁观者看到了这一切，不解地问：“大师，您为什么又要将鞋带解松呢？”大师回答道：“因为我饰演的是一位劳累的旅者，长途跋涉让他的鞋带松开，可以通过这个细节表现他的劳累憔悴。”“那为什么不直接告诉你的弟子呢？”“他已细心地发现我的鞋带松了，并且热心地告诉我，我一定要保护他这种热情的积极性，及时地给他鼓励。至于为什么要将鞋带解开，将来会有更多的机会教他，可以下一次再说啊！”

【思考与启示】

这位大师为什么这么做，说明了什么问题？从大师的这种行为，探讨领导的艺术性。

一、解决思想错位缺失的问题

1. 营造一个良好的企业内外管理氛围

结合中国社会环境和企业实际情况，正确认识企业领导和管理。泰勒对管理的解释，正如很多教科书上所讲的，包含了领导，却没有区分领导和管理。这是从企业整体的角度来看的，没有涉及企业内部具体的人和事。

如果把领导和管理当作具体的工作来讲，就有必要把它们区分开来。这时，就会发现领导者领导着整个组织的运作和方向，管理着与此相关的一切重大事项、关键环节；管理者管理着组织某个部分的运作。领导者和管理者是上下级关系，下级服从上级，部分服从全局。这是由企业面对的市场复杂多变的特征决定的，也是与行政管理有所不同的。

中国的现实情况需要将二者加以区分。中国企业的层级很多，我们经常看到和听到的"领导"，既是领导者又是管理者。在上级的领导下，他是一个管理者；在他所管理的本级组织中，又是一个接受上级领导的领导者。那就是首先要通过管理实现上级组织的意图，同时，也要结合本级组织的实际情况有着本级组织长远的规划。

协调企业内部各种组织的关系，在企业管理上统一思想。我们知道，企业内存在正式组织和非正式组织。非正式组织通过非常规的方式对企业施加影响。正式组织又分为常设机构组织和非常设机构组织。非常设机构组织在非常时期发挥作用。另外，还有一种隐性的、不明显的业务链组织。某些人尽管不是领导者，但其凭借个人某种职权、资历或者学术地位等，在组织中居于领导者地位，影响着该项业务的效率和方向。其他组织，如工会等，都会对企业管理产生一定的影响力。

全员参与企业管理。我们把领导当成哲学、艺术、思想，把管理当成技术、行动。这样更便于我们去学习先进的管理经验。有着数十年管理企业经验的林荣瑞，专门编著了一本书，就是《管理技术》，这方面的书应该再多一点，比如说分为高级和初级。初级的书，要易学易用，受过义务教育的人基本上都能看懂，令企业内外"人人懂管理、人人会管理"。这样，能避免有些人把管理看得过于神秘或者简单而制造"麻烦"，从而形成统一的正确的企业管理思想。

社会支持企业管理。站在有利于社会发展的角度，给企业生存发展以良好的空间，不让企业背负过多不应有的"包袱"。

2. 领导者要善于学习，勤于实践

谈到学习，自然就想到为什么要学、学什么、怎么学等。关于这方面的鸿篇巨制实在太多。一要注意理论的实质和应用前提、条件，经验的背景知识；二要系统地学习相关知识；三要从别人的经验中总结出有价值的思路、方法，尽可能地上升到思想高度；四要学习众家所长，兼收并蓄，以创新为目标。古代书法家说：学我者生，似我者死。只有创新，艺术才具有感染力、生命力。

比如标杆管理方法，1996年世界500强企业中，有近90%的企业在日常管理活动中应用了此法，其中包括福特汽车、IBM等。然而他们在复印机刚刚问世时，以领先者施乐为标杆，结果陷入无休止的追赶游戏之中无法自拔，最后不得不退出复印机市场。在现实实践中，由于有的企业曲解标杆管理思想的实质，勤于模仿而疏于创新或者只模仿而不创新，不可避免地陷入企业经营战略趋同的误区和标杆管理的陷阱。松下幸之助说："只有努力创新的商店或制造公司，才会有前途。墨守成规或一味模仿他人，到最后一定失败。"因此，克服标杆管理的局限性关键不在于标杆管理自身的完善，而在于超越标杆，坚持在学习中创新的思想。最后，要学以致用，敢于实践。在实践中检验学习的效果，在实践中总结，在学习中提高。

3. 领导者要转变观念

松下幸之助说过："当我的员工有100名时，我要站在员工最前面指挥部署；当员工增加到1 000人时，我必须站在员工的中间，恳求员工鼎力相助；当员工达万人时，我只要站在员工后面，心存感激即可。"

由此看来，领导方式是需要与企业的发展匹配的。但是，领导方式的转变必须以领导者的观念转变为前提。如果有人说："我是领导，为什么要去'恳求'，甚至'感激'员工？"或者："我是领导，这样做的话，我哪里还有权威？""我是领导，员工就得听我的，否则，我哪里还有魄力？""我是领导，成绩自然应该归功于我，企业发展了、壮大了，应该是政府、员工'感激'我才对啊。"即使在民营企业里，如果有人说："企业是我的，企业发展了是我的本事，我给了员工工作的机会，员工的'饭碗'是我给的，何必如此费神。员工不干就走人，我可以另请高明。"抱有这样思想的人，看不到员工的重要作用，他所领导的企业，注定是做不强、做不大的。即使侥幸成功，这种人也算不上真正的企业家，这种企业也是长久不了的。还有一种观点：企业不是我的，为什么要去"恳求"，甚至"感激"员工？我辛辛苦苦地管理着企业，又没有比他们多拿几分钱；即使多拿，那也是应该的，符合按劳分配嘛。

上述两种观点的来源都是因为领导者没有干好、干长久的思想，只满足于把工作干起来。得过且过，自我感觉良好。西方有句谚语：罐儿再丑，找个盖子还是很容易。这样的领导者就像盖子。

有的企业领导者，很想把事情干好。企业壮大了，在新的情况下，却又不知所措。更多的是沉浸在过去的成就之中，总以为过去的方法是成功经验，最后采取老一套方法。殊不知，时移势易，方法也要与时俱进。

从现实来看，转变观念不仅是某个人的事，还是企业内各级领导甚至社会各方面的人的事，比如舆论、媒体。要关心干事业的人，给他们以宽松的环境，让他们履行起自己的职责，充分发挥他们的聪明才智。

当"员工有100名"时，领导者身先士卒，样样工作亲自指挥，其个人的作用可以发挥得淋漓尽致。企业发展了，上级领导赞赏有加，员工个个打心眼里佩服。这时候领导者充满信心和希望，于是招兵买马，壮大队伍。"员工增加到1 000人"时，按照领导管理幅度理论，工作不能亲自指挥，而只能是运筹于帷幄之中。正欲决胜于千里之外，外界有声音：此人变了，开始脱离群众了。"走自己的路，让别人去说吧"，对于民营企业领导者也许尚可，但是对于国有企业的领导者情况就大不同了。相关各级领导在这种声音面前，都会感到压力，都会采取不同的措施。比如说，有的选择走自己的老路，管理还是老一套，其结果可想而知；有的则是换人。更别想"只要站在员工后面"的奇迹发生了。

4. 领导者要树立"奉献、进取"的精神

我们经常听到这样一句话："你能干的，我也能干。"似乎在向世人昭示什么，但绝不是"你能干的，我也能干；你不能干的，我也能干，而且，干得很好"。因为，每个人内心都有一个标尺，随时都在自觉或者不自觉地用它去衡量判断事物。

前者是把别人的标尺当作自己的标尺，发现差距，奋起直追。追上了，歌功颂德；没追上，分析总结妙笔生花，主要原因就是客观条件不如人。今后的措施就是屡败屡战，每年有进步（还可以用数据说话），精神可嘉。可谓成也英雄，败也英雄。无论是对企业还是对社会都是祸害无穷。

后者则不同了。自己的标尺，随着企业的发展在变化。昨天用的是小学生的直尺，今天用的是皮尺，明天用的可能是光年单位，大有不畏艰险傲视群雄的风采。他们所表现出来的精神是锐意进取的精神，应该为企业、社会所推崇。但是，在一些人眼里，是看不到成绩的。比如用数据说话：昨天是20，今天还是20，明天可能是还不到0.2。因为这些人还抱着"不怕不识货，就怕货比货"的观念来看待新生事物。

更为严重的是："你能干，干了也白干；我不干，金钱照样赚。"大肆采取骗取、剽窃等手段扰乱秩序。或者，"我不能干，我要让你也不能干"，"武大郎开店"，彼此彼此，就没有"闲言碎语"，甚至美其名曰"市场竞争就是要争夺市场份额"。若是在企业内部，真是把市场理论灵活运用到"家"了。

这些现象也许不广泛，更不普遍存在于我们的市场、企业中，但其危害性照样不可忽视。它就像我们身体里的毒瘤一样，随时在侵蚀我们市场、企业的生命活力。不仅不利于企业生存发展，还阻碍了未来企业家成才的通道。这就要求我们的有识之士放眼天下和未来，共同努力净化我们的软环境。

二、增强善于观察判断、审时度势的能力

1. 察言观行，善于识人

这是正确分析问题、处理问题的重要前提。领导者要做事，首先就要用人。要做正确的事，就要正确地用人。合适的人才能正确地做事，从而保证正确的事达到预期的目的。

（1）防止心理学上的"知觉差异"。

《淮南子》记载：宓子贱的一位客人介绍他的朋友来见宓子贱。那人走后，宓子贱说："你的朋友有三处不对的地方：看见我就笑，是轻浮，不严肃；与我交谈时不称他老师的名号，是背叛他的老师；与我初次见面却无所不谈，是不懂礼貌。"客人说："他看见你就笑，是正直坦然的表现；谈话不称自己老师的名号，是师生交往融洽且无门户之见；初次见面就无所不谈，是忠厚老实的表现。"

这个故事里谁的意见更有道理呢？如果客人没有私心，我们更应相信他的分析判断。如果客人有私心，那就另当别论。故事告诉我们，脱离事实根据的主观判断，是多么的危险。

当今社会，一些人为了个人的名利，学会了刻意伪装自己以达到个人的目的。辨才、识才更难。难怪西方国家招聘选拔人才的方式五花八门。美国标准石油公司里，有一位小职员名叫阿基勃特。他远行住旅馆的时候，总是在自己签名的下方写上"每桶四美元标准石油"的字样，在书信及收据上也不例外，签了名，就一定写上那几个字。他因此被同事叫作"每桶四美元"，而他的真名倒没人知道了。董事长洛克菲勒知道这件事后，大感惊讶地说："竟有职员如此努力宣传公司的声誉，我要见见他。"于是邀请阿基勃特共进晚餐。后来，洛克菲勒卸任，阿基勃特成了第二任董事长。

（2）克服情感性格上的障碍，特别是思想上的障碍，防止"主观差异"。

同样是半杯水，有人说，还有半杯；有人说，只剩下半杯。听者会得出两种截然相反的判断：前者表示还有不少的水，水量没有问题；后者表示水不多了，水量有问题，需赶紧解决。说话者如果明确地说出结论，也就无事了。但实际中，说话者有时是故意这样做，希望听者作出错误的判断，而自己又能推卸情况反映不实的责任。有时是说话者的性格使然，有时是听者"将错就错"。对待人情类"思想障碍"，我们现在采取的"回避制度"是一个可行的办法。从长计议，还是要用"道德观"来解决"人情关"。对待有脾气类"思想障碍"，则方法很多。

（3）多方面观察求证，防止"方法差异"。

对重大、关键人事问题，力戒先入为主，要多方面观察求证。研究人才的特点，对待具体问题，普遍性和特殊性相结合。比如，人才大都有一些个性，表现方式显得"另类"。他们在有脾气类"思想障碍"的人眼里，不会是人才。

2. 明察秋毫，判断入理

人们对待眼前的事物，有时熟视无睹而旁观者清；有时不识庐山真面目，只缘身在此山中；有时一叶障目，只见树木，不见森林。

对简单的事物，观察判断事物与观察判断人有相通之处；对复杂的事物，领导者要组织企业内部人力去研究，情况就要复杂得多。我们日常面临大量的简单事物，通过反复实践，触类旁通，练就"见一叶而知秋"的本领。这是很重要的，是领导者的一项基本功。

3. 审时度势，具有战略眼光

作为领导者，既要明察秋毫，又要"不畏浮云遮望眼"，看大局，看长远。昨天，成绩与失败都已经过去，既不能躺在过去的温床上"坐吃山空"，也不能痛苦地"刻舟求剑"，身陷其中不能自拔。今天，做好每一件事情，特别是要认清今天的形势，分析趋势。看大势，才能临危不乱；顺势而为，才能"临渊飞越"，而不是"临渊而惧"。明天，是今天的方向，要有远大理想。

在空间上，既要看到本地的、中国的资源和市场，也要看到全球的资源和市场；既要看到有形的，又要看到无形的。在信息时代，互联网正在改变着企业的竞争范围和方式；在企业内部，正在改变着管理方式和手段。在政策、文化等影响企业生存发展的重要环境因素上，不仅要研究此时此地的因素，还要了解、研究彼时彼地的因素。

三、建设一支好的队伍，增强执行力

1. 健全制度

建设一支好的队伍，必须有健全的制度。机器的各个部件、各个零件自如地运转，是经过周密设计的。在企业里，制度就是规定职权和程序，是企业内部管理的基础。有了科学化的制度，就具有高效运转的先决条件。制度的不断完善，需要领导艺术。领导者要随时掌握制度的不适应性、不完备性等缺陷，并适时地修改。同时，在执行过程中，要及时地纠偏和补漏。

2. 以身作则

在制度面前，企业领导者必须以身作则。所谓正人先正己，企业有了制度，运转良好的前提是制度要有效。机器和人都会受到干扰，最有力的干扰来自操作者本身。不按程序办事与机器零件坏了不修理是一样的结果。

首先，要保证制度具有相对的稳定性。制度体现了领导者的思想和权威。一切制度在认真设计的基础上，要经过充分的实践检验，不能为一些细枝末节而使制度朝令夕改。否则，领导者也会失去威信。其次，在制度的执行过程中，领导艺术通常表现在例外上，而不在制度内。过多地施展领导艺术，则没有制度存在的空间。更要防止假"领导艺术"之名，行个人目的之实。在企业里，出现问题和不足时，领导者经常因害怕承担责任而将原因归结于外部。领导者应当尽可能多地承担责任，带动职工找出内部的真实问题。

3. 选好人

在企业里，把人分为下级领导者和职工。把人选进企业是为了安排在一定的岗位上，因此，在选人的过程中已经开始用人了，这属于静态的用人。在企业内部选下级领导者更是属于用人范畴。

企业领导者明确想要做什么以后，其次就要明确自己想要什么样的人，不想要什么样的人。一般地说，企业需要有才能、诚信、识大局、有眼光的人。

由于工作任务对人的需要不同，且人有多面性和不稳定性，因此，选人的条件、方法名目繁多，企业所付出的成本也不同。选人时一般应把握以下原则：

（1）选人时，"才能够用就行"。

不随意提高条件，更不能"叶公好龙"。企业内部所有职工根据工作任务的复杂程度可以分为两类：一类是从事简单劳动的，现在和将来都不需要经过很多培训的职工；另一类是从事复杂劳动的，不仅需要培训，而且还要求有一定发展潜力的下级领导者、职工。在选第一类职工时，比如看守大门的职工，并不需要高学历；在选第二类职工时，比较难把握，既要满足当前的需要，同时，应该根据企业长远规划，适量地储备人才。

（2）选人的要求条件以适度为要，不必面面俱到。

人无全才，主要是要突出工作任务的特点，比如说，对需要经常授权独立工作的岗位，诚信尤为重要；劳动强度大的岗位则需要身体强壮的人。

（3）重视整体功能的发挥。

有的岗位之间相互协调程度较高，强调协作精神。有的岗位之间协调性要求不高，适度考虑整体功能的搭配，不仅可以扩大选人的范围，还可以在用人过程中培养员工的协作精神。

（4）重视选人的方法和选人成本，设计、组织实施好选人的方法、程序。

要将一般岗位和重要岗位区别对待。针对重要岗位的选人，要防止过程轰轰烈烈，一定要符合程序要求，否则结果是费力、费时，被选的人却不完全适合工作需要。

4. 用好人

用人有静态用人和动态用人之分。把人用在某个岗位上，属于静态用人；把人用在某件事情上，属于动态用人。在实际工作中，这两种情况都要重视。

人尽其才是用人的理想状态。现实中几乎不可能完全做到，特别是在人才济济的组织里。在就业机会比较少的情况下，这个问题会更加普遍和突出，因为一些人才为了能得到一个就业机会，常常不惜自己被"大材小用"。这看似是一种很难解决的问题，实则不然，事物都是一分为二的，优秀的企业领导者可以变坏事为好事。有这样一种管理理念：只有一流的主管才能保有一流的部属；二流的主管只能保有三流或不入流的部属。一流的主管可以充分利用一切资源做好今天和明天的事。

但是，作为企业领导者，至少要用好关键、重要岗位的人，对组织有影响力的人以及未来发展需要的人。

建立举贤任能的用人制度。只有重用德才兼备的人，才能留住才华出众的人。领导者具备了善于识人的本领，就可以根据工作特点设身处地结合下级的个人专长，把企业内部发现的人才用在合适的职务或者岗位上。

适时适当地授权，防止毫无原则地向下"越权"。授权不仅可以激励和锻炼下级（包括职工）、培养人才，还可以节省上级领导者的时间和精力，以便更好地去抓领导工作而非具体的某几项不重要的工作。与授权相反，领导者向下"越权"会带来负面影响，因此要注意防止这种现象。正确的授权做法是：择人授权；当众授权；授权后要保持一段时间的稳定，不要稍有偏差就将权力收回；授权不授责；授权有禁区。当然，也要注重授权所带来的问题，比如，权力失控，"反授权"或者下级的"越权"。

所谓"用人不疑，疑人不用"是从具体工作的细节方面来讲的，在大局上不能失去领导。另外，适时适当地调整岗位，包括提拔下级领导者也是"授权"（准确地说，应该叫分权，分权应该同时赋予明确的责任）。事物都是发展变化的，企业在发展，员工和下级的才能在工作中会取得不同程度的进步。因此，要从工作需要、机构调整、挑选更为合适的人选、锻炼骨干等角度出发，及时地调整人员岗位。我们不提倡因人设岗，但在必要时，完全是可以的。

在用人上，用人所长，不可求全责备。尺有所短，寸有所长。领导者首先要经常检讨自己是否存在用人失误。比如，制度设计失误、用人失察等。对员工的失误，要帮助其正确分析错误的原因，并根据情况给其弥补的机会。

四、实训技能与拓展

张某刚调任某市液压件厂厂长。到任不久，他就发现原有厂纪厂规中有不少不尽合理之处，需要改革。但他觉得先要找到一个能引起震动的突破口，并将其改得公平合理，才能令人信服。

他终于选中了一条。原来厂里规定，本厂干部和职工，凡上班迟到者一律扣当月奖金10元。他觉得这规定貌似公平，其实不然。因为干部们发现自己可能来不及了，便先去局里或公司兜一圈再回厂，有个堂而皇之的因公晚来的借口，工人们则无借口可依。厂里400来人，近半数是女工，作为孩子妈妈，家务事多，早上还要送孩子上学或入园，有的甚至得抱孩子来厂入托。该厂未建家属宿舍，职工散住在全市各地，远的途中要换乘一两趟车；尽管很早出门，仍难免迟到。张某认为应当从取消这条厂规入手。

有的干部提醒他，莫轻举妄动，此禁一开，纪律松散，将一发不可收拾。又说别的厂还设有考勤钟，迟到一次扣10元，而且是累进式罚款，第二次罚20元，第三次罚30元。我厂才扣10元，算个啥？

但张某斟酌再三，觉得这条厂规一定要改，因为10元钱虽少，但如果工人觉得不公、不服、气不顺，就会影响到工作积极性。于是在3月末召开的全厂职工会上，他正式宣布，从4月1日起，工人迟到不再扣奖金，并说明了理由。这项政策的确引起了全厂的轰动，职工们报以热烈的掌声。

不过张某又补充道："迟到不扣奖金，是因为常有客观原因。但早退则不可原谅，因为责在自己，理应重罚；所以凡未到点而提前洗手、洗澡、吃饭者，要扣半年奖金！"这等于几个月的工资啊。张某觉得这条补充规定跟前面取消原规定同样公平合理，但工人们却反应冷淡。

新厂规颁布不久，发现有7名女工提前两三分钟去洗澡。人事科请示怎么办，张某断然说道："照厂规扣她们半年奖金，这才能令行禁止嘛。"于是处分的告示贴了出来。次日中午，张某偶过厂门，遇上了受罚女工之一的小郭，问她道："罚了你，服气不？"小郭不理而疾走，张某追上几步，又问。小郭悻悻然扭头道："有什么服不服？还不是你厂长说了算！"她一边离去，一边喃喃地说："你厂长大人可曾上女澡堂去看过那像啥样子？"

张某默然。他想:"我是男的,怎么会去过女澡堂?"但当天下午趁澡堂还没开放,他跟总务科长老陈和工会主席老梁一块去看了一趟女澡堂。原来这澡堂低矮狭小、破旧阴暗,一共才设有12个淋浴喷头,其中还有3个不太好使。张某想,全厂194名女工,分两班每班也有近百人,淋浴一次要排多久队?下了小夜班洗完澡,到家该几点了?明早还有家务活要干呢。她们对早退受重罚不服,是有道理的。看来这条厂规制定时,对这些情况欠调查了解了⋯⋯

下一步怎么办?处分布告已经公布了,难道又收回不成?厂长新到任订的厂规,马上又取消或更改,不就等于厂长公开认错,以后还有什么威信?私下悄悄撤销对她们的处分,以后这一条厂规就此不了了之,可行吗?

⋯⋯⋯⋯⋯

实训技能讨论题:

1. 张厂长为什么会作出案例中的决定?
2. 如果你是张某,你该怎么办?

●本项目小结

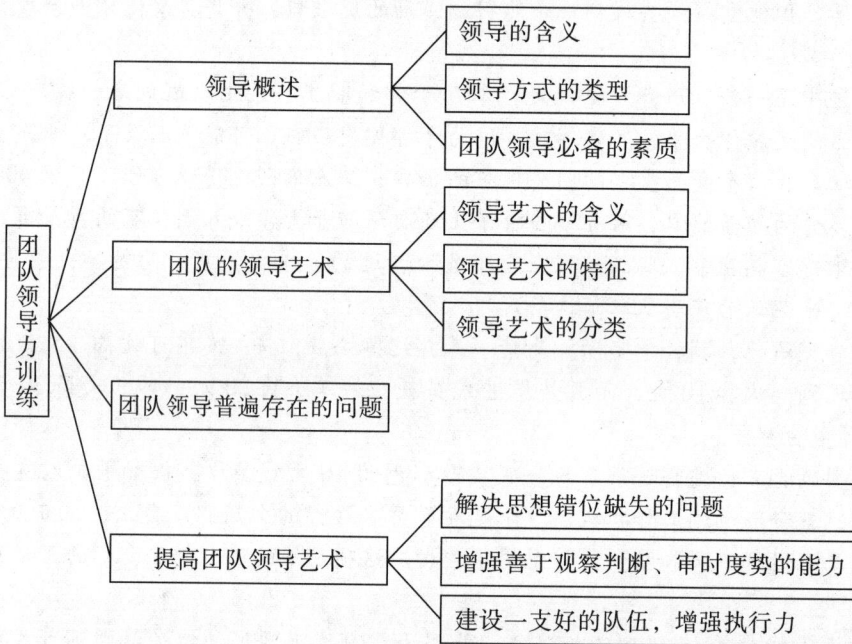

●复习思考题

1. 领导的内涵是什么?
2. 团队领导方式有哪些类型?
3. 如何提高团队领导的艺术性?

●延伸阅读

测试：你的领导心理素质如何

问卷共有52道题，每道题的选择答案为"好""一般""差"三种。请你根据自己的情况，如实地将你的得分直接填在每一题后。

(1) 求实：精通业务，工作有条不紊，严肃认真。

(2) 负责、守信用：能可靠地履行承诺，对所承担的工作敢于负完全责任。

(3) 热爱工作：对本职工作有浓厚兴趣。

(4) 乐观态度：不为暂时失败而沮丧，对最后的成功充满信心。

(5) 创造力：努力创造更富于独创性的工作方法。

(6) 应变能力：能迅速寻找到出路，摆脱困境。

(7) 生产能力：能进行高效率的劳动。

(8) 果断性：不畏困难和艰险，决心既下，则坚持到底。

(9) 坚定性：能顽强地克服前进道路上的障碍。

(10) 首创精神：对生产和社会问题经常发表建设性意见。

(11) 感召力：善于鼓励群众，使他们产生热情。

(12) 目的性：对所做的工作目的明确。

(13) 洞察力：能洞察那些被其他现象掩盖而不易发现的事实。

(14) 组织性：善于调动自己部属的积极性以服从大局。

(15) 有威信：在群众中有影响力，受到群众信任。

(16) 逻辑性：能有步骤地思考问题，经过深谋远虑，证据充足地推出结论。

(17) 幽默感：善于发现和使用笑料。

(18) 预见性：善于对将会发生的事情作出正确预测。

(19) 判断力：能下决心做事，对上下级工作作评价时仔细、准确。

(20) 批判性：对一切问题都努力作出自己的思考和评价。

(21) 分析能力：善于对事实、现象甚至其微小细节作详细分析。

(22) 活动、任务、计划：能准确、及时地掌握企业各方面的情报。

(23) 文化、专业：具备一定的文化、专业知识。

(24) 独立性：在无人帮助的情况下，亦能作出决定并付诸实施。

(25) 精力充沛：能长时间紧张工作，完成不断交给自己的复杂任务。

(26) 选择最佳方案：善于选择最简便、经济的方法来完成任务。

(27) 分配任务：善于根据手下人员的能力，妥善地下达任务。

(28) 制订计划：善于选择完成任务的最佳时间与方法。

(29) 处理关系的能力：经常考虑到和其他有关部门的关系，能协调部门之间的工作。

(30) 监督工作：经常检查手下人员完成任务的及时性与准确性。

(31) 工作经验：拥有丰富的实践经验和职业技能。

（32）创造性思维：思维具有独特性、多样性，不受陈规旧俗约束。

（33）诱导能力：善于说服和激发员工的工作兴趣和积极性。

（34）创造良好的关系：善于创造出能积极影响生产的正常团体关系。

（35）善于领导：能合理安排集体的工作与生活。

（36）创造劳动气氛：善于在生产过程中激励工人的工作热情。

（37）知人善任：善于根据每个人的个性特点恰当用人。

（38）对下属要求严格：要求下属高品质、及时地完成任务。

（39）关心下属的成长：争取机会帮助下属提高技能，关心他们的晋升。

（40）不压制他人：在生产和社会生活中尊重别人，给别人充分发挥能力的机会。

（41）办事讲究分寸：严格遵守行为规范，处理人际关系讲究分寸。

（42）相信别人：以正直、诚恳的态度待人，信任别人。

（43）公正：用毫无偏见的态度对待所有同事。

（44）集体主义：个人利益服从团体利益，对团体事业责任心强。

（45）廉洁正派：待人坦白诚恳、为人和善。

（46）解决问题：善于解决各式各样的复杂问题。

（47）了解他人：熟悉团体成员的个性特点。

（48）自信心：相信自己的力量和潜力。

（49）自我成长：努力发展自己的个性，提高知识技能。

（50）富有自我牺牲精神：随时准备为实现共同目标牺牲个人利益。

（51）严于律己：能以高标准要求自己。

（52）勇于自我批评：勇于发现并敢于承认自己的缺点、错误。

测试标准：

"好"得3分，"一般"得2分，"差"得1分。

测试报告：随着现代科技的迅速发展，社会分工愈来愈走向复杂化、专业化，这对每天都要与大量的人、事、物打交道的管理干部提出了更高的要求。

现代团队领导者应该具备哪些客观条件呢？总结起来有以下几个方面：①工作态度；②工作作风；③知识；④智能品质；⑤技术组织能力；⑥行政组织能力；⑦对人的态度；⑧对自己的态度。

测试结果：

（1）145～156分：优秀。你具备企业领导应具备的健康心理素质，你是一个出色的现代管理干部。

（2）120～144分：良好。你基本具备企业领导应具备的心理素质，只是你应在低分的若干项目上加以改进。

（3）87～119分：一般。作为企业领导，你的心理素质一般，除非接受系统训练和长期锻炼，否则你很难成为一名优秀的企业管理干部。

（4）52～86分：较差。你从事企业管理的心理素质较差，也许你非常想从事管理工作，但你必须正视自己在这一方面的不足，进而从头学起，争取在一段时间内赶上来。

项目四　团队沟通技巧

职业能力目标：

1. 领会团队沟通的概念。
2. 理解团队沟通的类型。
3. 掌握团队沟通的技巧。

任务一　团队沟通的概念

●实践情景

　　某公司要进行一个产品的主要功能改良设计，该设计涉及公司多个部门的配合。在项目讨论会上，各个相关部门都参与了，其间也有一些争议和讨论，最后确定了设计方案及方案执行时间。等到真正开始落实会上的执行计划时发现，当初的讨论只是就该项目的基本情况达成了共识，而对项目执行中产生的问题没有估计到位，对项目执行中涉及的人员也没有明确的规定，导致实际执行时没有能够真正调动各个部门参与进来，最终也影响了项目的执行。由于没有按期完成，各个部门相互推卸责任，互相抱怨，甚至个人之间产生一些人身攻击。

【思考与启示】

1. 该案例中项目失败的原因是什么？
2. 你有过团队合作的经历吗？
3. 团队合作给你带来什么体验？

一、沟通和团队沟通的概念

1. 沟通的概念

沟通是借助一定手段把可理解的信息、思想和情感在两个或两个以上的个人或者群体中传递或交换的过程，目的是通过相互间的理解与认同来使个人或群体间的认知以及行为相互适应。沟通是工作和生活中人际交往最重要的方式，它无处不在，无时不有。

研究表明，人们用了近70%的时间（睡眠时间除外）进行沟通（包括听、说、读、写四个方面）。在现代社会，良好的沟通已经成为个人在社会生活工作中成功的基本前提。美国普林斯顿大学曾对1万份人事档案进行分析，发现"智慧""专业技术"和"知识"在个人的社会成功中只起25%的作用，影响个人成功的其余75%的因素与良好的个体间的沟通有关。哈佛大学就业指导小组在1995年对500名被解雇者的调查结果也表明，82%的被调查对象失去工作岗位与个体间沟通不良有关。沟通是团队工作的核心，是交流信息、作出决策、制订计划的主要方式，是完善和实现团队目标的重要工具。

2. 团队沟通的概念

团队沟通是指组织中以团队为基础单位进行信息交流和传递的方式，是团队领导与团队个体成员之间、团队个体成员之间、团队个体成员与团队之间、团队与团队之间进行信息交流和传递的过程。

研究表明，人们在团队中的各种工作，有大量时间花在沟通上。美国的一些调查表明，在企业中，生产工人每小时进行16～46分钟的信息沟通活动；至于团队领导者，他们工作时间的20%～50%用于同各种人进行语言沟通，如果加上各种方式的文字性沟通，诸如写报告等，最高可达64%；而经理人员在工作时间内则有66%～89%的时间用于语言沟通。

一个好的团队绝不仅仅是简单的一群人的组合。一个团队的沟通力是指成员之间互相吸引的程度。这是一个团队引以为豪的一种整体感，包括忠诚、投入、志趣相投以及为团队作牺牲、奉献的意愿，它是将每个成员聚集在一起的纽带。团队成员在一起合作的时候，他们的智慧和力量都融合在一起，沟通力便成为整个团队前进的一种特殊力量。这是所有成员的动机、需求、驱动力和耐力的结合体。当所有成员都忠诚于团队以及团队的愿景目标，都努力为团队目标的实现而奋斗时，团队内部的沟通就会产生一种协同力，从而使得团队能够成为一个真正的战斗团体。一个团队的绩效和其沟通力密切相关。

二、团队沟通的主体

1. 团队领导

在各种类型的企业团队中，团队管理者主要包括团队上层的高级管理人员和直接管理团队的管理人员。同时，这两个群体还要和其他一些团队的管理者相互沟通，比如团队客户所在团队的管理者、为团队提供产品和服务的其他组织的管理者、团队外部相关社会关系的管理者。团队领导者固然需要非常优秀的专业知识技能，但同时，沟通能力对其而言也显得尤为重要。

2. 团队内个体成员

团队目标和任务的完成依赖于团队成员，团队成员在完成目标的过程中相互合作、相互补充。一般情况下，团队成员需要接触团队主管、团队内其他成员、其他团队主管、合作团队的团队成员、团队服务的客户、为团队提供产品和服务的其他组织。作为团队成员，如果不具备一定的沟通技能，将影响团队任务的完成，甚至对团队工作造成破坏性影响。

三、团队沟通的目的

团队沟通的目的，就是要处理好团队领导、团队成员、其他团队以及团队所在的组织之间的关系，以使团队能够顺利完成任务目标。团队具有目的性、集合性、相关性和对环境的适应性，团队要生存并持续卓越发展，需要时刻注意上述各方面的联系与协调。团队的建立、发展和解散，往往根据工作任务的进展来决定。团队沟通就是为了提高团队绩效，顺利完成团队目标，进而为企业业绩增长贡献力量。

四、团队沟通的作用

在当今时代，任何公司要想获得长期持续的发展与成长，都得学会如何最大限度地利用其自身的资源。如何在自身资源有限的情况下获得发展呢？团队是一种组织与管理人才的明智选择，是更为有效的运用资源的方式。据一份研究报告表明，在被调查的313家公司中有60%的公司注重组织中团队的建设与管理，期望大量增加使用团队。可见，团队在现代企业管理中的作用日益显著。

1. 对个体的作用

（1）有效地表达情感。

心理学家认为，人是天生的社会动物，换句话说，人需要和他人相处就像是需要食物、水和住房一样。一旦失去和他人接触的机会，大部分人会产生幻觉，失去运动技能，甚至变得心理失调。人们可以连续几个小时高兴地谈论一些相当琐碎的事情，交谈的信息并不都是正式的工作需要。但是这样的交谈因为满足了互动的情感需要而使人觉得愉快和满足。在企业管理中，情感需要指的是工作上的一种满足或者挫败。

（2）塑造规范成员的行为。

没有规矩，不成方圆。一个团队要想达到预期的目标，需要对团队成员的行为进行有目的的约束与规范。订立严格的管理制度来规范员工的行为对每个企业都是必要的，我们可以对各个岗位作详细的岗位描述，使每个员工都清楚自己应该干什么、向谁汇报、有什么权利、承担什么责任。当然这种规范不是控制，而是一种必要的规范。管理制度建立起来后，需要与员工进行沟通，才能使员工真正理解这种制度并在工作中履行，从而达到最终的目的。否则，没有有效沟通，很容易使员工产生被控制甚至不被尊重的感觉，这样的情绪状态容易导致员工不良的工作行为。

（3）激励员工绩效的改善。

团队沟通作为团队绩效管理的重要手段，它必须使每个员工都能清晰地知道自己的工作在公司战略中的位置，知道自己应该做什么及如何做才能使公司的战略目标得以实现。因此，管理者必须对其与员工的沟通效果作出评估，必须确保传达的信息是准确无误而且主次分明的。

作为管理者，应该时常问自己：本部门的目标及下属的工作与公司的战略目标是一致的吗？员工是否理解公司及部门对他们的期望及其工作对于公司总体战略的意义？我的目标及任务分解是全面、明确、具体的吗？我的信息传达是清晰、具体的吗？我的意思被员工完全理解而没有产生任何歧义吗？员工是否清楚地知道其工作绩效的衡量标准？员工所具备的知识和技能足以完成其工作职责吗？我所传授的工作技巧和方法是否已被员工所理解和接受？

（4）及时交流信息。

没有人喜欢被蒙在鼓里，员工会有自己的许多不满和看法，其中有正确的，也有不正确的。所以，员工之间、员工和领导之间需要经常交流，领导者应征询员工对公司发展的意见，倾听员工提出的疑问，并针对这些意见和疑问提出自己的看法——什么是可以接受的，什么是不能接受的，以及为什么。如果企业有困难，应该公开这些困难，同时告诉员工，企业希望得到他们的帮助。要记住，纸是包不住火的，员工希望了解真相。

2. 对团队的作用

（1）有利于建设团队。

团队的建设一般分为几个阶段：成立期、动荡期、稳定期、高产期、调整期。下面分阶段说明团队沟通的作用。

第一阶段（成立期），这个阶段团队成员有这样的特点：对团队的管理制度和行为规范不了解、对自己的定位不明确、对自己的工作任务不明确或者信心不够、对其他成员不了解、不能游刃有余地交际、对领导和权威比较依赖。这个阶段就需要进行团队沟通，可以减少团队成员初期的困惑和不安全感。通过团队沟通，能够使团队成员快速地了解团队的管理制度和行为规范，对自己的定位更清晰，使其对工作任务的认识更准确，和其他成员从陌生变为熟悉从而培养一定的认识和感情，大大减少团队成立初期"新人"的种种疑虑和不确定感。

第二阶段（动荡期），这个阶段团队成员有这样的特点：期望与现实可能脱节，隐藏的问题逐渐暴露，与其他人合作时产生一定的冲突，对领导方式产生不适应或者不满，与优秀的人比较从而产生对自我的不信任，因工作效果与预期有差距而产生失落感。这个阶段需要团队沟通，以解决在第一阶段因为不了解而暂时隐藏起来的问题。通过团队沟通，能够使成员调整自己的期望，了解其他成员的性格和行为方式以减少冲突，了解团队领导的方式并适应，重新认识自己的优势与劣势，给自己找到一个恰当的定位。

第三阶段（稳定期），这个阶段团队成员有这样的特点：成员之间的关系由冲突转向协作，工作技能得到提升，对团队的管理制度与工作流程已经熟悉。这个阶段加强团队沟通，可以使团队里这种好的气氛得到持续，工作绩效得到提升。通过团队沟通，能够进一步加强团队成员之间的信任感，使团队成员理解团队的管理制度，使团队领导进一步了解个体的差异性，团队行为更加规范。

第四阶段（高产期），这一阶段团队成员有这样的特点：团队信心大增，具备多种技巧，协作能力加强，能够执行其工作角色，能用标准的流程和方式进行资源配置，能够建设性地分享观点与信息，能够分享一定的领导决策权，对团队有使命感。这一阶段加强团队沟通，能够最大限度地激发成员工作热情、创造最大价值。通过团队沟通，能够进一步塑造团队精神，增强成员的主人翁意识，打造卓越的高效团队。

第五阶段（调整期），这一阶段团队或者解散或者休整。团队成员有这样的特点：团队成员关注工作结果，关注绩效考核，并且也关注团队的未来走向。这个阶段加强团队沟通，能够减少调整期成员的观望心态，对自己和团队的未来作出更理想的判断。通过团队沟通，能够合理地根据工作结果对成员进行分析判断，使团队和成员都找到更正确的未来。

（2）有利于考核团队绩效。

团队成员之间信息的交流是通过团队沟通来实现的，团队沟通涵盖的性质广泛，从宏观到微观无处不在。其中，团队沟通对团队的绩效管理显得尤为重要。

优秀的团队是通过团队成员的努力来实现的，只有团队成员的绩效提升了，才会有团队绩效的提升。团队沟通强调的是满足成员对于所需要信息的需求，避免由于信息的缺失和错误的理解而威胁到组织的正常成长。绩效考核标准的制定、实施和完善，步步都需要团队沟通来实现，只有进行充分的团队沟通，才能解决由于信息的不对称造成的绩效管理中的重重矛盾，才能让绩效管理真正发挥作用。

五、实训技能与拓展

钱大妈作为华南较为知名的生鲜连锁店，近年来获得快速发展，连锁店的发展有一个很重要的支撑因素——店长的素质与水平。下面我们了解一下90后店长张平。张平2010年就进入社会打拼，吃过很多苦头，却依然对未来充满期待。从廉价的搬运工，到刚能解决温饱的厨房学徒，他咬着牙坚持了下来。令人彷徨的社会历练中，他发现还是要读书才有出路，又回学校进修了3年。

毕业后，进了富士康。一待就是6年，这6年里，他兢兢业业，在军事化管理中实现了从流水线的小小员工到主管的转变，充满别人不知道的付出与辛酸。结婚后，不再是一人吃饱，全家不饿的轻松状态，身上的担子压得他透不过气来。这时的他清楚地知道，继续这样安逸下去，生活的质量依然不会有所改善，不如趁着还年轻，出来再闯荡一番。经过一番思考与考察，他于2016年7月份加入了钱大妈，从储备干部做起，开启了在钱大妈的奋斗之旅。刚进入新的行业，很多东西都要重新来过。进来之前他就下定决心，既然选择了这个行业，就一条道走到底。所以从一开始，他就下定决心要比所有人都要用心。门店的相关岗位内容，他都在短短的时间内学会了。当然，这种学习牺牲了他的休息时间。

快速的学习和脚踏实地的工作，换来了不错的业绩，他做了店长。他对门店的管理也很用心，比如他会跟每个员工都认真地来一次面谈，了解员工的想法及工作的目的。门店的薪酬方案他会跟员工一条一条地讲解明白，门店的日后升迁渠道及在公司的后续发展轨迹，他也都会跟员工分享，并通过自身的经历，激励员工去创造价值。门店的日常经营中，他对事不对人。对新员工多一些耐心，多一些包容。他认为领导者不是高高在上指责的那一个，而是以身作则，做好指导新人成长的老师傅。当然，该指责的时候还是要严厉的，循循善诱的沟通远比苛责来得更有效果。但该大方时就大方。另外，他还给每个员工设定挑战目标，调动员工的积极性。针对员工的岗位工作，推出了专人专管的激励政策，只要达到了预期目标，就可获得一定的奖励。待到一个周期后，再转换到别的区域负责，按照门店售卖的品类轮流分工。这样的激励设定，可以激发员工的积极性和创造性。同时，不同人对同一品类的管理方式不尽相同。一个周期下来，就可以总结分析出最好的管理方式，这对门店的经营绝对是很好的借鉴方案。管理其实没有那么多门道，坦诚点，大方点，及时调整好自己的心态，摆正自己的位置就是了。

（资料来源：http：//www.linkshop.com.cn/web/archives/2018/402637.shtml，有修改。）

实训技能讨论题：

从张平店长的成长故事与门店管理心得你得到了哪些启发？

任务二　团队沟通的类型与障碍

●实践情景

一个公司老板告诉其秘书："你帮我查一查我们有多少人在华盛顿工作，星期四的会议上董事长将会问到这一情况，我希望准备得详细一点。"于是这位秘书打电话告诉华盛顿公司的秘书："董事长需要一份你们公司所有工作人员的名单和档案，请准备一下，我们在两天内需要。"分公司的秘书又告诉其经理："董事长需要一份我们公司所有工作人员的名单和档案，可能还有其他材料，需要尽快送到。"结果造成第二天四大箱航空邮件送到了公司大楼。

《商业周刊》《华尔街日报》报道过一份传播委员会的研究报告，该研究报告调查了70家公司共705位员工对其所在公司沟通的感想。他们发现：64%的人不相信管理阶层所说的话，61%的人觉得未被充分告知公司的计划，54%的人觉得公司的决策未作出充分的说明。

（资料来源：迈克尔·B.波特.《管理就这么简单》，哈尔滨：哈尔滨出版社，2005.）

【思考与启示】

案例中的公司内部沟通存在什么问题？

一、沟通的类型

按照不同的划分标准，沟通的类型主要有正式沟通和非正式沟通；纵向沟通和横向沟通；语言沟通和非语言沟通；单向沟通和双向沟通；直接沟通和间接沟通。

1. 根据沟通的渠道特征，可以分为正式沟通和非正式沟通

（1）正式沟通。

正式沟通是指通过正式的组织程序，按照组织制度规定的渠道所进行的信息传递和交流。如例行会议、上下级之间的汇报、文件的下达与呈送、不同组织或者不同部门之间的信函往来等都属于正式沟通。正式沟通具有权威性、严肃性、程序性、可靠性、连续性以及约束力强的

特点。它是组织沟通常用的方式。但同时，其缺点是沟通的速度慢，形式不灵活。

（2）非正式沟通。

非正式沟通是指通过正式沟通渠道以外的多种渠道所进行的沟通。比如员工之间私下交换的看法、小道消息的传播等。非正式沟通往往没有规则可循，自发传播速度快，内容、途径多样。非正式沟通在一定程度上弥补了正式沟通渠道的不足，减轻了正式沟通的负荷量，合理引导非正式沟通能够发挥其积极作用。通过非正式沟通可以更准确地了解组织成员的心理、态度，为组织决策提供适当的参考。但是，由于非正式沟通中信息的真实性不确定，所以需要管理人员有效地选择判断，去伪存真，最终充分发挥其积极作用。

2. 根据沟通的方向，可分为纵向沟通和横向沟通

纵向沟通指上下级之间的沟通，分为上行沟通和下行沟通；横向沟通又称为平行沟通。

（1）上行沟通。

上行沟通是指在组织或群体中，下级人员按照隶属关系向上级人员表达其意见与态度的沟通。例如，汇报工作任务、请示问题、反映情况、提出建议等。上行沟通是组织管理者了解和掌握组织全面情况，以分析问题、作出正确决策的重要环节。上行沟通渠道畅通，能够使信息传播速度加快，提高组织信息反馈系统的决策质量。其缺点是下级人员有可能从自身利益出发主观地过滤掉一部分信息，也造成不同程度的信息失真。

（2）下行沟通。

下行沟通是指组织中按照隶属关系从较高层次向较低层次传递信息的过程，如组织的领导者把组织的战略目标、规章制度、工作任务分解向下传达。下行沟通使下级员工明确隶属关系、工作目标、职责任务，能够协调不同管理层次的管理活动，加强各层次之间的有效协作。

（3）平行沟通。

平行沟通又称为横向沟通。平行沟通是指组织或群体中同层级部门、员工之间在工作中的信息传递和交流。平行沟通能够增进不同部门之间和员工之间的交流与协作，减少相互之间的冲突、拖延，提高工作效率，平衡各种关系，稳定组织发展。

3. 根据沟通时所借助的媒介，可分为语言沟通和非语言沟通

（1）语言沟通。

语言沟通是人们进行信息交流，表达思想、情感、观念和态度的最重要的形式。语言沟通又可以分为口头语言沟通和书面语言沟通。例如，会谈、讨论、征求意见、询问、对话等形式是口头语言沟通，而书面语言包括工作信函、文件、财务报表等书面资料。口头语言沟通能够及时交流信息和反馈意见；书面语言沟通不受时空限制，便于保留，具备较高的准确性和持久性。但同时，口头语言沟通容易造成信息失真，书面语言又容易导致信息反馈不灵敏、时间成本较高等问题。

（2）非语言沟通。

非语言沟通主要指语言之外的信息传递，包括身体空间距离、表情、手势、姿势、音调等。有研究发现，人们在沟通过程中获得的信息总量中，面部非语言信息大约占了55%。非语言沟通与语言沟通是互补的，沟通过程往往既包括语言沟通也包括非语言沟通。商业活动中，语言沟通与非语言沟通并非完全一致。由于非语言是人们不自觉的流露，及时捕捉理解非语言信息对于判断对方的潜在态度（或者真实态度）有着十分重要的作用。

4. 根据沟通信息反馈与否，可以分为单向沟通和双向沟通

（1）单向沟通。

单向沟通是指没有反馈信息的传递，简单的自上而下或者自下而上的沟通。例如，演讲、媒体的信息播报、报告等。单向沟通信息传递快，但是由于缺少反馈而难以保证沟通效果。

（2）双向沟通。

双向沟通是指有反馈信息的传递，是双方面互动的沟通。例如，企业的讨论会议、招聘面试、电话等。双向沟通能够及时地获得反馈信息，沟通信息准确度较高。但相较于单向沟通而言需要更多的时间。

5. 根据沟通的过程是否需要中间环节，可分为直接沟通和间接沟通

（1）直接沟通。

直接沟通是指沟通双方不需要中间环节的传递，是沟通双方的直接交流。例如，下级对上级的工作汇报、电话交谈等。直接沟通传递信息及时，双方能够迅速交流，但是具有需要双方在时间、空间上保持一致的局限性。

（2）间接沟通。

间接沟通是指沟通双方需要中间环节的传递，而不是直接交流。间接沟通突破了时间和空间的限制，但是由于需经过中间环节而容易导致信息失真。

二、团队沟通的障碍

沟通障碍主要是指信息在传递过程中的中断或失真。沟通过程包括信息发送者、信息和信息接收者三个关键要素，其中任何一个环节发生错误，都可能降低沟通的有效性，产生沟通障碍。

1. 信息发送障碍

（1）因社会环境不同产生的障碍。

非语言沟通中，信息发送者如果不了解不同国家风俗文化的差异就容易引起沟通障碍。例如，举大拇指在中国表示好、了不起，有赞赏、夸奖之意；在意大利表示数字一；在希腊，拇指向上表示"够了"，向下表示"厌恶""坏蛋"；在美国、英国、澳大利亚等国表示好、行、不错。

（2）专业词汇产生的障碍。

沟通过程中，如果双方有相同或者相似的背景，能够对专业词汇有所了解，这方面的障碍就会小些。如果专业领域差异非常大，则容易产生障碍，如医学术语、法律术语等。

（3）表达障碍。

表达障碍是指因信息传递者表达能力不足而产生的障碍。表达能力的影响因素主要有自身的语言文字水平、工作态度、心理状态等。比如在与外商谈判的过程中，英语口语发音不准就容易给谈判带来障碍。

2. 信息传递过程中的障碍

（1）信息传递手段障碍。

现代信息沟通中，新兴信息传递手段越来越多，大大提高了沟通效率。例如，传真、电子邮件、手机短信、微信、电话、讲义、录像、电影等。信息传递手段如果选择不当，也容易影响沟通效果。另外，如果信息传递手段发生故障，如电话连接状况差，造成通话中的语义曲

解；手机短信出现乱码或者电子邮件病毒破坏等，也会降低沟通效果。

（2）信息传递层次障碍。

渠道的信息传递有从制造商、经销商、分销商到最终消费者的下行沟通，也有反方向的上行沟通。渠道政策往往是下行沟通，信息反馈往往是上行沟通。在这个过程中，信息损耗现象被称为信息过滤。如果有一个信息从发送者那里发出，到达接收者的过程中经过的环节越多，信息被过滤的情况就越严重，最终到达接收者那里的信息其真实性就受到影响。

3. 信息接收者的障碍

（1）接收者主观过滤信息。

区域销售部门、经销商、分销商等在信息传递中，往往从自身利益出发，有意扭曲信息沟通，造成信息传递中断或信息传递失真。如制造商的"降价销售"政策传至经销商处，经销商可能从自身利益出发，封锁了此项政策，使得该政策传递不到分销商和最终消费者处。同时，接收者不善于聆听或者过早下主观结论，也容易造成信息沟通失败。

（2）接收者理解能力的障碍。

一些接收者对某些专业术语理解不够，可能会误解信息中的专业词汇、专业术语，造成沟通不畅。或者，信息接收者受到以前的政策、其他公司的政策以及信息接收者的其他成见影响，对接收到的信息倾向于想当然的理解，这也会造成理解有误。

三、实训技能与拓展

（一）ERA 的苦恼

ERA 是一家日资企业中的日籍雇员，在制造部门担任经理。ERA 一来中国，就对制造部门进行改造。ERA 发现现场的数据很难及时反馈上来，于是决定从生产报表开始改造。他借鉴日本母公司的经验，设计了一份非常完美的报表，从中可以看出生产中的任何一个细节。每天早上，所有的生产数据都会及时地放在 ERA 的桌子上。ERA 很高兴，认为他拿到了生产的第一手数据。没过几天，出现了一次大的品质事故，但报表上根本就没有反映出来，ERA 这才知道，报表的数据都是随意填写上去的。为了这件事情，ERA 多次找工人开会，强调认真填写报表的重要性，但每次开会，在开始几天可以起到一定的效果，过不了几天又返回了原来的状态。ERA 怎么也想不通。

（二）张丽应聘

张丽到一家外企去应聘涉外秘书。去面试之前，她对自己进行了精心打扮：身着时下最流行的牛仔套裙，脚蹬一双白色羊皮短靴，手拿橘色的挎包。为和这身打扮搭配，张丽还化了彩妆，她对自己的打扮相当满意。

来到公司，张丽环视四周，发现自己在众多应征者中显得格外醒目，她甚至感到一种胜利的喜悦。正在这个时候，张丽碰见了恰好来此处办事的好朋友李小姐。"这么巧，你也来找人吗？"李小姐问道。"我是来应聘的。""应聘？不是吧，你的这身打扮更像约人去喝下午茶。"快人快语的李小姐说道。"是吗？"张丽疑惑起来，她环顾了一下四周，果然其他人都穿素色的职业套装。张丽一下子变得忐忑不安，开始的自信也被动摇了。在后来的面试中，张丽完全因为这次的着装乱了阵脚，举手投足显得不够自如干练，结果也乘兴而来败兴而归了。

（三）施女士该怎么办

施女士年初被提拔，干上了她非常喜欢的工作。她的上司钱先生是一位良师益友，对她的工作给予了很大的支持，而钱先生的上司梁先生对她也很认同，所以施女士在工作上如鱼得水。但是，上个月，钱先生因故离开了公司，经钱先生推荐，公司从外面引进了一个人才——李先生，作为施女士的新上司。

李先生的到来使施女士的情况完全改变了，用施女士的话来说就是"简直要崩溃了"。事情是这样的：李先生到来后，总是对施女士的决定做"事后诸葛亮"。有时候，甚至将施女士做过的工作再按李先生自己的方式重新做一次。最不能让施女士容忍的是，李先生不止一次在施女士的下属面前对施女士的工作方法表示怀疑。施女士很苦恼，她想跳过李先生，和他的上司梁先生反映一下情况。但是，又觉得可能会把问题搞僵。想同李先生谈谈，又担心控制不住情绪，反而更糟。想和旧上司钱先生沟通一下，又担心让钱先生为难。

实训技能讨论题：

1. ERA 为什么多次开会收效不好？
2. 张丽为何乘兴而去、败兴而归？
3. 请分析施女士所遇到的沟通障碍。

任务三　团队有效沟通技巧

●实践情景

广州市锦昇信息技术有限公司成立于2015年，是专门研究零售领域可视化管理系统的研发型公司，有一批在零售行业服务了近20年的信息化研究的管理与技术型人员。公司自主研发的陈列专家系统就是针对目前零售行业的业务现状、行业的痛点难点采用信息化技术运行的系统。在帮助客户进行门店空间管理、品类管理、协调与沟通等方面，陈列专家是最懂陈列需求的开发商。陈列专家系统围绕着开店、品类管理、数据分析等要素，采用简便的拖拉拽的方式即可完成数据的可视化操作。目前已建成陈列管理云平台，它是构建虚拟化门店空间管理、统一化与可变性相结合的模板化陈列管理平台，已经服务了众多客户。该公司其中一个客户在应用了陈列管理软件之后，其企业督导人员从原来的30多人，减少到10多人，大大降低了人工成本，提高了企业运营绩效，并且，通过新技术的应用，提高了零售业的科技含量，使企业运营数据获得更有效的运用，赋予零售业更多科技力量。公司创始人郭锦河先生是一位敬业、踏实、真诚的"70后"，作为公司高管，经常对客户的要求尽善尽美地去完成，而且，郭锦河先生本身是做技术出身，非常注重产品本身的升级与改进，会利用一切机会向客户向市场搜寻有利于完善产品的切入点，因此，该公司的产品在零售行业有一定知名度。

【思考与启示】

平时的学习中你关注过技术类公司的发展吗？请思考，技术类公司在与客户沟通的时候需要注重哪些方面？

一、有效沟通的基本步骤

1. 事前准备

为了提高沟通的效率，事前要做如下准备：

（1）设立沟通的目标。

这非常重要，在与别人沟通之前，我们心里一定要有一个目标：我希望通过这次沟通达成一个什么样的效果，这个效果的考虑既包含单方面的也包含双方面的。

（2）制订计划。

有了目标还要有计划：时间、场合、沟通方式等。

（3）预测可能遇到的异议和争执。

（4）对情况进行SWOT分析。

就是明确双方的优劣势，设定一个更合理的、大家都能够接受的目标。

完成这个步骤一定要注意，在我们与别人沟通的过程中，见到别人的时候，首先要说：我这次与你沟通的目的是什么。

2. 确认需求

沟通过程中，应设身处地地用心去听，积极思考，确认对方的需求和目的，明确双方的目的是否一致。

3. 阐述观点

阐述观点就是把你的观点更好地表达给对方，这是非常重要的，就是说我的意思说完了，对方是否能够明白，是否能够接受。在表达观点的时候，有一个非常重要的原则：FAB原则。FAB是三个英文单词的缩写：F是Feature，就是属性；A是Advantage，这里翻译成作用；B是Benefit，就是利益。在阐述观点的时候，按这样的顺序来说，对方就能够听懂，能够接受。

4. 处理异议

在沟通中，有可能你会遇到对方的异议，也就是对方不同意你的观点。在工作中你想说服别人是非常难的，同样别人说服你也非常困难。因为成年人不容易被别人说服，只有可能被自己说服。所以在沟通中一旦遇到异议就容易导致沟通的破裂。

当在沟通中遇到异议时，我们可以采用一种类似于借力打力的方法，叫作"柔道法"。不是强行说服对方，而是用对方的观点来说服对方。在沟通中遇到异议时，首先要了解对方的某些观点，然后当对方说出了一个对你有利的观点的时候，再用这个观点去说服对方。

5. 达成一致

沟通的结果就是最后达成了一个协议。请你一定要注意：是否完成沟通，取决于最后是否达成协议。

在达成协议的时候，要做到以下几方面：

（1）感谢。

善于发现别人的支持，并表示感谢；对别人的结果表示感谢；愿与合作伙伴、同事分享工作成果；积极传达内外部的反馈意见；对合作者的杰出工作给予回报。

（2）赞美。

对别人的敬业精神、认真的态度、务实的作风等，都可以赞美。

（3）庆祝。

达成协议，意味着对前一阶段工作的褒奖，及时庆祝，能鼓舞人心，增强团队成员成就感。庆祝方式可以根据企业或团队的偏好，采取大家喜欢的方式，如开庆功宴、组织集体旅行等。

6. 共同实施

在达成协议之后，要共同实施。达成协议是沟通的一个结果，在工作中，任何沟通的结果都意味着一项新工作的开始，要共同按照协议去实施。如果我们达成了协议，却没有按照协议去实施，那么对方会觉得你不守信用，就失去了对你的信任。我们一定要注意，信任是沟通的基础，如果你失去了对方的信任，那么下一次沟通就变得非常困难。所以说作为一个职业人士，在沟通的过程中，对所有达成的协议一定要努力按照协议去实施。

二、团队有效沟通的技巧

1. 有效的团队领导需要团队沟通

沟通能力是团队领导者必备的能力之一，也是团队领导者综合能力的体现。对团队领导者而言，沟通技巧是成功领导团队的保证和升迁的阶梯。领导者几乎每时每刻都要面临沟通的问题，与客户、同僚、下属等进行口头或书面交流占据了他们大部分的工作时间。团队领导是团队沟通能否成功的决定性因素。一个缺乏情感、不成功、愤世嫉俗或人际关系恶劣的领导不大可能带出一支积极向上、有前瞻性的团队，独断专行的领导也是如此。团队领导的有效沟通，能够创造出良好的工作气氛，使团队整体绩效提升。

（1）准确有效的表达技巧。

作为团队领导，准确清晰地表达自己的想法是成功沟通的前提，而这种技巧的形成是建立在对沟通信息的有效组织上的，因而掌握信息的组织技巧对团队沟通非常重要。如果沟通内容很重要，比如工作任务分配、工作会议、汇报工作、工作任务总结等，需要对信息进行加工整理，并且要弄清楚想达到什么样的沟通效果。更重要的是要结合沟通对象，采用适当的方式。比如，团队领导对上级的工作汇报和对下属的工作安排，要采用不同的沟通方式。当与多元化的团队交流时，要针对团队中具有代表性的大多数成员来措辞。对于要表达的主要观点、想法，可以举例阐述或者采用比较、隐喻、分析、故事或图表等方式给出进一步的详细解释。

（2）积极倾听的技巧。

倾听是团队领导有效沟通的重要手段。团队领导要把自己置于员工的角色上，客观地听取员工的谈话，主动地对信息进行理解和思考，以便于正确地进行理解判断。当听到与自己不同的观点时，不要急于表达自己的意见。倾听的态度必须诚恳，可通过使用目光接触、赞许性的点头和恰当的面部表情，来表示有倾听的兴趣，不要表现出心不在焉。倾听过程中设法使讲述者感到轻松、自如，减少拘谨情绪。倾听过程中多听少说，避免中间打断对方讲话，在作出反应之前先让对方讲完自己的想法，以避免想当然。同时，倾听的过程中要善于表示同情与理解，要控制情绪，不要被自己的主观情感所左右。善于观察对方的身体语言，如面部表情、声音频率、声调、神情、姿势等，这些身体语言可提供更丰富的信息。适当地复述对方的讲话内容，适当做记录，以显示自己在耐心积极地倾听。

（3）使用恰当的肢体语言。

在倾听他人发言时，还应当注意通过非语言信息来表示你对对方的关注。比如，赞许性的点头、适当的微笑、适当的目光交流。同时，切忌一些诸如看表、翻阅文件等非语言信息，这类信息会使对方认为你在勉强应付。

（4）科学地安排会议。

通常，一个管理者要花1/3的时间开会。团队领导者也不例外，会议是团队的主要活动之一。解决矛盾、制订销售策略、确立营销目标、阶段性工作汇报、工作任务配置、培训等通常需要通过会议来完成。会议也是与团队成员沟通的重要形式，作为团队领导者要善于安排与控制会议，完善会议结构，使会议能够真正发挥作用。

（5）灵活地与上级领导沟通。

团队领导在带领团队实现目标的过程中，往往要和上级沟通，争取上级的政策、资金、技术支持，要想实现目标，需要注意与上级的沟通方式。唐太宗是我国历史上少有的明君，以其胸襟开阔、从善如流而闻名，即便如此，他也好多次在魏征面前大发雷霆。其实唐太宗并非不明白魏征是正确的，他恼火主要是因为魏征太过正直率真地当众顶撞他或反驳他的意见，使他下不了台。事实上，历史上忠心耿耿的诤臣由于不讲究进谏的方式，最终身遭不测的例子比比皆是，令人叹息不已。

注意说话方式，其核心是妥善处理上司的面子问题，即：你可以正面阐述自己的观点，甚至可以坚持己见或保留意见。但是，你必须尊重上司的面子，尽量不要使上司的威信受到损害、自尊受到伤害。因为每一位领导人，都希望在下属面前保持尊严与权威，如果你的说话方式让领导感到充分地被尊重，就可能赢得上级对团队的持续支持。

2．团队决策需要团队沟通

团队在作出重要决定时，通常是在团队沟通的基础上进行团队决策。团队决策属于群体决策，具有信息和知识全面、观点多样、可接受性较高的优点。当然也有时间成本较高、从众压力较大等缺点。通过团队沟通作出的决策能够获得团队成员高度的承诺，有利于工作的开展和决策目标的实现。建立在沟通基础上的决策程序是提出要解决的问题、征询团队成员意见方案、在方案中比较筛选、向团队成员反馈筛选结果的过程。

3．运用团队沟通化解团队冲突

团队冲突产生的原因多种多样，如对任务的相互推诿、小团体意识导致的隔阂、资源的分配不公平、业绩考核的不平衡等。团队冲突在每一个团队中都存在，只是原因不同形式不同。团队冲突的解决能够提升团队战斗力，团队沟通有助于团队冲突的解决。通常解决方法有下面几个步骤：团队间对话查找原因；与冲突另一方团队领导沟通；双方团队成员再次坐下来坦诚相对，发表自己的观点，协商寻找解决方案。

4. 塑造团队精神需要团队沟通

团队精神反映着组织的共同价值观和道德观，反映着企业文化，是企业的灵魂。一个好的团队要有好的团队精神，团队沟通是塑造团队精神的重要手段。

（1）团队成员归属感的建立。

团队成员对团队的归属感主要来自团队目标与成员目标的高度一致。也就是说团队目标既要符合团队的利益也要符合团队成员的利益，是团队和个体的双赢。如何找到这样的目标呢？这就需要团队沟通。在目标设定的过程中保持双向交流沟通的态度，让团队成员参与整个目标制定的过程，会使制定的目标更容易实现双赢。

（2）团队协作精神的培养。

团队协作是实现团队目标的重要保证。团队协作精神的培养，首先需要团队领导有协作的意识，采用民主的领导方式，让每一个成员认识到他人对组织完成任务所做的贡献，保证上下级之间的双向沟通。其次需要培养团队成员之间的信任感，建立开诚布公的沟通机制。

（3）团队创新精神的培养。

团队的持续发展，离不开团队创新精神的培养。塑造团队创新精神，需要一定的沟通技巧。常用的方法有：团队内部民主自由地交换意见，倡导内部竞争，建立有利于创新的信息沟通机制，树立相互学习、共同成长的信念，制定互相帮助、互相学习的团队规范，利用愿景规划激励创新。

5. 团队成员之间沟通的培养

一个企业的卓越发展，离不开团队的精诚团结，团队成员之间的沟通对团队的整体绩效有着直接影响。因为，成员之间如果沟通不畅，往往会产生误会，形成内耗，影响企业的正常运转。这就需要建设和培养团队成员之间的沟通机制。下面介绍几个优秀的企业对团队沟通的培养方法：

（1）实施民主决策。

福建煤电股份有限公司荣获"全国职工之家"等荣誉称号，它的员工民主管理做得很细致。公司建立了 ISO9000 厂务公开民主管理质量体系，把民主管理的内容延伸到企业重大决策、生产经营、班子建设、党风廉政建设和涉及职工切身利益的重大问题上来。例如，在人事管理上，严格执行"八公开、八上墙"制度；大力推进工资集体协商制度，近几年职工收入年增长保持在10%以上；公司利用民主管理平台，将裁决单价、住房公积金、评先评优、农民工选留等优惠政策及时进行公开，公司每年评选的劳模、标兵有三分之一来自井下一二线职工，2014 年到 2017 年公司还选留了 125 名优秀民工。

（2）上下级共同制订计划。

百果园是国内有一定知名度的水果连锁企业，该公司为了实现快速扩张与发展，非常重视店长的培养与发展。该公司店长经常定期与人力资源部经理进行面谈沟通，人力资源部经理也会帮助店长制订个人发展计划。这种对店长的有效帮助促使更多的人快速成长为店长，而新的店长也为公司的扩张提供了有力的人才支撑。

（3）及时表扬赞美。

表扬不但被认为是当今企业中最有效的激励办法，事实上也是企业团队中一种有效的沟通方法。日本松下集团很注重表扬人，创始人松下幸之助如果当面碰上进步快或表现好的员工，他会立即给予口头表扬，如果不在现场，松下还会亲自打电话表扬下属。美国的波音公司，在1994年以前遇到一些困难，总裁康迪上任后，经常邀请高级经理到自己的家里共进晚餐，然后在屋外围着一个大火炉，讲述有关波音的故事。康迪请这些经理把不好的故事写下来扔到火里烧掉，用来埋葬波音历史上的"阴暗"面，只保留那些振奋人心的故事，极大地鼓舞了士气。

（4）越级报告法。

在惠普公司，总裁的办公室从来没有门，员工受到顶头上司的不公正待遇，或者看到公司的什么问题，都可以直接提出，甚至可以越级反映。这种企业文化使得人与人之间相处时，彼此都能做到互相尊重，消除了对抗和内讧。

（5）建立自豪感。

美国的思科公司，在创业时员工的工资并不高，但员工们都很自豪。该公司经常购进一些小物品，如帽子，给参与某些项目的员工每人发一顶，使他们觉得工作有附加值。当外人问公司的员工，你在思科公司的工作怎么样时，员工都会自豪地说，工资很低，但经常会发些东西。

（6）聊天法。

奥田是丰田公司第一位家族成员之外的总裁，在长期的职业生涯中，奥田赢得了公司内部许多人士的爱戴。他有1/3的时间在丰田公司里度过，常常和公司里的多名工程师聊天，聊最近的工作、生活上的困难；另外有1/3的时间，用来走访5 000名经销商，和他们聊业务，听取他们的意见。

三、实训技能与拓展

（一）子产不毁乡校

春秋时期，郑国人喜欢聚集在乡间的学校里，七嘴八舌地议论国家主政的官员。大夫然明便对子产说："下道命令，不让他们聚集议论，以免引起是非，可不可以呢？"子产说道："为什么要这样做？那些人早晚聚集在一起休息、谈笑，当然要议论我们治理国家的好坏。他们肯定的，我就努力去做；他们讨厌的，我就马上改正。他们是我们的老师啊，为什么要打击他们呢？我只听说忠诚为善可以减少怨恨，没有听说以势作威就能防止怨恨。如果作威防怨而不能止住怨恨，就会像大河决口，我就无法救治了。所以，不如开个小缺口，让人们的怨恨有发泄渠道，我就能从容地听从并改正了。"然明被子产的话折服了。弱小的郑国也在子产的开明治理下，出现了政通景明的气象。

（二）有效沟通成功打造英塔团队

组建于1996年的汉莎航测集团上海英塔信息技术有限公司，主要是做地理信息系统技术应用开发的。其中高级管理层只有5人，这是核心团队，而作为核心团队里的核心人物——总经理程东关于团队之间的沟通如是说：有效的管理团队是建立在真正有效的沟通基础上的。核心团队是团队的第一层次，与他们的沟通我每天都会进行，充分地了解他们的想法、需求与动态，有什么问题大家打开天窗说亮话；部门经理属于团队的第二层次，一般来说与他们的沟通，我则会选择在合适的时间一起吃顿饭，进行一次非正式的交流；其余的一般员工是团队的第三层次，我们偶尔会个别的联络，或是在企业的活动上进行沟通。但不管是怎样的沟通，我都会尽量使沟通在一个真正、有效、透明的平台上进行。我认为，只有真正的坦诚的沟通才是有效的沟通，也是维系团队、建设团队乃至团队文化的关键，没有沟通也就没有真正的团队。

（三）曹力的电话营销

曹力："您好，是实力润滑油有限公司吗？你们的网站好像反应很慢，谁是网络管理员，请帮我接电话。"

前台："我们网站很慢吗？好像速度还可以呀。"

曹力："你们使用的是内部局域网吗？"

前台："是呀！"

曹力："所以，肯定会比在外面访问快，但是，我现在要等5分钟，第一页还没有完全显示出来，你们有网管吗？"

前台："您等一下，我给您转过去。"

曹力："您等一下，请问，网管怎么称呼？"

前台："有两个呢，我也不知道谁在，一个是小吴，一个是刘芳。我给您转过去吧。"

曹力："谢谢！"（等待）

刘芳："你好！你找谁？"

曹力："我是长城服务器客户顾问，我刚才访问你们的网站，想了解一下有关奥迪润滑油的情况，你看都10分钟了，怎么网页还没有显示全呢？您是？"

刘芳："我是刘芳，不会吧？我这里看还可以呀！"

曹力："你们使用的是局域的内部网吗？如果是，你是无法发现这个问题的，如果可以用拨号上网的话，你就可以发现了。"

刘芳："您怎么称呼？您是要购买我们的润滑油吗？"

曹力："我是长城服务器客户顾问，我叫曹力，曹操的曹，力量的力。我平时也在用你们的润滑油，今天想看一下网站上一些产品技术指标，结果发现你们的网站这么慢。是不是有病毒了？"

刘芳："不会呀！我们有防毒软件的。"

曹力："那就是带宽不够，不然不应该这么慢的。以前有过同样的情况发生吗？"

刘芳："好像没有，不过我是新来的，我们的主要网管是小吴，他今天不在。"

曹力："没有关系，你们网站是托管在哪里的？"

刘芳："好像是西城电脑局网络中心。"

曹力："哦，用的是什么服务器？"

刘芳："我也不知道！"

曹力："没有关系，我在这里登录看，似乎是服务器响应越来越慢了，有可能是服务器该升级了。不过，没有关系，小吴什么时候来？"

刘芳："他明天才来呢，不过我们上周的确是讨论过要更换服务器了，因为企业考虑利用网络来管理全国 1 300 多个经销商了！"

曹力："太好了，我看，我还是过来一次吧，也有机会了解一下我用的润滑油的情况；另外，咱们也可以聊聊有关网络服务器的事情。"

小芳："那你明天就过来吧，小吴肯定来，而且不会有什么事情，我们网管现在没有什么具体的事情。"

曹力："好，说好了，明天见！"

（资料来源：http：//www. ltol. com. cn/Article/Content，aspid＝3405，有修改 . ）

实训技能讨论题：

1. 子产的话对你有什么样的启发？
2. 英塔的高层团队有什么特点？
3. 请分析曹力电话营销的技巧何在？

●项目小结

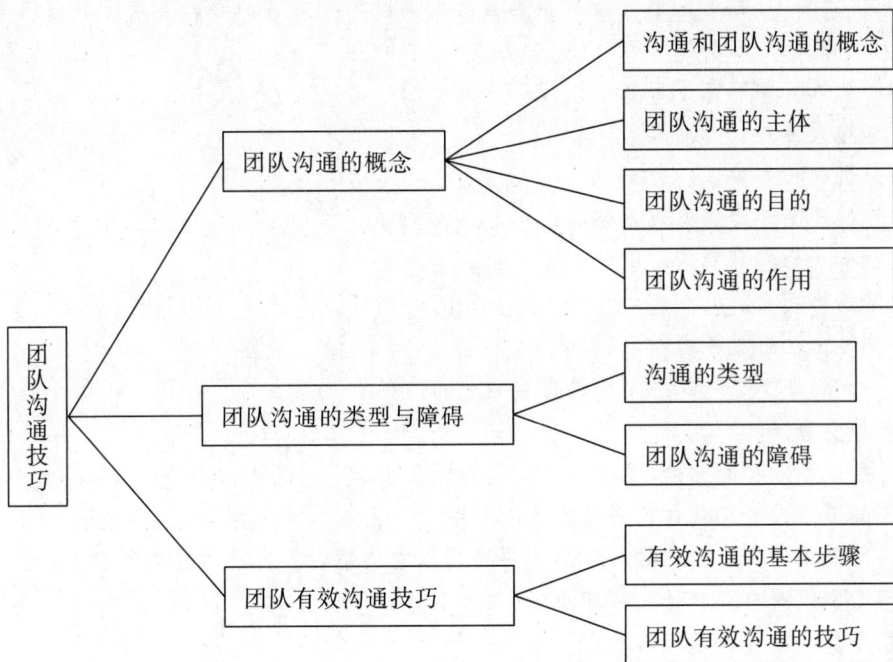

●复习思考题

1. 团队沟通有什么特点？
2. 团队沟通有什么作用？
3. 团队沟通的类型有哪些？
4. 团队沟通的障碍有哪些？

5. 如何运用有效的团队沟通技巧?

●延伸阅读

沟通行家和领导力专家们告诉我们，有效的沟通比以往更加重要。在一项研究中，80%的经理人表示他们竭力使其传达出去的技术信息准确无误。但是，精确的技术语言却常常加大了误解的风险。你可以通过衡量所发出信息与所收到信息之间的相似度，来评估你与他人之间沟通的有效性。有效的沟通者善于倾听，他们会选择合适的媒介（渠道），他们的信息是为听众量身定做的，用听众可以理解的语言清楚、准确地表达其想法。有效的沟通者会用一些能引起共鸣的象征和比喻，使自己的观点得到非专业听众的接受。良好的沟通不是征服，而是妥协。

人际关系综合诊断量表

这是一份人际关系行为困扰的诊断量表，共28个问题，对每个问题做"是"（打"√"）或"否"（打"×"）两种回答。请你根据自己的实际情况如实回答，答案没有对错之分：

1. 关于自己的烦恼有口难言。（　　）
2. 和陌生人见面感觉不自在。（　　）
3. 过分地羡慕和妒忌别人。（　　）
4. 与异性交往太少。（　　）
5. 对连续不断地会谈感到困难。（　　）
6. 在社交场合感到紧张。（　　）
7. 时常伤害别人。（　　）
8. 与异性来往感觉不自然。（　　）
9. 与一大群朋友在一起，常感到孤寂或失落。（　　）
10. 极易受窘。（　　）
11. 与别人不能和睦相处。（　　）
12. 不知道与异性相处如何适可而止。（　　）
13. 当不熟悉的人对自己倾诉他的生平遭遇以求同情时，自己常感到不自在。（　　）
14. 担心别人对自己有什么坏印象。（　　）
15. 总是尽力使别人赏识自己。（　　）
16. 暗自思慕异性。（　　）
17. 时常避免表达自己的感受。（　　）
18. 对自己的仪表（容貌）缺乏信心。（　　）
19. 讨厌某人或被某人所讨厌。（　　）
20. 瞧不起异性。（　　）
21. 不能专注地倾听。（　　）
22. 自己的烦恼无人可倾诉。（　　）
23. 受别人排斥与冷漠对待。（　　）

24. 被异性瞧不起。(　　)
25. 不能广泛地听取各种各样的意见、看法。(　　)
26. 自己常因受伤害而暗自伤心。(　　)
27. 常被别人谈论、愚弄。(　　)
28. 与异性交往时不知如何更好地相处。(　　)

记分表

Ⅰ	题目	1	5	9	13	17	21	25	小计
	分数								
Ⅱ	题目	2	6	10	14	18	22	26	小计
	分数								
Ⅲ	题目	3	7	11	15	19	23	27	小计
	分数								
Ⅳ	题目	4	8	12	16	20	24	28	小计
	分数								

评分标准　打"√"的给 1 分，打"×"的给 0 分，总分（　　）

测查结果的解释与辅导：

如果你得到的总分在 0～8 分之间，那么说明你在与朋友相处上的困扰较少。你善于交谈，性格比较开朗，主动关心别人，你对周围的朋友都比较好，愿意和他们在一起，他们也都喜欢你，你们相处得不错。而且，你能够从与朋友相处中得到乐趣。你的生活是比较充实而且丰富多彩的，你与异性朋友也相处得比较好。一句话，你不存在或较少存在交友方面的困扰，你善于与朋友相处，人缘很好，获得许多的好感与赞同。

如果你得到的总分在 9～14 分之间，那么，你与朋友相处存在一定程度的困扰。你的人缘很一般；换句话说，你和朋友的关系并不牢固，时好时坏，经常处在一种起伏波动之中。

如果你得到的总分在 15～28 分之间，那就表明你在同朋友相处上的行为困扰较严重，分数超过 20 分，就表明你的人际关系困扰程度很严重，而且在心理上出现较为明显的障碍。你可能不善于交谈，也可能是一个性格孤僻、不开朗的人，或者有明显的自高自大、讨人嫌的行为。

以上是从总体上评述你的人际关系。下面将根据你在每一横栏上的小计分数，具体指出你与朋友相处的困扰行为及其可资参考的纠正方法。

记分表中Ⅰ横栏上的小计分数，表明你在交谈方面的行为困扰程度。

如果你的得分在 6 分以上，说明你不善于交谈，只有在极需要的情况下你才同别人交谈，你总是难以表达自己的感受，无论是愉快还是烦恼；你不是个很好的倾诉者，往往无法专心听别人说话或只对单独的话题感兴趣。

如果你的得分在 3～5 分之间，说明你的交谈能力一般，你会诉说自己的感受，但不能讲得条理清晰；你努力使自己成为一个好的倾听者，但还是做得不够。如果你与对方不太熟悉，开始时你往往表现得拘谨与沉默，不大愿意跟对方交谈。但这种局面在你面前一般不会持续很久。经过一段时间的接触与锻炼，你可能主动与别人搭话，同时这一切来得自然而非造作；此时，表明你的健谈能力已经大为改观，在这方面的困扰也会逐渐消除。

如果你的得分在0～2分之间，说明你有较高的交谈能力和技巧，善于利用恰当的谈话方式来交流思想感情，因此在与别人建立友情方面，你往往比别人获得更多的成功。这些优势不仅为你的学习与生活创造了良好的心境，而且常常有助于你成为伙伴中的领袖人物。

记分表中Ⅱ横栏上的小计分数，表示你在交际方面的困扰程度。

如果你的得分在6分以上，则表明你在社交活动与交友方面存在着较大的行为困扰。比如，在正常的集体活动与社交场合，你比大多数伙伴更为拘谨；在有陌生人或老师存在的场合，你往往感到更加紧张而扰乱你的思绪；你往往过多地考虑自己的形象而使自己处于被动、孤独的境地。总之，交际与交友方面的严重困扰，使你陷入"感情危机"和孤独困窘的状态。

如果你的得分在3～5分之间，则往往表明你在被动地寻找被人喜欢的突破口。你不喜欢独自一个人待着，你需要朋友在一起，但你又不太善于创造条件并积极主动地寻找知心朋友；而且，你心有余悸，生怕主动行为后的"冷"体验。

如果你的得分低于3分，则表明你对人较为真诚和热情。总之，你的人际关系较和谐，在这个问题上，你不存在较明显持久的行为困扰。

记分表中Ⅲ横栏的小计分数，表示你在待人接物方面的困扰程度。

如果你的得分在6分以上，则往往表明你缺乏待人接物的机智与技巧。在实际的人际关系中，你也许常有意无意地伤害别人，或者你过分地羡慕别人以致在内心妒忌别人。因此，其他一些人可能回报你以冷漠、排斥，甚至是愚弄。

如果你的得分在3～5分之间，则往往表明你是个多面的人，也许可以算是一个较圆滑的人。对待不同的人，你有不同的态度，而不同的人对你也有不同的评价。你讨厌某人或被某人所讨厌，但你却极喜欢另一个人或被另一个人所喜欢。你的朋友关系某些方面是和谐的、良好的，某些方面却是紧张的、恶劣的。因此，你的情绪很不稳定，内心极不平衡，常常处于矛盾状态中。

如果你的得分在0～2分之间，表明你较尊重别人，敢于承担责任，对环境的适应性强。你常常以你的真诚、宽容、责任心强等个性获得众多的好感与赞同。

记分表中Ⅳ横栏的小计分数，表示你跟异性朋友交往的困扰程度。

如果你的得分在5分以上，说明你在与异性交往的过程中存在较为严重的困扰。也许你过分地思慕异性或对异性持有偏见。这两种态度都有它的片面之处，也许是因为你不知如何把握好与异性交往的分寸而陷入困扰之中。

如果你的得分是3～4分，表明你与异性交往的行为困扰程度一般，有时可能会觉得与异性交往是一件愉快的事，有时又会认为这种交往似乎是一种负担，你不懂得如何与异性交往最适宜。

如果你的得分是0～2分，表明你懂得如何正确处理异性朋友之间的关系。对异性持公正的态度，能大方、自然地与他们交往，并且在与异性交往中，得到了许多从同性朋友那里不能得到的东西，增加了对异性的了解，也丰富了自己的个性。你可能是一个较受欢迎的人，无论是同性朋友还是异性朋友，多数人都比较喜欢你和赞赏你。

项目五　团队激励策略

职业能力目标:

1. 了解激励性团队的特征。
2. 领会建立激励性团队的程序。
3. 掌握建立激励性团队的策略。

任务一　了解激励性团队

● **实践情景**

　　2020 年以来，美国对中国高科技产业进行疯狂打压，很多人因此了解了中芯国际公司创始人——张汝京，中国芯片行业的世界级高手。中芯国际成立不到 20 年，却成为世界排名前列的芯片制造商。

　　1. 出发

　　张汝京 1949 年出生，不满一岁就跟着父母去了台湾。父亲搞冶金，母亲搞化学，抗日战争爆发时，两人在重庆的兵工厂研究枪炮火药。到了台湾，父亲成了炼钢专家，母亲和金陵女子大学的校友，在台湾创立了金陵女中。张汝京 1970 年从台湾大学机械工程系毕业，随后去美国留学。由于对华人歧视，张汝京不能学习当时最前沿的航天方向，只好学电子。张汝京 29 岁进入得克萨斯州的得州仪器做研发，另一位华人芯片之父张忠谋时任得州仪器副总裁，但此时与张汝京不熟悉。得州仪器是当时世界上最大的芯片制造商，张汝京的上司是诺贝尔物理学奖获得者，也是集成电路的两位发明者之一——杰克·基尔比。

2. 建厂"狂魔"

芯片业迅速发展。8 年后，张汝京被上司派去得州建立 4 座芯片生产厂。然后，又到欧洲、东南亚等地建了 10 座厂，培育了芯片人才，被称为"建厂高手"。1996 年，一队中国电子代表团到公司总部参观，临走时问了张汝京一句："你愿不愿意回国？"张汝京一愣，他从未想过。"我们在北京等你！"代表团在离开美国时说。一念起，万水千山。他找到顶头上司，很突兀地开口："我要辞职回中国。"举座震惊，为什么要回那个落后的地方？上司直言："你是芯片核心组成员，我们的国家（美国）不会放你回中国。"张汝京默然离开总裁办公室。两个月后，他再次出现在总裁办公室。此时他在得州仪器工作刚刚满 20 年，到了可以申请退休的年限。面对不肯放人的总裁，张汝京说："上帝教导我们要爱所有的人，尤其是那些需要帮助的人。中国是我的祖国，我请求了上帝，它同意我去用爱帮助中国人。"总裁无奈同意，但仍强行把他留到了年底。1997 年，他回国。未曾料想，之后他开始经历各种坎坷。

3. 冤家路窄

1987 年，56 岁的张忠谋从得州仪器辞职，在台湾创立台积电公司，并快速进入世界前列。1997 年，49 岁的张汝京准备在大陆建厂。在无锡，他与同道合作成立世大公司。当时大陆缺少芯片人才，张汝京将世大公司的根据地设在了具备一流人才和技术、设备的台湾。他希望，在台湾建一两个，然后复制到大陆，这样就能把大陆的芯片做起来。世大公司成立三年，就开始在"烧钱"的芯片业赚钱，成为台湾仅次于台积电和联电的第三大厂。一天，张汝京被台湾一位业界大佬叫到私人餐厅，秘谈了 4 小时。最后扔给张汝京两个选择：离开芯片业或者同意卖出世大公司。第二条路，可保张汝京富贵。吃惊、愤怒中，台积电和世大的股东，瞒着张汝京，以 50 亿美元成交了这次收购。虽然总经理的职位仍然保留，但张汝京颜面尽失，也失去了公司实权。耻辱与爱国心，使得时年 52 岁的张汝京愤然离职。收购第二个月，张汝京放弃台湾所有财产，兜里装着靠多年人脉募集的 14 亿美元，在开曼群岛注册"中芯国际"。

他想去香港，但没有地皮。去上海，上海的领导张开双臂，前 5 年免税，后 5 年减半，土地近乎免租。

4. 围城

2000 年左右的中国，85% 以上的芯片靠进口，高端芯片全靠进口。张汝京明白芯片就是国家安全的核心。他在大陆建厂，本质上意味着核心技术的转移。美国当时规定：只要在中国大陆建厂，就不卖高新技术设备。台湾当局明令限制高新技术产业到大陆投资。那时的中国，用着西方国家淘汰的设备，学着过时的老技术，无法引进先进的生产设备和技术。

美国不卖设备，张汝京绕过美国从荷兰和瑞典买设备回来。没有人才，张汝京广发英雄帖，一年多时间里，集结了国际上 400 多位芯片业技术工程师。他们来自世界各地，有人是麻省理工博士，有人在贝尔实验室工作，还有张汝京曾经的老部下放弃了国外的高薪、积累数十年的资历，来到中芯国际从头开始。张汝京带着中芯国际，4 年里建成 3 座工厂，收购摩托罗拉的一个 8 英寸工厂。随即，中伤的声音像蝗虫一样黑压压地遮住了张汝京的天空。刚建厂，就有人四处说中芯的地基不稳、没钱了、是骗子、根本没能力生产……张汝京没理会。但 2002 年，台湾当局令张汝京在 6 个月之内从大陆撤资。见张汝京不为所动台湾当局取消了张汝京的台籍身份，10 年内不得踏入台湾一步。帮张汝京融资的台湾公司，受到株连；投资的台商，也开始撤资。

5. "割地赔款"

价格低、供货快使中芯国际拿到 IBM、东芝、高通等大公司的单子。但张汝京手下的高管和"海归"技术骨干陆续坚决离职。之后，台积电用中芯离职员工的"认罪书"迫使张汝京面临困境。张汝京面临三条路：台积电收购中芯；打官司，让中芯身败名裂；张汝京离开中芯，从此后不得从事芯片与电子行业。哪一条都是死路，张汝京都无法接受。从 2003 年开始，台积电就向美国三家法院提出诉讼，状告中芯国际侵权、窃取商业机密，索赔 10 亿美元。那是中芯一年销售额的 3 倍。庭外，是屈辱和解协议：中芯国际赔偿台积电 1.75 亿美元，此后必须将自己的技术存入第三方托管账户，两年内随时备查是否侵权。为求中芯扩张，张汝京接受和解条件。2004 年，"中芯国际"在香港和美国上市，创造了全球第三大 IPO，再次成为成长最快的半导体代工企业。台积电 2006 年再次上告，又获胜诉，获得 2 亿美元赔款，并要求张汝京三年内不得进入芯片业。而台积电靠诉讼进入大陆。这就是中国半导体产业史上著名的"割地赔款"案。61 岁的张汝京，在电话里失声痛哭。此案过后，中芯国际元气大伤。

6. 续命旧伤

连连受挫的中芯国际几乎失去国际竞争力。2010 年，亏损 30 亿。而台积电一年的研发费用，几乎是中芯 20 年的费用。台积电升级一次工艺，中芯国际就接下他们放弃的部分。如今，中芯国际已成长为世界前列的芯片制造商。张汝京是中国芯片的灵魂奠基人和实施人。没有他，中国今天的半导体业，可能不会是这个样子。

（资料来源：https：//www. sohu. com/a/406059735_633698？_trans_＝060005_xxhd，有修改.）

【思考与启示】

从张汝京的故事来看，是什么因素激励张汝京如此坚定执着？

一、激励性团队的特征

1. 什么是激励

"激励"一词，作为心理学术语，指的是持续激发人的动机的心理过程。通过激励，在某种内部或外部刺激的影响下，使人始终保持在一种兴奋状态中。将"激励"这一概念用于管理，就是通常所说的调动人的积极性的问题。

激励，有正负之说。所谓正激励就是当一个人的行为符合组织、社会的需要时，通过奖赏的方式来鼓励这种行为，以达到持续和发扬这种行为的目的；所谓负激励就是对个体违背组织目标的非期望行为进行惩罚，以使这种行为不再发生，使个体积极性朝着正确的目标方向移动，具体表现为违纪处理、罚款、降职、降薪等。

激励有物质激励和精神激励。虽然二者的目标是一致的，但是它们的作用对象却是不同的。物质激励作用于人的生理方面，是人对物质需要的满足；精神激励作用于人的心理方面，是对人精神需要的满足。随着人们物质生活水平的不断提高，人们对精神与情感的需求越来越迫切，如期望得到爱、得到尊重、得到认可、得到赞美、得到理解等。

激励有内激励和外激励。内激励是指由内酬引发的、源自工作人员内心的激励；而外激励是指由外酬引发的、与工作任务本身无直接关系的激励。

2．认识激励机制

人的行为是由动机所推动的，动机是产生行为的原因。一个人做某种工作的积极性高低，在很大程度上取决于他做这种工作的动机。动机强则积极性高，动机不强则积极性不高。人的动机是由需要引起的。动机的产生受到内外两种因素的影响。动机性的行为，常常是受到内外因素互感的结果。在人们实际工作的行为中，常常同时存在着许多动机，而这些动机的强度又随时会有变动。因此，一个人的行为由其全部动机结构中最强的动机决定，最强的动机也可以说是优势动机。

通常来说，当人产生某种需要而这种需要又未能得到满足时，需要就会转化为动机，推动人们去从事某种活动，向目标前进。当人们达到目标时，需要得到满足，紧张的心理状态就会消除。这时，人又会产生新的需要，这是一个不断循环往复的过程，使人不断向新的目标前进。管理过程中，要使与实现团队目标相一致的潜在需求变得最强烈，团队领导者就要有意识地在员工的行为中注入一种导向目标，刺激这种需求，强化员工的动机，改进员工的行为，最终在实现组织目标的同时，实现员工的个人目标，这就是激励机制。

激励机制就是在激励中起关键性作用的一些因素，由时机、频率、程度、方向等因素组成。它的功能集中表现在对激励的效果有直接和显著的影响，所以认识和了解激励的机制，对搞好激励工作是大有益处的。建设激励机制需要注意激励时机、激励频率、激励程度、激励方向这四个方面。

3．激励性团队的特征

如果一个团队在整体层次上具有激励特性的话，我们就称这一团队是一个激励性团队。激励思想从着重具体的措施发展到强调团队整体层次的激励特性，反映出人类本身的全面发展。激励性团队的特征主要表现在以下几个方面：

（1）团队文化方面。

研究表明：团队文化对团队成员具有激励作用。优秀的团队或组织都具有自身独特的团队文化，并且人们对团队文化的建设日益重视。

团队文化的激励作用，是指团队文化具有使团队成员从内心深处产生一种高昂的情绪和奋发进取的精神的效应。团队文化不是一种外在的推动与促进，而是一种内在的导引。它通过满足团队成员对实现自身价值的心理需要，使团队成员从内心深处自觉产生为团队效劳的献身精神。激励性团队建设的一个重要工作就是创建和培育团队文化。

（2）组织结构方面。

激励性团队在组织结构方面与一般团队相比较而言更具有弹性，这种弹性表现在团队结构对外部环境的一切积极的、进步的因素的较强吸引力，对其成员个性发展表现出的敏锐观察力以及不断促进团队自身发展的能力。激励性团队的组织结构变化能与团队战略的转变保持同步，甚至保持高度一致。

（3）工作方式方面。

在激励性团队中，对于团队成员来讲，工作已经超越了作为谋生手段的意义，它已经成为每个成员生活需要的一部分。团队成员的工作具有丰富的内涵，它不仅使每一位成员感受到精神的充实，而且还是每位成员成长、发展的一种体现。团队成员的工作具有多样性，团队成员的能力也得到全面发展锻炼。在激励性团队中，团队成员还对自己所从事的工作具有选择的权利，并且在实际工作中，可以不断地创造新的工作方式，不必局限于办公室这样传统的工作场所。

（4）人际关系方面。

在激励性团队中，人与人之间是一种相互支持的关系。费雷斯特预言：在未来的新型团队里，每个人不再有"上级"，将出现一种经由个人自由磋商而形成的"不断变化的关系结构"。在激励性团队中，虽然领导与被领导的关系仍然存在，但此时领导者的主要职责是通过对工作和团队的设计"使任务、组织和人员彼此适应"，其充当的是设计师的角色。

（5）群体关系方面。

激励性团队中的各个群体，作为团队构成的基本单元，群体成员通过在群体中的工作为实现团队的目标而贡献自己的力量。利克特指出："当一个团队的成员发挥的作用不仅作为个人作用，还作为具有高绩效目标的高效工作群体成员的作用时，这个团队将会工作得最好。"

二、激励性团队的作用

1．提升职业素养

团队激励能够促使团队成员对职业道德形成正确的认识，能够促使其道德情感丰富并促成良性道德行为，促使其道德意志坚强，促使其习惯性道德行为走向良性轨道。

2．激发创造力

团队激励，能为团队成员提供一个良好的工作环境和心理环境，团队成员能够放开手脚去干，从中提高智力和创造力，作出创造性贡献。团队激励能够使团队成员得到对自身的积极肯定，使团队成员看到自身的价值，培养团队成员的自信心和对团队的责任感。

三、建设激励性团队的原则

1．制度化与人性化相结合

制度化是规范团队管理的基础，也是建立激励性团队的关键所在。缺乏制度化管理的团队，仅仅依靠人性化因素往往不能保证效率，从而导致公平的缺失。激励性团队的建立既要注意认真设计合理的行为规范、规章制度、奖励措施，又需要团队领导者或管理者身体力行、以身作则，并切实地贯彻执行。

2. 领导推动与全员参与相结合

建立激励性团队离不开一系列激励性制度。它涵盖团队的愿景、目标、任务等多个方面。领导的支持推动反映出建立激励性团队、提高激励水平和促进团队成员利益的信心与决心；团队成员的参与才能使制度付之于实践。二者有机结合才能最终提升团队业绩。

3. 长期激励计划与短期激励目标相结合

对于一个激励性团队来说，其激励资源既要有在较长时间后能分配的，又要有在短期内能兑现的。短期的激励目标与具体的工作任务相结合，而长期的激励目标与团队的长远发展规划相结合。尤其值得注意的是，一个长期的远大目标本身就具有激励作用。短期激励目标的达成能立即起到直接的、具体的作用，而长期激励目标的达成需要全体团队成员持之以恒的努力。

4. 适度竞争与相对稳定相结合

团队成员进入某一团队，标志着该团队成员职业得到了暂时的稳定，并且希望维持这种稳定。但是，过分的稳定容易扼杀团队成员的工作积极性和创造性。因此，引入适度竞争是非常有必要的。适度的竞争机制能够保持团队旺盛的活力，提高团队成员的工作热情，培养团队成员的创造能力。片面地强调稳定或极度竞争都是不可取的，适度竞争和相对稳定相结合，更有利于团队发展。

5. 满足需要与引导需要相结合

满足团队成员的需要，是调动团队成员积极性的关键。但是，无限制地满足团队成员的需要，会增加激励的成本。激励性团队的目标是最终实现团队的整体目标，而不仅仅是个人需要。因此要引导团队成员的需要。对团队而言，可以通过培养团队文化和同化教育等措施来影响和修正团队成员的价值体系，从而影响团队成员的需要及其结构。

四、实训技能与拓展

（一）寓言故事：失与得

有一个阿拉伯富翁，在一次大生意中亏光了所有的钱，并且欠下了债。他卖掉房子、汽车，还清了债务。此刻，他孤独一人，无儿无女，穷困潦倒，唯有一只心爱的猎狗和一本书与他相依为命，相伴相随。

在一个雨夜，他来到一座荒僻的村庄，找到一个避风的茅棚。他看到里面有一盏油灯，于是用身上仅存的一根火柴点燃了油灯，拿出书来准备读书。但是忽然一阵风把灯吹熄了，四周立刻漆黑一片。这位孤独的老人陷入了黑暗之中，对人生感到痛彻的绝望，他甚至想结束自己的生命。但是，立在身边的猎狗给了他一丝慰藉，他无奈地叹了一口气沉沉睡去。第二天醒来，却发现心爱的猎狗也被人杀死在门外。抚摸着这只与他相依为命的猎狗，他决定要结束自己的生命，世间再没有什么值得留恋的了。于是，他最后扫视了一眼周围的一切。这时，他突然发现整个村庄都沉寂在一片可怕的寂静之中。他不由急步向前，啊，太可怕了，尸体，到处是尸体,一片狼藉。显然,这个村庄昨夜遭到了匪徒的洗劫,全村一个活口也没留下来。看到这可怕的场面,老人不由心念急转,啊!我是这里唯一幸存的人,我一定要坚强地活下去。此时,一轮红日冉冉升起,照得四周一片光亮,老人欣慰地想,我是唯一的幸存者,我没有理由不珍惜自己的生命。虽然我失去了心爱的猎狗,但是,我得到了生命,这才是人生最宝贵的。

(二)寓言故事:爱吃饺子的富家子弟

有个富家子弟特别爱吃饺子,每天都要吃。但他的口味又特别习,只吃馅,两头的皮尖就丢到后面的小河里去。

好景不长,在他16岁那年,一场大火烧了他家房子,父母在急怒中相继病逝。这下他身无分文,又不好意思要饭。邻居家大嫂非常好,每餐给他吃一碗面糊糊。他则发奋读书,3年后考取功名当了大官回来,一定要感谢邻居大嫂。

大嫂对他讲:不要感谢我。我没有给你什么,都是我收集的当年你丢的饺子皮尖,晒干后装了好几麻袋,本来是想备不时之需的。正好你有需要,就又还给你了。

大官思考良久,良久……

(三)寓言故事:五枚金币

有个叫阿巴格的人生活在内蒙古草原上。有一次,年少的阿巴格和他爸爸在草原上迷了路,阿巴格又累又怕,到最后快走不动了。爸爸就从兜里掏出5枚硬币,把一枚硬币埋在草地里,把其余4枚放在阿巴格的手上,说:"人生有5枚金币,童年、少年、青年、中年、老年各有一枚,你现在才用了一枚,就是埋在草地里的那一枚,你不能把5枚都扔在草原里,你要一点点地用,每一次都用出不同来,这样才不枉人生一世。今天我们一定要走出草原,你将来也一定要走出草原。世界很大,人活着,就要多走些地方,多看看,不要让你的金币没用完就扔掉。"在父亲的鼓励下,阿巴格走出了草原。长大后,阿巴格离开了家乡,成了一名优秀的船长。

实训技能讨论题:

1. 如何理解失与得?
2. "大官"在思考什么?
3. 阿巴格靠什么走出了草原?

任务二　常用的激励理论

●实践情景

在一堂关于时间管理的课上，教授在桌子上放了一个装水的罐子，然后又从桌子下面拿出一些正好可以从罐口放进罐子里的鹅卵石。教授把石块放完后问他的学生道："你们说这罐子是不是满的？""是！"所有的学生异口同声地回答。"真的吗？"教授笑着问。然后再从桌底下拿出一袋碎石子，把碎石子从罐口倒下去，摇一摇，再加一些，再问学生："你们说，这罐子现在是不是满的？"这回他的学生不敢回答得太快。最后班上有位学生怯生生地细声回答道："也许没满。""很好！"教授说完后，又从桌下拿出一袋沙子，慢慢地倒进罐子里。倒完后，再问班上的学生："现在你们再告诉我，这个罐子是满的呢？还是没满？"

"没有满。"全班同学这下学乖了，大家很有信心地回答。

"好极了！"教授再一次称赞这些"孺子可教也"的学生。称赞完了后，教授从桌底下拿出一大瓶水，把水倒进看起来已经被鹅卵石、小碎石、沙子填满了的罐子。当这些事都做完之后，教授正色问他班上的同学："我们从这件事可以得到什么重要的启发？"班上一阵沉默，然后一位学生回答说："无论我们的工作多忙，行程排得多满，如果要逼一下的话，还是可以多做些事的。"这位学生回答完后心中很得意地想："这门课到底讲的是时间管理啊！"教授听到这样的回答后，点了点头，微笑道："答案不错，但并不是我要告诉你们的重要信息。"说到这里，这位教授故意顿住，用眼睛向全班同学扫了一遍说："我想告诉各位最重要的信息是，如果你不先将大的鹅卵石放进罐子里去，你也许以后永远没机会把它们再放进去了。"

【思考与启示】

这个故事对你有什么样的启发？

在了解了激励的概念和激励性团队的特征后，我们下面学习一些激励理论。自20世纪二三十年代以来，心理学家、管理学家和社会学家就从不同的角度研究了应怎样激励人的问题，并提出了激励理论。激励理论的基本思路，是针对人的需要来采取相应的管理措施，以激发动机、鼓励行为、形成动力。

一、马斯洛的需求层次理论

马斯洛的需求层次论是研究人的需求结构的一种理论，是美国心理学家马斯洛（Abraham H. Maslow, 1908—1970）所首创的一种理论。1943 年，马斯洛在《调动人的积极性的理论》一书中，把人的需求由低到高分为五个层次，即生理需求、安全需求、社交和归属需求、尊重需求、自我实现需求。

马斯洛认为人的五种需求有轻重层次之分，在特定时刻，人的一切需求如果都未得到满足，那么满足最主要的需求就比满足其他需求更迫切，只有排在前面的那些属于低级的需求得到满足，才能产生更高一级的需求。当一种需求得到满足后，另一种更高层次的需求就会占据主导地位。从激励的角度看，没有一种需求会得到完全满足，但只要其得到部分的满足，个体就会转向追求其他方面的需求了。按照马斯洛的观点，如果希望激励某人，就必须了解此人目前所处的需求层次，然后着重满足这一层次或在此层次之上的需求。比如一个饥肠辘辘的人，他更渴望你给他几个馒头或面包，而不是让你赞赏他长得如何英俊潇洒或出类拔萃。

二、双因素理论

"双因素理论"是美国心理学家赫茨伯格提出的理论。20 世纪 50 年代末期，赫茨伯格和他的助手们在美国匹兹堡地区对 200 名工程师、会计师进行了调查访问。结果发现，使职工感到满意的都是属于工作本身或工作内容方面的；使职工感到不满的，都是属于工作环境或工作关系方面的。他把前者叫作激励因素，后者叫作保健因素。

保健因素包括公司政策、管理措施、监督、人际关系、物质工作条件、工资、福利等。当这些因素恶化到人们认为可以接受的水平以下时，就会对工作不满意。但是，当人们认为这些因素很好时，它只是消除了不满意，并不会导致积极的态度，这就形成了某种既不是满意、又不是不满意的中性状态。

那些能带来积极态度、满意和激励作用的因素就叫作"激励因素"，是能满足个人自我实现需要的因素，包括成就、赏识、挑战性的工作、增加的工作责任，以及成长和发展的机会。如果这些因素具备了，就能产生更好的激励作用。从这个意义出发，赫茨伯格认为传统的激励假设，如工资刺激、人际关系的改善、提供良好的工作条件等，都不会产生更好的激励作用。虽然它们能消除不满意，防止问题产生，但这些传统的"激励因素"即使达到最佳程度，也不会产生更好的激励作用。

根据赫茨伯格的研究，管理人员应该认识到保健因素是必需的，不过它一旦和不满意中和，就不能产生更积极的效果。只有激励因素才能使人们有更好的工作成绩。

双因素理论告诉我们，不同的激励因素所引起的激励程度和效果是不一样的。物质需求的满足是必要的，没有它会感到不满，但是即使获得满足，它的作用往往也是很有限的、不能持久的。要调动人的积极性，不仅要注意物质利益和工作条件等外部因素，更重要的是要注意工作的安排、量才使用、个人成长与能力提升等，注意对人进行精神鼓励，给予表扬和认可，注意给人以成长、发展、晋升的机会。随着人们物质"小康"问题的解决，人们对精神"小康"的需求也越来越迫切。

三、归因论

归因论的代表人物是美国心理学家海德，这一理论是说明和推动人们活动的因果关系分析理论。也有人把归因论叫作认知理论。其主要观点为，通过改变人的思想认识可以达到改变人的行为的目的。

不同的归因会直接影响人们的工作态度和积极性，进而影响随之而来的行为和工作绩效。一般人常常作出四种归因：一是能力大小；二是努力程度；三是任务难度；四是运气与机会。四种因素一般可归为两类，一类是内因，包括能力大小、努力程度；另一类是外因，包括任务难度、运气与机会。

失败和挫折是每个人工作中都会遇到的，如果将失败归于能力低、任务难等因素，就会降低随后的成功期望，会失去信心并不再坚持努力行为；相反，若把失败的原因归于努力不够或者运气不好等因素，就会保持甚至增强能取得成功的动机，进一步增强信心，从而坚持努力行为。

四、期望理论

美国心理学家弗鲁姆于 1964 年在《工作与激励》一书中提出了期望理论。该理论认为，激发的力量来自效价与期望值的乘积，即：激励的效用 = 期望值 × 效价。

这个公式告诉我们，推动人们实现目标的力量，是两个变量的乘积，如果其中有一个变量为零，激励的效用就等于零。效价是指人们对某一个目标的评价高低与重视程度，即人们在主观上认为这种目标的价值大小。期望值是指人们对自己的行为能够取得的绩效的主观判断概率。这种主观概率受到每个人的经验、个性、情感、动机结构等影响，因而人们对概率的估计也不一样。这两种估计在实践过程中会不断修正和变化，发生所谓"感情调整"。比如，我认为我有能力完成这项任务，完成任务后我估计老板肯定会兑现给我涨工资的诺言，而增加工资正是我的最大期望。所以，我工作的积极性肯定很高。任何一个变量的变化，都会影响到工作的积极性。管理者的任务就是要使这种调整有利于达到最大的激发力量。因此，期望理论是过程型激励理论。

五、实训技能与拓展

（一）怎么看你自己

……她站在台上，不规律地挥舞着她的双手；仰着头，脖子伸得好长好长，与她尖尖的下巴扯成一条直线；她的嘴张着，眼睛眯成一条线，诡异地看着台下的学生；偶尔她口中也会咿咿唔唔的，不知在说些什么。基本上她是一个不会说话的人，但是，她的听力很好，只要你猜中，或说出她的想法，她就会乐得大叫一声，伸出右手，用两个指头指着你，或者拍着手、歪歪斜斜地向你走来，送给你一张用她的画制作的明信片。

她就是黄美廉，一位自小就患脑性麻痹的病人。脑性麻痹夺去了她肢体的平衡感，也夺走了她发声讲话的能力。从小她就活在肢体不便及众多异样的眼光中，她的成长充满了血泪。然而她没有让这些外在的痛苦击败她内在奋斗的精神，她昂然面对，迎向一切的不可能。终于，她获得了加州大学艺术博士学位，她用她的手当画笔，以色彩告诉人们"寰宇之力与美"，并且灿烂地"活出生命的色彩"。全场的学生都被她不能控制自如的肢体动作震慑住了。这是一场倾倒生命、与生命相遇的演讲会。"请问黄博士"，一个学生小声地问："你从小就长成这个样子，请问你怎么看你自己？你都没有怨恨吗？"我的心头一紧，该生真是太不成熟了，怎么可以当面，在大庭广众之下问这个问题，太刺人了，真担心黄美廉会受不了。

"我怎么看自己？"美廉用粉笔在黑板上重重地写下这几个字。她写字时用力极猛，有力透纸背的气势。写完这个问题，她停下笔来，歪着头，回头看着发问的同学，然后嫣然一笑，回过头来，在黑板上龙飞凤舞地写了起来：

一、我好可爱！

二、我的腿很长很美！

三、爸爸妈妈这么爱我！

四、上帝这么爱我！

五、我会画画！我会写稿！

六、我有只可爱的猫！

七、……

八、……

忽然，教室内鸦雀无声，没有人敢讲话。她回过头来定定地看着大家，再回过头去，在黑板上写下了她的结论："我只看我所有的，不看我所没有的。"掌声由学生中响起，美廉倾斜着身子站在台上，满足的笑容从她的嘴角荡漾开来，眼睛眯得更小了，有一种永远也不能被击败的傲然写在她脸上。我坐在位子上看着她，不觉两眼湿润起来。走出教室，美廉写在黑板上的结论，一直在我眼前跳跃："我只看我所有的，不看我所没有的。"十几天过去了，我想这句话将永远鲜活地印在我心上。

（二）小虎鲨的故事

小虎鲨一出生就在大海里，很习惯大海中的生存之道。肚子饿了，小虎鲨就努力找大海中的其他鱼类吃，虽然要费力气，却也不觉得困难。

有时候，小虎鲨必须追逐良久，才能捕到猎物。这种困难随着小虎鲨经验的长进，越来越不是问题，猎食的挫折并没有对小虎鲨造成困扰。

然而很不幸，小虎鲨在一次悠游追逐时，被人类捕捉到。离开大海的小虎鲨还算幸运，一个研究虎鲨的单位把它买了去。关在人工鱼池中的小虎鲨，虽然不自由，却不愁食物。研究人员会定时把食物送到池中，都是些大大小小的鱼食。一天，研究人员将一大片玻璃放到池中，把水池隔成两半，小虎鲨看不出来。这一天，研究人员把活鱼放到玻璃的另一边，小虎鲨等研究人员放下鱼之后，就冲了过去，撞到玻璃，痛得头眼昏花，什么也没吃到。

小虎鲨不信邪，等了几分钟，看准了一条鱼，咻！又冲过去，撞得更痛，差点没昏倒，一样没吃到。

休息10分钟之后，小虎鲨饿坏了，这次看得更准，盯住一条更大的鱼，咻！又冲过去，情况仍旧没改变，它撞得嘴角流血。想不通到底是怎么回事，小虎鲨瘫在池子里。

小虎鲨拼了最后一口气，咻！再冲，仍然被玻璃挡着，撞了个全身翻转，就是吃不到鱼。小虎鲨终于放弃了。

研究人员又来了，把玻璃拿走。然后，又放进小鱼，在池中游来游去。小虎鲨看着到口的鱼食，却不敢去吃，饿得眼睛昏花，不知道怎么办。

实训技能讨论题：

1. 你被故事中的黄美廉感动了吗？你曾经自卑过吗？现在你如何看待自己？

2. 面临挫折的时候，我们是不是像小虎鲨呢？

任务三　如何打造激励性团队

●实践情景

目前，高科技企业往往男性员工多，女性员工少，技术型男性往往忙于工作，没有时间交往异性，或者自身性格原因不容易结识异性。这类公司为了留住员工，往往很重视员工的婚姻大事。例如，有的公司设立了一个专门为员工牵线的交友活动。一个新员工进入公司，可以把自己的学历、爱好、家庭背景、身高、体重等资料输入交友平台。公司员工可以自行留意这些信息，仔细挑选，及时参与公司组织的相关活动，由于这些都是公司内部人员，资料真实可靠，深受员工青睐。

【思考与启示】

科技公司为什么要为员工架设"交友平台"？

一、建立激励性团队的程序

1. **分析团队激励水平的现状**

分析团队激励水平的现状可以从团队成员的工作情绪、团队的士气、团队成员的流动率、出勤率、团队成员工作的精神状态、团队成员自我学习和提升的意愿、团队成员的个人绩效等几个方面着手。分析现状可以采用调查问卷、访谈、观察等方式。通过分析激励水平的现状，可以发现问题。

2. **识别激励因素**

分析团队成员的需求层次，找出影响团队成员激励水平的因素，识别能够产生有效激励的主要因素。

3. 合理运用团队资源

团队激励需要一定的成本，用于激励团队成员的资源是有限的，要衡量团队激励的成本与收益，使团队现有的资源发挥最佳效用。

4. 勾画团队愿景

科学的团队愿景能够使团队成员找到前进的方向，激发持续的工作热情，具有激励作用。

5. 建立具体的支持性措施政策

结合现状和愿景，制定出合理的、切合实际的激励性团队的具体措施和政策，使团队成员能够在政策指导下高效工作。

6. 评价激励效果

激励措施和政策的实施效果如何，可以在其推行一段时间（比如一个季度、半年）以后进行评价。

二、建立激励性团队的策略

1. 沟通激励

美国沃尔玛公司总裁萨姆·沃尔顿曾说过："如果必须将沃尔玛管理体制浓缩成一种思想，那可能就是沟通。因为它是我们成功的真正关键之一。"

沟通就是为了达成共识，而实现沟通的前提就是让所有员工一起面对现实。通过信息共享、责任分担实现良好的沟通交流。同激励员工的每一个因素都必须与沟通结合起来一样，激励性团队建设的整个过程也必须依靠沟通。从某种意义上讲，沟通已成为现在员工潜意识的重要部分，是员工激励的重要源泉。重视每一次沟通所产生的激励作用，管理者会发现对员工的最大帮助就是心存感激。"士为知己者死"，企业管理者"理解、认同"的"滴水之恩"也必将换来员工的"涌泉相报"。

沟通激励，需要尽可能地与员工进行交流，使员工能够及时了解团队领导的所思所想，领会上级意图，明确责权赏罚，避免推卸责任，彻底放弃"混日子"的想法。而且，团队成员知道得越多，理解就越深，对企业也就越关心。一旦他们开始关心，他们就会爆发出数倍于平时的热情和积极性，形成势不可挡的力量，任何困难也不能阻挡他们。这正是沟通的精髓所在。

如果团队领导者不信任自己的成员，不让他们知道团队工作的进展，团队成员就会感觉自己被当作"外人"，轻则打击团队成员士气，造成部门效率低下；重则使团队领导者与成员之间形成相互不信任的敌意，产生严重隔阂，无法达成共识。因此，要建立激励性团队必须建立良好的信息共享机制，保证沟通畅通，发挥沟通激励的强大作用。

2. 目标激励

行为学家认为：人的动机多起源于人的需求欲望，一种没有得到满足的需求是激发动机的起点，也是引起行为的关键。因为未得到满足的需求会造成个人的内心紧张，从而导致个人采取某种行为来满足需求以解除或减轻其紧张程度。

目标激励就是把团队的需求转化为员工的需求。为了解除这一需求给他带来的紧张，他会更加努力地工作。在团队成员取得阶段性成果的时候，还应当把成果反馈给团队成员。反馈可以使员工知道自己的努力水平是否足够，是否需要更加努力，从而有助他们在完成阶段性目标之后进一步提升他们的目标。

运用目标激励必须注意三点：一是目标设置必须符合激励对象的需要。即要把激励对象的工作成就同其正当的获得期望挂钩，使激励对象表现出积极的目的性行为。二是提出的目标一定要明确。比如"本月销售收入要比上月有所增长"这样的目标就不如"本月销售收入要比上月增长10%"这样的目标更有激励作用。三是设置的目标既要切实可行，又要具有挑战性。目标难度太大，让人可望而不可即；目标过低，会影响人们的期望值，难以催人奋进。无论目标客观上是否可以达到，只要员工主观认为目标不可达到，他们努力的程度就会降低。目标设定应当像树上的苹果那样，站在地上摘不到，但只要跳起来就能摘到。正确的做法应将长期计划与短期目标结合起来运用。

3. 参与激励

参与激励是通过给予员工参与团队管理的机会，来调动团队成员工作积极性的激励方法。参与激励的实现方式通常是听取并实施团队成员的合理化建议。听取合理化建议是司空见惯的方式，但是，在实践中效果并不令人满意。这一方法通常在实施初期能吸引团队成员参与，但是，因为最终的建议往往不被重视，更不被采纳，最终会挫伤团队成员积极性，使合理化建议形同虚设。激励性团队必须建立顺畅的吸取实施合理化建议的通道，使其能够具有持续性，这样才能有持续的激励效果。

日本松下公司成功地实施了合理化建议措施，起到了激励作用，其做法有下面几个关键步骤：一是组建合理化提议小组；二是成立固定的改善提案评估委员会；三是针对评选出的提案，相应提议人员要发言，阐明提案的内容、原因以及预期效果；四是重视建议的执行；五是对提出建议者给予一定的奖励。

4. 危机激励

危机意识其实就是一种强烈的生存意识，团队具有一定的危机意识才能获得更好的生存空间。在当今激烈的竞争环境下，团队的生存环境可谓瞬息万变，自身资源状况也在不断地变化，团队发展的道路因此充满危机。

团队领导者对危机的感受是深刻的，但一般团队成员并不一定能感受到这些危机，特别是不在市场一线工作的那些员工。很多员工都容易滋生享乐思想，他们认为自己收入稳定，高枕无忧，工作热情也日渐衰退。因此，团队领导者有必要向团队成员灌输危机意识，重燃团队成员的工作激情。同时，这也有助于团队成员理解和支持企业管理者所采取的一些无奈之举。

激励专家认为，通过以下措施，可以有效地树立员工的危机意识：一是向团队成员灌输企业前途危机意识；二是向团队成员灌输他们的个人前途危机；三是向团队成员灌输企业的产品危机，激发创新能力；四是在团队内部积极开展自我竞争（技能）、自我淘汰（产品）；五是用客户对团队的负面评价激励团队成员。

5. 绩效激励

绩效评价是团队绩效管理的重要环节，也是团队激励的重要手段。团队的绩效评价结束后，团队管理者应该根据目标负责人的实际绩效，及时进行沟通交流，对绩效优异者进行鼓励和肯定，指出其应进一步改进和完善之处，确定新的努力目标和方向。同时，绩效和薪酬结合更能实现激励目标。

《商业周刊》的一份调查报告显示，有59%的员工认为，激励他们最好的方法就是直接说出他们的工作是如何帮公司赚钱的。77%的经理也是这样认为的。具体如何操作？部门经理先找出公司最看重的关于业绩的那些重要数字，向员工解释公司的现金流、收入和利润之间的区别，以及如何阅读利润表和资产负债表，让员工能把自己的工作与部门和公司的最终赢利水平联系起来。

6. 关怀激励

了解是关怀的前提，作为团队领导，对团队成员要做到"九个了解"，即了解成员的姓名、生日、籍贯、出身、家庭、经历、特长、个性、表现；"九个有数"，即对成员的工作状况、住房条件、身体情况、学习情况、思想品德、经济状况、家庭成员、兴趣爱好、社会交往心里有数。要经常与成员打成一片，交流思想感情，从而增进了解和信任，并真诚地帮助每一位成员。尤其是当团队成员有困难时，要主动给予关怀，为其排忧解难，使其对团队建立起归属感。

不定期的团队聚会可以增强凝聚力，同时也有助于增强团队精神，且这样做最终会对工作环境产生影响，营造一种积极向上的工作氛围。如中秋节前夕的晚会、元旦前的野餐、重阳节的爬山、国庆节前的出游等，这些都可以成功地将员工聚到一起度过快乐的时光。这些共同的美好经历会让员工感受到团队的关怀与温馨。

7. 赞美激励

心理学家威廉姆·杰尔士说过这样一句话："人性最深切的需求就是渴望别人的欣赏。"丘吉尔说过："你要别人具有怎样的优点，你就要怎样地去赞美他。"实事求是而不是夸张的赞美，真诚而不是虚伪的赞美，会使对方的行为多增加一种规范。团队领导要懂得赞美自己的部属，更要懂得在部属之间营造一种赞美别人的氛围。这样将会使人们都怀着一种积极的心态，创造出一种和谐的气氛。赞美可以激励人发挥潜能，可以建立员工的信心，并使其从中获得成长，更能够激发工作热情，提升工作业绩。

8. 持续激励

管理大师德鲁克说过：人是真正的资源，是唯一可以增长、发展的资源。一些管理者认为只要在开始阶段激励了员工，员工就会永远受到激励。但事实上，随着时间的流逝，激励水平逐渐下降，一般在三到六个月时间内下降到零。激励性团队的激励机制建设，不是短期的，而是持续性的。团队成员在工作过程中，往往会遇到各种各样的挫折，很容易影响自己的自信心。比如，业务员每天打很多电话、拜访很多客户，可能一大半都是被拒绝，有委婉拒绝的，有态度恶劣的，总之，让业务人员的心情很不好。如果努力一天出单了，自然神清气爽；如果运气不济，努力了几天还不出单，难免会怀疑自己的能力，怀疑工作的前景，如果整个团队都弥漫着这种气氛，那么这支队伍就离散伙不远了。团队激励能够在关键时刻稳定军心，重整士气。

9. 负激励

团队内要有批评和自我批评。所谓负激励就是对个体违背组织目标的非期望行为进行惩罚，以使这种行为不再发生，使个体积极性朝正确的目标方向转移。

激励性团队中，正激励与负激励都是必要而有效的，因为这两种方式不仅会直接作用于个人，而且会间接地影响周围的个体与团队。通过树立正面的榜样和反面的典型，扶正祛邪，形成一种良好的风范，就会产生无形的正面行为规范，比枯燥的教条和规定更直观、更具体、更明确，能够使整个团队的行为导向更积极，更富有生气。需要注意的是，负激励实施要及时，如果过了时间再来进行负激励的话会给人一种秋后算账的感觉，达不到预期效果。

10. 培训激励

团队培训是培养和训练员工的学习活动。学习是一种刺激与反应的联合，个人与环境所形成的场地力量支配学习行为，动机的变化表示对学习的满意程度。员工的学习行为可以通过对其后果的控制和操作而加以影响和改变。这种控制和操作的方式就是培训激励。尤其是知识型员工，更注重个性的自由发挥和实现自己的人生价值，更看重企业能否给自己提供发展的机会。发展需要培训，培训促进发展。培训与发展的互动作用就是激励。比如在职进修、科研立项、岗位轮换等，使员工个人发展空间得到扩展，产生良好的激励作用。

三、实训技能与拓展

（一）华为的四次股权激励

创业期的股票激励：1990 年，华为发展初期拓展外部市场需要资金，内部研发需要资金，融资困难，第一次提出内部融资、员工持股的概念。当时参股的价格为每股 10 元，以税后利润的 15% 作为股权分红。那时，华为员工的薪酬由工资、奖金和股票分红组成，这三部分数量几乎相当。其中股票是在员工进入公司一年以后，依据员工的职位、季度绩效、任职资格等因素进行派发，一般用员工的年度奖金购买。如果新员工的年度奖金不够派发的股票额，公司将帮助员工获得银行贷款购买股权。华为采取这种方式融资，一方面减少了公司现金流风险，另一方面增强了员工的归属感，稳住了创业团队。也就是在这个阶段，华为完成了"农村包围城市"的战略任务，1995 年销售收益达到 15 亿人民币，1998 年将市场拓展到中国主要城市，2000 年在瑞典首都斯德哥尔摩设立研发中心，海外市场销售额达到 1 亿美元。

网络经济泡沫时期的股权激励：2001 年底，由于受到网络经济泡沫的影响，华为迎来发展历史上的第一个冬天，此时华为开始实行名为"虚拟受限股"的期权改革。虚拟股票是指公司授予激励对象一种虚拟的股票，激励对象可以据此享受一定数量的分红权和股价升值权，但是没有所有权，没有表决权，不能转让和出售，在离开企业时自动失效。虚拟股票的发行维护了华为公司管理层对企业的控制能力，不至于导致一系列的管理问题。

"非典"时期的自愿降薪运动：2003 年，尚未挺过泡沫经济的华为又遭受"非典"的重创，出口市场受到影响，同时和思科之间存在的产权官司直接影响了华为的全球市场。华为内部以运动的形式号召公司中层以上员工自愿提交"降薪申请"，同时进一步实施管理层收购，稳住员工队伍，共同渡过难关。自此改革之后，华为实现了销售业绩和净利润的突飞猛涨。

新一轮经济危机时期的激励措施：2008 年，由于美国次贷危机引发的全球经济危机给世界经济发展造成重大损失。面对本次经济危机的冲击和经济形势的恶化，华为又推出新一轮的股权激励措施。2008 年 12 月，华为推出"配股"公告，此次配股的股票价格为每股 4.04 元，年利率逾 6%，涉及范围几乎包括了所有在华为工作时间一年以上的员工。

（二）腾讯的"活水计划"

腾讯公司规模大，发展迅速，在发展过程中有过较为有名的"活水计划"。腾讯公司在多领域扩张中，有不少内部人士对公司的新项目感兴趣，但是由于环境制约，敢于提出内部转岗的人很少，多种顾虑让许多员工心动而不敢行动。因此，腾讯2011年推出了内部人才市场规则：当员工申请内部应聘成功时，当前上司可以协商挽留，但不能阻止调出，对下属的最长协商挽留期为90天。后来，人力资源管理部门对30多位管理干部进行访谈，超过83%的干部表示支持这项规则。同时也表示，能够理解员工在申请内部应聘时必须先告知上级，对员工来说可能带来较大的心理压力。2012年，腾讯进一步进行了内部应聘的规则改造：在IT平台上，员工点击"我要应聘"时，系统会出现两个选项的提示框，左边是"申请应聘并知会当前上级"，右边是"申请应聘，暂不知会当前上级"。实际上，更多的员工选择了右边的选项。那么，当他投递简历后，需求部门的面试官可以邀约面试，如果面试通过，面试官在系统中填写评价时，会出现内部提示：该申请者尚未与当前上级沟通，请提醒。点击确认后，流程才能进入下一步。但是，这个改造并没有消除员工内部跳槽的心理门槛，2012年使用这个IT系统的员工并不多。2013年，项目组正式取消这个设计，这一动作大大降低了员工转岗的防备心理，让"活水计划"慢慢活了起来。通过这个项目，使组织内部人才充分发展，激活组织活力和员工工作激情。

实训技能讨论题：

1. 华为股权激励历程对你有什么启示？

2. "活水计划"对激活组织活力带来显著效果，它给你带来哪些启发？

●项目小结

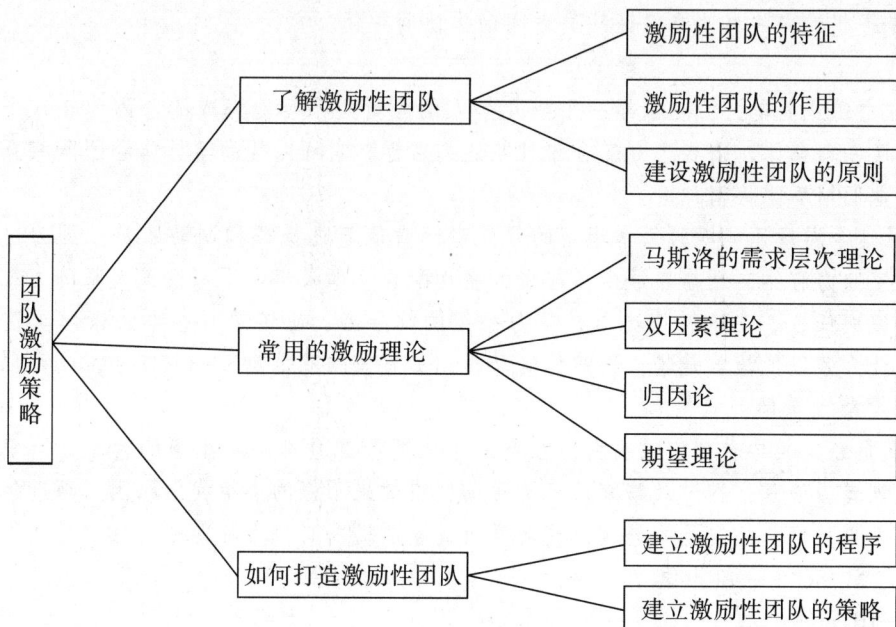

●复习思考题

1. 激励性团队有什么特点？
2. 团队激励的作用是什么？
3. 如何建设激励性团队？
4. 你曾参加过团队培训活动吗？有什么体会？
5. 激励性团队的激励效果如何评估？

●延伸阅读

这是一个很有意思的游戏，它可以调动参与者的兴趣，并且让他们从游戏中体会友谊和协作的乐趣。另外，这个培训游戏还可以在培训中场或结束时使用，既可以活跃课堂气氛，还能帮助培训学员放松神经，增强学习效果。

一、培训游戏规则和程序

1. 将学员分成几个小组，每组5人以上为佳。
2. 每组先派出两名学员，背靠背坐在地上。
3. 两人双臂相互交叉，合力使双方一同站起。
4. 以此类推，每组每次增加一人，如果尝试失败需再来一次，直到成功才可再加一人。
5. 培训者在旁观看，选出人数最多且用时最少的一组为优胜组。

二、相关讨论

1. 你能仅靠一个人的力量就完成起立的动作吗？
2. 如果参加游戏的队员能够保持动作协调一致，这个任务是不是更容易完成？为什么？
3. 你们是否想过一些办法来保证队员之间动作协调一致？

三、总结

1. 别看这个游戏简单，但是依靠一个或几个人的力量是不可能完成的。因为在这个游戏中，大家组成了一个整体，需要全力配合才可能达到目标。它可以帮助学员体会团队相互激励的含义，帮助他们培养团队精神。

2. 另外，这个游戏还能考验每个小组的领导者，看他怎么指挥和调动队员。因为这个游戏不但需要大家通力合作，还需要每个参与者的密切配合。如果步调不一致，大家的力气再大也不可能顺利完成任务。在这种情况下，作为小组的领导者，应该想一些办法来解决这个问题。比如可以让大家以他马首是瞻，跟随他的动作；更有效的就是想出一个口号，既可以鼓舞士气又能统一大家的节奏。

3. 无论队员还是领导者都应该明白，任何一个人的不配合都会对小组的行动产生负面效果。因此，培训者应注意，在游戏结束后，要帮助完成效果不好的小组找出原因。帮助他们树立团队意识，引导他们总结自己的失误，这对学员的素质提高有很大帮助。

参与人数：5人以上一组为佳
时间：5~10分钟

道具：无

场地：空地

作用：

（1）了解团队协作的重要性；

（2）增强团队成员的归属感；

（3）激发学员的奋斗精神。

项目六　团队冲突管理

职业能力目标：

1. 认知团队冲突的含义。
2. 了解团队冲突的类型。
3. 掌握团队冲突处理技巧。

任务一　团队冲突的含义、类型和影响

●实践情景

尊敬的海思全体同事们：

此刻，估计您已得知华为被列入美国商务部工业和安全局（BIS）的实体名单。

多年前，还是云淡风轻的季节，公司作出了极限生存的假设，预计有一天，所有美国的先进芯片和技术将不可获得，而华为仍将持续为客户服务。为了这个以为永远不会发生的假设，数千海思儿女，走上了科技史上最为悲壮的长征，为公司的生存打造"备胎"。数千个日夜中，我们星夜兼程，艰苦前行。华为的产品领域是如此广阔，所用技术与器件是如此多元，面对数以千计的科技难题，我们无数次失败过，困惑过，但是从来没有放弃过。

后来的年头里，当我们逐步走出迷茫，看到希望，又难免一丝丝失落和不甘，担心许多芯片永远不会被启用，成为一直压在保密柜里面的备胎。

今天，命运的年轮转到这个极限而黑暗的时刻，超级大国毫不留情地中断全球合作的技术与产业体系，作出了最疯狂的决定，在毫无依据的条件下，把华为公司放入了实体名单。

今天，是历史的选择，所有我们曾经打造的备胎，一夜之间全部转正！多年心血，在一夜之间兑现为公司对于客户持续服务的承诺。是的，这些努力，已经连成一片，挽狂澜

于既倒，确保了公司大部分产品的战略安全，大部分产品持续供应！今天，这个至暗的日子，是每一位海思的平凡儿女成为时代英雄的日子！

华为立志，将数字世界带给每个人、每个家庭、每个组织，构建万物互联的智能世界，我们仍将如此。今后，为实现这一理想，我们不仅要保持开放创新，更要实现科技自立！今后的路，不会再有另一个十年来打造备胎然后再换胎了，缓冲区已经消失，每一个新产品一出生，将必须同步科技自立的方案。

前路更为艰辛，我们将以勇气、智慧和毅力，在极限施压下挺直脊梁，奋力前行！滔天巨浪方显英雄本色，艰难困苦铸造诺亚方舟！

何庭波

2019 年 5 月 17 日凌晨

【思考与启示】

面对美国的疯狂狙击，华为海思总裁的信带给你什么样的感受？从信中反映出，华为海思是如何应对这场巨大冲突的？

一、冲突的含义与类型

1. 冲突的含义

美国管理学会曾对中高层的经营管理人员做过一次包含冲突问题的调查，调查显示，大多数管理者把冲突管理的重要性排在决策、领导之前，管理者平均要花费 20% 的工作时间来处理各种冲突。

为了实现团队目标，团队应建立和谐的人际关系。团队只有协调与合作，行动才能一致。但是，由于种种原因，在团队内部和团队之间往往存在着各种各样的冲突。有些人十分害怕冲突，认为冲突对团队只有坏处没有好处；也有另外一些人认为冲突是一种建设性的碰撞，可以解决一些问题。

到底该如何看待冲突呢？事实上，冲突不一定都是坏事，它具有两面性。个人或者团队之间由于对同一事物持有不同的态度与处理方法而产生矛盾，这种矛盾的激化就称为冲突。冲突常常表现为由于观点、需要、欲望、利益或要求的不相容而引起的一种激烈争斗。

首先，管理者既要洞察到冲突发生的可能性，尽量缓和与避免冲突的发生，又要正确地对待已经发生的冲突，科学合理地加以解决，使冲突结果向好的方面转化。其次，管理者应该用辩证的观点来对待冲突，要注意分析冲突的不同性质，要善于在对与错、是与非等问题上明确表态。

2. 冲突的类型

一般包括建设性冲突和破坏性冲突。建设性冲突，指双方目的一致，而解决途径不同所产生的冲突；破坏性冲突，指双方目的不一致所引起的冲突。两者的划分不是绝对的，往往是错综交叉，也可以相互转化。团队领导要提倡建设性冲突，激发员工的工作积极性，减少破坏性冲突。

建设性冲突能够创造活力，就如鲶鱼效应一样。渔民在不爱运动的沙丁鱼中间放一条活蹦乱跳的鲶鱼，这样就提高了长途运输中沙丁鱼的存活率。在团队中，建设性冲突使团队成员间能进行真诚的交流，团队成员虽然有不同的观点，但是愿意彼此倾听、彼此交流并互相理解。通过冲突，成员找到了彼此的分歧，从冲突中看清了问题的重点到底在哪里；经过讨论、学习，消除了分歧，从而得出解决问题的方案；同时使团队成员在感情上更加亲近，更能了解彼此的想法，减少了疑惑及压力，从而可以提高士气。

相反，破坏性冲突只会阻碍团队的发展。钓过螃蟹的人会发现这样一个现象：当篓子里放了一群螃蟹的时候，不必盖上盖子，螃蟹也无法爬出来。因为只要有一只螃蟹试图向上爬，其他螃蟹便会纷纷攀附在它的身上，结果是把它拉下来，最后没有一只出得去。这可谓是破坏性冲突的典型例子。团队里常有一些人，不喜欢看到别人的成就与杰出表现，天天想办法对别人进行破坏和打压。他们不会在意公司的目标，只顾着打自己的小算盘。如果不尽早进行处理，团队中只会剩下一群相互牵制、毫无上进心的"螃蟹"。

建设性冲突具有以下特点：双方对实现共同目标十分关心；乐于了解对方的观点、意见；大家以争议问题为中心；互相交流不断增多。破坏性冲突具有以下特点：双方对赢得自己观点胜利十分关心；不愿听取对方的观点、意见；双方由问题的争论，转为人身攻击；互相交换情况不断减少，以致完全停止。

传统观点认为冲突是不利的，这过分强调了冲突破坏性的一面，从而主张"和为贵""和气生财""家和万事兴"，凡事采取中庸之道，尽量避免冲突，以求和平共处。所以管理人员一般都会认为，冲突会威胁到团队的内部和谐及团结，使团队的正常活动受到干扰，造成员工的不满。为此，管理者希望团队能够风平浪静，没有冲突就代表了管理者的工作效果良好。其实这是片面的，如果能够有效管理冲突，冲突可以帮助团队提高绩效，激发大家去思考问题、发展创造力。

二、冲突的影响

对于组织或团队具有的破坏性、阻滞性这类反面属性，是冲突的消极影响；而建设性、推动性等正面属性，属于冲突的积极影响。显然，冲突具有双重影响。

1. 适度的冲突有利于提高工作绩效

适度的冲突有助于促进创新。由于不同意见、观点的交锋，人们的认识逐步取得一致，同时不同观点的交锋有利于引发创造性思维的产生。由于公开的冲突，问题得以显露出来。冲突双方表明了自己的观点，促进了意见交流，增进了了解，紧张的情绪得到宣泄，使冲突者感到互相接近，不致不团结的因素被隐瞒下来，造成更大的矛盾。所以冲突有助于消除分歧，增进团结。

经过冲突，团队领导为了解决团队内外之间的矛盾，会采取吸收、合并的方法，对团队结构进行调整。如果原领导不胜任工作，还可能使领导者发生变动，这种变动将使团队发生有益的变化。

2．太多或太少的冲突会降低绩效水平

如果冲突水平低，团队成员只顾因循守旧，不思进取，对改革没有反应，缺乏创新，工作效率自然会低；过多或无法控制的冲突则破坏了团队活动的和谐，各人集中注意力攻击对方，钩心斗角，互不合作，没有秩序，工作效率自然下降。

3．冲突与精神压力

冲突会造成很大的精神压力，往往会影响冲突双方的精神健康。尖锐的矛盾冲突常常造成时间和金钱的浪费，决策错误更会造成资源的错误分配，给团队造成损失。有时冲突双方各抒己见，容易歪曲团队目标，使团队的行为偏离团队的任务。

表6-1显示了冲突对于团队的利与弊：

表 6-1　冲突的影响

	消极影响	积极影响
对成员的心理的影响	带来损害，引起紧张、焦虑，使人消沉痛苦，增加人际敌意	使坚强者从幻觉中清醒，从陶醉中震惊，从不能战胜的对方中看到自身的弱点所在，发奋图强
对人际关系的影响	导致人与人之间的排斥、对立、威胁、攻击，使组织涣散，削弱凝聚力	团体间的冲突促进各团体内成员一致对外，抑制内部冲突，增强凝聚力
对工作动机的影响	使成员情绪消极，心不在焉，不愿意服从与之冲突的领导的指挥，不愿与相冲突的同事配合，破坏团结愉快的心理气氛，减弱工作动机	使成员发现与对方之间的不平衡，激起竞争、优胜、取得平衡的工作动机，振奋创新精神，发挥创造力
对工作协调的影响	导致人与人之间、团队与团体之间的互不配合、互相封锁、互相拆台，破坏组织的协调统一和工作效率	使人注意到以前没有注意到的不协调，发现对方的存在价值和需要，采取有利于各方面的措施，加以协调，使有利于团队的各项工作均得以开展
对组织效率的影响	互相扯皮，互相攻击，转移对工作的注意力，政出多门，互不同意，降低决策和工作效率，互争人、财、物，造成积压，浪费	反映出认识的不正确、方案的不完善，要求人全面地考虑问题，使决策更为周密
对组织生存、发展的影响	冲突达到一定程度后，双方互不关心对方的利益及团队的整体利益，有可能使组织在内乱中濒于解体	冲突本身是利益分配不平衡的表现，它迫使人通过互相妥协让步和互相制约监督，调节利益关系，使组织在新的基础上取得发展

从上表可以看出，如果冲突旨在促进竞争、提高工作积极性和效率，那可能是有益的，太少的冲突，可能会导致停滞不前；但无法控制的破坏性冲突会对团队产生威胁。由于成员和团队对冲突所造成的压力忍受度不同，故冲突不应太大。最主要的是，冲突的本身并不危险，危险的是处理不当。

三、实训技能与拓展

（一）大学生扶贫故事

"王婶，喷消毒水了吗？""可不能让杂菌进去啊。"金星辉蹲在地头，查验菌袋。"北大毕业""招才引智"——在村里农民眼中"高大上"的标签，并不影响他 2017 年到老庙村驻村后变成接地气的"农村小伙"。

和金星辉一起经历转变的，还有其他两个大学生——同为"90 后"名校毕业生的郑文杰和金明吉。三人都是共青团延边朝鲜族自治州州委下派老庙村的驻村干部。

老庙村位于吉林省延边朝鲜族自治州汪清县，是这个昔日的深度贫困县里最偏远的村子之一。村里青壮劳动力多外出打工，剩下的老人想搞个合作社都费劲。"有的贫困户一连几个月收入为零。"金星辉回忆刚驻村时的情景说。

改善村容村貌、规划扶贫产业……然而摆在 3 个朝鲜族小伙子面前的第一道难题，是如何听懂村里通用的山东方言。不会讲土话、刚毕业没多久，一些老村民开始"欺负"他们，纷纷质疑："比俺家娃儿还小，村里事儿懂个啥？"

挤在凹凸不平的土炕上，三人经常失眠。本可以靠高学历在大城市"吃香"，没想到却在贫困村碰了壁。

"想扶好贫，就要做好村民的思想工作。"三名大学生为贫困户打扫庭院、劈柴烧火、跑腿代购……硬是把自己折腾成了村里的管家。村里规划扶贫产业，确定发展食用菌项目后，金明吉奔走多地请来农技人员，为村民科普种植知识。

"小郑，贫困户咋报医药费？""小金子，带我去镇里办个事吧。"渐渐地，哥仨从初来乍到时没有存在感，到后来"比亲儿子还好使"，村里遇到大事小情都会先找他们帮忙，曾被调侃"入错行"的金星辉成了半个"土话专家"。

2015 年底，老庙村贫困发生率 45.8%，目前，建档立卡贫困人口已全部脱贫。在郑文杰结束驻村工作后，金星辉、金明吉成了被重点"关注"的对象。今年 4 月，汪清县正式摘帽，村民们第一反应不是庆祝，而是担心两个"小金子"要回城。脱贫户程学美找到他们说："别走啦，我找村主任给你们落户、娶媳妇。"

平时金星辉喜欢站在村头的桥上，对比东西两边的新村和老村，这是他们奋斗的印记。对于老庙村的未来，他还有很多规划：把食用菌项目做大做优、高速服务区落成后设岗……"把青春的汗水洒在这片土地上，挺好的。"金星辉说。

（资料来源：http：//www.xinhuanet.com/politics/2020-05/03/c_1125939012.htm.）

（二）苦恼的兰萍

兰萍是个键控穿孔机小组的组长，她在某钢铁公司已有 5 年工作经历了。6 个月来，她一直在为与同组其他 9 个同伴的关系而苦恼。

6 个月前，这个小组职员间无话不谈，她们都是女职员，话题包括工作、公司，甚至涉及她们的丈夫和孩子的私事。这个 10 人小组被认为是一个团结的集体。

兰萍在小组中年龄最大，加上她工作技术熟练，所以，大家都很尊敬她，把她视作自然领袖。

可是，今年1月份，由于工作关系，兰萍要好的朋友黄玉涵与主管部门的领导发生激烈的争论。主管老朱说黄玉涵工作的速度与质量都不符合要求。兰萍与老朱和黄玉涵都很要好，她不想卷入这场不愉快的争吵。每当黄玉涵在工作或吃饭时提起这件事，兰萍总是设法把话题岔开。有几次黄玉涵问兰萍："你为什么站在管理人员一边？"

这件事很快就在职员中传开，她们怀疑管理人员之所以对黄玉涵和她们不好，可能是由于兰萍太卖力了。兰萍后来发现，黄玉涵和她另一个最好的朋友曾偷看她的工作进程日产表，并且进行多次涂改。

黄玉涵现在几乎断绝了与她的关系，其他职员虽然没有这样做，但是兰萍已经感受到她们对自己的冷落。

实训技能讨论题：

1. 三位大学生在刚开始做驻村干部的时候是如何克服困难的？
2. 兰萍错了吗？她为什么苦恼？

任务二　团队冲突的产生

●实践情景

某旅游公司的王总经理对一个下属小张特别好，总把重要的任务交给小张。但是，有一次一项很重要的工作小张没有办好，王总就特别生气。王总问小张："这么重要的工作交给你，你为什么不好好干？"结果小张什么也不说，只是看着王总。于是王总又问第二遍："这么重要的工作交给你，你为什么不好好干？"接着，小张就拉下脸来，甚至愤怒地看着王总。然后，王总又原话问了第三遍，结果小张这回干脆就摔门而去。然后小张就自己成立了一个小的旅游公司，就在王总公司对面。王总问小张："你要干什么？"小张说："我也不办什么业务，就是要给你搅和。即使是自己赔钱也要搅和。"而且最可气的是，小张把王总的业务搅黄了以后，还找人告诉王总，那是他搅黄的。

【思考与启示】

案例中旅游公司王总经理存在问题吗？为什么王总的好意最终却适得其反？

一、团队冲突产生的根源

1. 团队成员的个性

团队是由不同的成员组成的，这些成员在背景、经验、态度等方面都存在差异，这种差异容易导致考虑问题和处理问题产生分歧，分歧的长期存在必然导致团队成员之间多种冲突的产生。而人的个性中存在着潜在的竞争侵略意识，这是团队冲突的根源之一。人的这种潜在的侵略意识在遇到适当机会、情景时会自发地表现出来，团队中的刻薄语言、争吵、人身攻击、对抗等行为，某公司有时就是这种侵略性的外显，团队成为人们外显这种"人性"的常见场所。

例如，某公司丁晓是个非常争强好胜的人，她作为一名销售代表，总想事事取得成功。在这种过度的求胜欲的驱动下，丁晓的业绩蒸蒸日上。良好的业绩使她成为部门经理，成为经理后，她依然全力要求部下必争第一。表面看来，她应该这么做。但是，作为经理，丁晓除了与其他地区竞争外，还与自己手下的销售代表争夺。她始终要超过他们，遇到大客户，她总要争做主讲人，无法忍受当旁观者。每次她与员工谈话，总要压倒对方。本来是与员工沟通其个人发展，她却经常吹嘘自己如何所向无敌。结果，这种盛气凌人的方式迫使许多销售高手离职。

从个性的特点来看，人们对周围世界的感受，没有两个人是完全一样的，每个人的感觉像独特而有个性的过滤器，透过它，把每一件事解释为主观的现实。而这通常会导致误解、困惑及冲突。案例中丁晓极端的争强好胜、自我表现成为冲突的根源，而且，具备这种个性的人往往不愿意改变自己。研究表明，一个具有同质性的团队中的冲突比一个异质性的团队中的冲突要少得多。但是，完全同质性的团队往往难以实现。所以，团队的管理者要高度重视个性对冲突的影响。

2. 任务结构和责权界定模糊

任务结构和责权界定模糊是团队冲突的根源之二。团队任务结构指的是团队工作任务的简单或复杂化的程度。如果团队任务是简单的，那么存在确定的目标、解决方法和程序，容易选择出正确的方法。如果任务是复杂的，情形则相反，此时，需要清晰地界定与任务相匹配的职责与权益。责权规定模糊意味着在一个团队中，每个人无法清楚地知道自己该干什么、不该干什么、如何干、怎么样干是对的、怎么干是错的等，对自身和对别人的角色定位都模糊。对自己有利，就争着抢着去做，争得好处；对自己不利，就推脱敷衍，保全自身利益。这样自然导致利益分配不均，容易引起冲突。谁负责某项工作的模糊程度越高，冲突出现的可能性就越大。

3. 对有限资源的争夺

团队冲突的根源之三是对有限资源的争夺。有限的资源总是稀缺的，这就造成了多个层面对有限资源的争夺，这也是导致冲突的普遍根源之一。由于团队在资金、原料、人员、设备、信息、时间等各种有用资源的分配上存在着局限性，难以做到按需分配或是完全公平的合理配置，所以源于资源争夺的冲突在所难免。

相对于员工的需求来说，团队所拥有的资源总是有限的，为了提高这些资源的使用效率，必将按照公平和效率而不是平均的分配方式来进行，同时又很难兼顾绝对的公平和高效，这就会引起部分员工的心理失衡，特别是团队中的资金、名誉、人员、地位、时间、权力等越是稀缺，越容易导致一部分人的心理失衡。如评奖，一方面是名额的有限性；另一方面又有众多的需求者，二者之间必然产生矛盾，导致冲突爆发。

4. 价值观和利益的冲突

价值观和利益的冲突是团队冲突的又一个根源。人参与生产和社会活动的动机之一，便是追求自身的目标和利益，而且各有各的价值观念，价值观深受信念影响。在错综复杂的交往与互动过程中，彼此间的价值观和利益不可能完全协调一致，常常导致多种形式的阻碍或者对立，致使彼此间产生冲突。

在一个团队中老年人和青年人之间的冲突，经常是由于价值观不一致而引起的，比如对自由、幸福、勤奋、工作、自尊、诚实、服从和平等的看法不同，这就是人们通常所说的"代沟"。冲突涉及价值观时，人们就很难改变立场，因为人们投注了强烈的情绪、感觉和信念在里面。不同公司的文化也有差异，这种差异对不同员工的工作价值观有着较大影响，如欧美文化和中华传统文化对于职业忠诚度的理解就有较大差异。

5. 角色的冲突

团队冲突的根源之五是角色的冲突。团队中的个人在履行职责、承担任务、从事活动、展示形象时，常常不得不扮演两种或两种以上相互矛盾或排斥的角色，这种角色矛盾会引发个人或团队的紧张状态，从而导致彼此间发生冲突。

例如，某公司王嫣以为，当了销售经理就会减轻指标压力，但她很快发现，现在她要操心的，不仅仅是她本人的指标，还有 8 个部下能否都达标。如果他们不达标，她就会承受巨大压力。"作为一名销售代表，我只要出去，抓个大客户就行了，"她说，"可作为经理，事情就没那么简单了。如果部下指标落空，着急也没用。真是让人生气。"王嫣担任多种角色，容易导致自身角色上的心理冲突。

6. 目标的分歧

许多时候，团队冲突都是因为各自之间的行为目标存在差异。生产部门乐于接受定型的生产任务，而销售部门则希望产品多样化。同一团队内的不同员工由于对市场调查的信息掌握不同，而对开发市场有不同看法，甲想以改进产品的质量来帮助公司得到更多利益，而乙却想要看到公司因为降低价格而得到更多好处。这必然引起冲突。正如中松义郎的目标一致论里提到的一样：项目个体只有与项目团队保持一致时，个体的能力才能得到充分的发挥，团队的整体水平才会最大化。个体与团队目标不一致也是引发冲突的原因之一。

7. 组织变动

团队所在的企业是团队发展的依托，也是团队建设的支撑。团队所在的企业组织变动是冲突的第七种根源，组织内较大的变化或变革能够引起或加剧冲突。组织实施改革、重组或兼并时，必然会打破原有的利益格局，给不同的人或团队带来恐慌、焦虑、利益上升或是下降。旧的平衡被打破，新的平衡还没有建立或正在建立的这段时间，是组织冲突的高发阶段。比如，2008 年电信重组过程中，有 29.3% 的联通员工去电信。由于联通和电信在企业文化上存在着较大差异，重组后原来的联通员工与原来的电信员工之间也产生了诸多冲突。

8. 团队文化不佳

团队冲突的第八种根源是团队文化不佳。团队冲突的水平和性质与团队的风气紧密相关。功能正常、水平适当的建设性冲突在团队中的维持，往往得益于正常健康的团队文化、传统、风气和团队关系；功能失调、水平不适当的破坏性冲突在团队中的蔓延，也往往萌生于团队风气不正、关系不顺以及制度的变形。

9. 团队信息沟通渠道不畅

误解、语言、语义理解上的错位以及沟通渠道不畅容易导致沟通失效，也是冲突的导火索。我们知道信息沟通的模式是信息发出者"编码"后通过某种"媒介"渠道将信息传给接收者，接收者通过"解码"的过程后获得信息。在信息传递的途径上，信息发出者未能准确表达自己的真实意图，传递经过"媒介"时由于"噪音"的存在导致信息量丢失，接收者在接收到信息后未能准确解码而理解发出者的真实含义，这些都可能导致沟通失效，为产生冲突埋下伏笔。比如，某公司对外项目的月进度会议，由于会议参加人员有项目业主（越南的）、中国承包商、德国咨询公司（业主的）、美国咨询公司（中方的），项目谈论的议题均属于比较专业的内容，项目语言又无法统一使用英文，每一次的交流都是将越南语通过当地翻译员译成中文和英文，反馈的信息是中文变越南语或英文变越南语到达业主。其实这样的沟通已经不能构成闭环，很多时候几个方面人员获得的咨询信息都是不对称的，这样的沟通显然是达不到效果的。信息沟通渠道不畅成为团队冲突的潜在条件。

二、实训技能与拓展

（一）张茜做得对吗？

A 项目团队是一个全新构建起来的、处于国际项目运作环境中的团队。为了成功构建项目组，对口的美国项目组（总部）抽选了该项目组的三名成员到美国培训，还有三名成员留在国内。

三人培训回来，有责任和义务对留在国内的项目成员进行培训，其中负责培训的成员张茜在业务上比较认真到位，但在人际交往上存在较大的个人主义和自我优越感，缺乏与他人的协作精神，更倾向于邮件等书面沟通；而被培训成员中有一个资格比较老的成员王刚，总觉得自己曾经是一家外贸企业的资深经理，有点抬架子。

冲突的触发是张茜发现王刚的一个业务处理上的问题，在没有和后者进行任何沟通的前提下，直接以邮件的形式指出并发给了对口的美国团队，给王刚造成很大的压力。

其实，王刚所犯的问题不是很严重，只要内部充分沟通，就能内部解决，不需要给美国团队造成中国团队内部沟通不够和问题不能及时解决的印象。

事后，就该问题在项目会议中有指出和讨论，但问题并没有解决，两人之间隔阂更深。这种情况该怎么处理？

（二）吸烟的员工

一位总经理最近很苦恼，被下属员工之间的冲突所困扰。该公司是生产化工产品的企业，规定不能在工作时间吸烟。一天，人事经理去员工更衣室时发现有一个人抽烟。抽烟者一看人事经理来了，就赶紧把烟掐灭，并且对人事经理道歉。人事经理说："你这是违反纪律。""对，这事是我错了。"人事经理说："你得受处理。""我接受批评，我接受处分。"话说到这会儿，双方还没有什么冲突。但人事经理又说了一句话："你还是共产党员呢。"抽烟者开始不高兴了，说："共产党员就不能抽烟了？共产党员也有烟瘾，邓小平还抽烟呢。"人事经理说："你还不服管，还敢顶嘴？""顶嘴，你又不是我爸，我跟你说话还是顶嘴吗？"人事经理也非常生气，说："我饶不了你！"结果这个员工干脆又把烟点上了，还把烟圈吐在人事经理的脸上，冲突不断升级。

实训技能讨论题：

1. 张茜做得对吗？为什么该问题经过讨论，反而隔阂更深了？

2. 吸烟员工有没有违反纪律？人事经理该不该处理吸烟者？矛盾为什么会升级？

任务三　如何管理团队冲突

●实践情景

亚通网络公司是一家专门从事通信产品生产和电脑网络服务的中日合资企业。公司自1991年7月成立以来迅速发展，销售额每年增长50%以上。但与此同时，公司内部存在着不少冲突，影响着公司绩效的继续提高。

因为是合资企业，尽管日方管理人员带来了许多先进的管理方法，但是日本式的管理模式未必完全适合中国员工。例如，在日本，加班加点不仅司空见惯，而且没有报酬。亚通公司经常让中国员工长时间加班，引起了大家的不满，一些优秀员工还因此离开了亚通公司。

亚通公司的组织结构是直线职能制，部门之间的协调非常困难。例如，销售部经常抱怨研发部开发的产品偏离顾客的需求，生产部的效率太低，使自己错过了销售时机；生产部则抱怨研发部开发的产品不符合生产标准，销售部的订单无法达到成本要求。

研发部胡经理虽然技术水平首屈一指，但是心胸狭窄，总怕他人超越自己。因此，常常压制其他工程师。这使得工程部人心涣散，士气低落。

【思考与启示】

1. 亚通公司的冲突有哪些？原因是什么？

2. 如何解决亚通公司存在的冲突？

一、管理冲突的基本原则

1. 趋其利避其害

倡导有益冲突，避免有害冲突，把冲突控制在适当水平，是管理冲突的原则之一。上文谈到建设性冲突和破坏性冲突，两种冲突的特点及其对团队的影响是不同的。在团队建设中，冲突是无法避免的，因此需要领导者能把握火候。对引起冲突的各种因素、冲突过程、冲突行为加以恰当的处理和控制，努力把已经出现的冲突引向良性轨道，尽量避免或降低破坏性冲突的发生，懂得"趋其利避其害"。

2. 系统管理

现代冲突管理理论认为，冲突管理不仅应公开冲突发生后的事情，而且应该包括多个发展以及升级的阶段。同时，团队冲突出现时，牵涉的人数和部门往往不止一个，往往会关连到几个甚至多个。团队领导必须对冲突的发生、发展、变化、因素、矛盾和问题所在进行全面系统的管理，才能将原则落到实处，尽量降低破坏性冲突的消极作用，充分发挥有利冲突的积极作用，最大限度地降低管理冲突的成本。

3．防止管理冲突极端化

中国传统文化的儒家思想对于管理冲突也有启发。在儒家思想中，所谓的"中庸之道"，就是不走极端，去其两端择其中，以达到和谐境界。所谓"和为贵"，是以和为贵、和为本、和为美、和而不同。以"和"统一差异性、多样性，以"和"作为解决矛盾的策略。在冲突管理中要注重和谐局面的保持，处理冲突时，不可极端行事，应当采取适当措施，求大同存小异，追求"共赢"，维护整体利益，从而减少冲突的恶性发展风险和冲突管理的成本。

4．具体问题具体分析，灵活管理冲突

团队存在冲突是一种常态，但是，每一次冲突的发生都有其独特的原因，管理冲突时要具体问题具体分析，把冲突放到当时的特定环境中去考虑解决，去认识问题、分析问题，灵活采用有针对性的策略和方法，坚决反对采用"一刀切"的方法。

二、冲突处理理论

对于冲突的管理，学界的典型代表有托马斯的冲突处理二维模式与布莱克－穆顿模式。在此对两个理论不做过多介绍，主要介绍一下彼德·康戴夫在《冲突事务管理：理论与实践》一书中总结的五种冲突管理策略，见表6－2。

表6－2　彼德·康戴夫的冲突管理策略

竞争	1．创造胜败局势； 2．运用对抗； 3．运用权力达到某人的目的； 4．迫其认输
回避	1．忽略冲突并希望冲突消失； 2．将问题列入不考虑对象，或将其束之高阁； 3．要求放慢节奏以抑制正面冲突； 4．采用保密手段以避免正面冲突； 5．求助于正式规则，将其作为采用某种冲突解决方法的理由
妥协	1．谈判； 2．期盼成交和达成协议； 3．寻求满意的或可能的解决方法
迁就	1．退让； 2．屈服和服从
合作	1．解决问题的姿态； 2．正视分歧并进行思想和信息上的交流； 3．寻求整合性的方式； 4．找到大家能够取胜的局势； 5．视问题冲突为一种挑战

以上只是泛泛地讲如何去处理冲突，接下来，我们将分别就如何处理破坏性冲突和如何激发建设性冲突进行阐述。

三、如何处理破坏性团队冲突

（一）团队成员间冲突的处理

1. 私下倾听

团队成员间出现个人之间的冲突，团队领导者最好是单独私下里听双方的陈词，但不要急于表态肯定谁或否定谁。因为处于愤怒状态下的人往往会说一些"过火"的话，团队领导此刻只需耐心倾听，等待双方都平静下来再表明处理决定，看如何使他们更好地相处来实现公司的目标。否则，没有耐心倾听，或者只听了一面之词就容易导致错误处理，甚至导致冲突升级。

例如，团队成员会出现一半的人与另一半的人不合作的敌对状态。团队领导者如果能够非常清楚原因，能够作出准确判断就可以表态，否则不要轻易表态。团队领导要把大家的注意力往工作上引导，而不是引向双方的人身攻击。在调查该冲突的原因时，要私下逐步进行，直到把问题调查清楚。

2. 营造良好的沟通氛围

团队领导有责任营造良好的沟通氛围，也就是营造一种员工能够愉快高效地工作的软环境，这样才能实现团队目标并且使团队成员提高满意度。

团队领导者营造沟通气氛的方法有下面几种：尽量平易近人，通过与员工的交谈来了解工作的紧张或是遇到的麻烦；适当拉近与员工的距离，能够仔细听取他们的意见，重视一些细小的事情，处处体现出对他们的关切和在意；看是否有人需要帮助或努力去发现一些细小的变化，因为这些蛛丝马迹中可能蕴藏着矛盾冲突。所以，要善于防微杜渐，把事情解决在萌芽状态。没有人愿意生活在不愉快的环境之中，一个有问题的员工可能导致整个工作的氛围令人不愉快。团队领导对团队气氛有着直接的影响，要营造一种人人畅所欲言的气氛，尽量避免成员间的意见分歧演变为派别对立。

3. 培养积极向上的团队文化

团队领导对团队文化的培养有着非常重要的影响。建设积极向上的团队文化，能使员工积极向上，团结一致。这种氛围往往能使情绪低落者受到鼓舞，把不良事件消灭于萌芽状态，在团队内形成一种团结互助气氛，大大降低团队成员间冲突的发生，团队的工作效率也必将大大地提高。因此，要有意识地培养健康、积极的团队文化，减少冲突的发生。

4. 适当信息阻隔

所谓信息阻隔，就是指信息在经过团队领导时要有意识地减少传播，以便有充分的时间调查研究，求得问题的妥善解决。

如果只有沟通没有阻隔，就会形成信息失控，造成因小事而影响班子团结，因流言而瓦解班子合作的不良结果。因此，作为团队领导，应把握好各方面的思想情绪，做到该畅则畅、该阻则阻，从而达到化解矛盾，消除不利因素，求同存异的目的。

特别是作为一个团队，其领导、成员之间彼此会意见不合，彼此会有一些不良看法。这种情况下，一般应先行阻隔，不能贸然将意见全盘托出给被反映的另一个成员，而应当经过一些侧面观察或调查，再酌情处理。不做阻隔，急于沟通，只会增加成员之间的隔阂，或者增加被反映者不必要的心理压力。

团队成员在社会上，不可避免地会遇到家庭矛盾、邻里矛盾、社会矛盾，人们遇到此类矛盾或受到委屈，有时出于依赖心理会向团队领导吐露一些情况，如纯属私人事务的问题。作为团队领导应真诚地帮助其化解矛盾，提出建议，切不可到处张扬，也不可在其他团队成员之间散布。散布会伤害该成员的感情和破坏其形象，阻隔反而有利于工作和团结。

团队领导在决策酝酿阶段，会征求多方意见。一些成员要与团队领导交换意见，由于角度不同，有些意见会涉及其他成员职权范围之内的工作，对于此类意见和建议，应先在团队领导与提出建议的成员之间讨论，而不宜不加分析地直接向其他成员传播，以免由于职权划分问题，引起团队领导和成员间的纠纷或意见。

（二）团队管理者与下级冲突的处理

凡大型水库在每年汛期时都要开闸放水冲沙，如不及时开闸放水，就会导致水位上升，从而冲毁堤坝。在人际交往中，人的心理也是如此。团队领导与下级的冲突可能起源于下级的某种不满和怨气，心里的怨气积累太多，必然会发泄出来。因此，当下级有怨气要发泄时，就应采取一定的方式让他发泄。有沙不冲会破坏水库，有怒气不泄会憋出心理毛病。即便是下级在发泄的过程中有过激的言辞，也要让他发泄完，然后再选择适当的时机与之沟通，帮助他分清是非。通常来说，一个人在发泄完怨气后，心境会平静下来，这时就容易与之沟通。

团队领导与下级的矛盾或冲突一般来说不是突然发生的，往往有一个由潜到显、由小到大的生成过程。辩证法告诉我们，任何矛盾的产生都与特定的时空条件、事件性质有密切的关系。因此，处理这类冲突不能过于简单武断，而必须及时地掌握各方面情况，找出冲突的根源，根据具体情境、具体人员、具体事件，采取灵活的方法及时处理冲突。具体做法如下：

1. 化解冲突于萌芽状态

在任何一个团队合作中，皆大欢喜是不存在的，冲突与不满通常都会发生。有效的团队领导者必须运用他的权威和影响力及早处理这种冲突，把团队冲突化解在萌芽阶段。

团队内部发生冲突不一定是坏事，它使团队的一些潜在矛盾暴露出来，但是，冲突给正常的工作秩序造成不同程度的危害，对团队目标的实现起着负面影响。当人们普遍就所关心的问题作出较偏激的反应时，就会形成一种从众心理，其突出的特点就是情绪色彩浓厚，相互传染快。团队领导如不及时加以疏导，这种对立情绪就会快速扩大并引发冲突。对此，可采取以下步骤：

（1）及时沟通信息，在矛盾气球爆破之前先放气。

矛盾不断激化的一个重要原因，是团队成员不满意的地方太多。若压着不能讲，问题长期得不到解决，就像高压锅一样，如果持续高温又没有出气的地方，到一定程度非爆炸不可。

（2）当冲突发生后，要迅速控制事态。

在情况不明、是非不清而又矛盾激化的时刻，先暂时冷却、降温，避免事态扩大。然后，通过细致地了解原因适时予以解决。

（3）及时阻隔信息，避免流言的影响。

团队领导应把握好各方面的思想情绪，做到该畅则畅，该阻则阻。从而达到化解矛盾、消除不利因素、求同存异之目的。

2．以君子大度化解矛盾

古人言：宰相肚里好撑船。团队领导凡事要让三分，要大度冷静，这样可为自己今后的工作做一个铺垫。在经历了以上三个步骤控制住事态以后，团队领导就要分析冲突产生的原因、作用、后果以及转化，为进一步的处理决定做好准备。可以多从以下几个方面考虑问题：

（1）别人对自己是否有恶意？很多时候，其实别人对自己并没有恶意，而自己却以为别人在故意跟自己作对。

（2）自己有没有误会对方？如果有误会的话，重新调整自己的视角，问题就好解决了。

（3）自己是不是完全不了解对方而妄加揣测呢？如果这样，就要努力去了解对方，与对方沟通，这样可以避免不良冲突，或在冲突刚激起时就通过与对方的沟通而予以消除。

（4）产生对立的原因为何？事出必有因，如果能找出具体原因，就能对症下药，消除对立。

（5）对方的真实意图是什么呢？是个性本来就如此呢？还是一时兴起？努力从对方的表情、态度、说话的语气来了解其本意。

（6）一定要对立吗？如果会影响团队利益、违背规章制度，就要维护团队利益，就要坚持原则。但是，如果为了微不足道的小事而对立，那是多么愚蠢！

（7）互相对立对彼此有什么好处呢？除了考虑自己的得失，能否考虑别人的得失？

3．动之以情，晓之以理

不良冲突爆发时往往伴随着情绪上的对立，甚至发生肢体冲突。这时应动之以情，以感情打动对方，缩短冲突双方感情上的距离；晓之以理，诚恳地引导，使其平静下来理性地处理问题。

在美国工运史上，管理者中较早懂得以诉诸感情的方式对待罢工者的，是福特汽车公司的一个经理。当福特汽车公司2 500名工人因要求加薪而罢工时，经理布莱克并不曾发怒，没有痛斥或威吓罢工者。事实上，他反而夸奖工人。他在克利夫各报纸上登一段广告，庆贺他们放下工具的和平方法。看见纠察队没有事情做，他买了很多棒球和球棒让工人们玩。

布莱克经理这种讲交情的态度，就是在感情上接近对方，使得对方愿意接纳自己。人是社会动物，都是讲感情的，那些罢工的工人借来了很多扫帚、垃圾车等，开始打扫工厂周围的碎纸、火柴棍、纸烟及雪茄尾巴。在劳资对立的情况下，为挣应得的工资不得不罢工的工人们却开始在工厂的周围作清扫，这种情形在美国劳工斗争史上实在是空前的。那次罢工在一周内获得圆满解决，双方未发生恶感和怨恨。

4．冷静思考，善后解决

在团队内部，上下级之间对于问题解决方法的意见不同，或自我意识太强，都有可能引发争执。若团队久经磨合，大家坦诚相见，则争执有利于鼓励不同意见的表达。但在很多情境下，事实往往不能如愿，争执常常会发展为争吵或冲突。如果发生这种情况，可以从以下几个方面来考虑：

（1）为什么会变成这样——找出对立的原因。

（2）为什么自己要那么坚持——想想这是不是值得钻牛角尖的事呢？

（3）对方为何要如此坚持——是为了出名，还是为了利呢？努力找出原因。

（4）自己的主张真是正确的吗？团队成员如此坚持自己的意见，是不是因为领导者自己的主张有缺陷呢？还是自己的坚持错误呢？

（5）有必要固执己见吗？如果能退让一步对双方是不是都有好处呢？

（6）自己的表达方式是不是有问题？即使自己是正确的，但如果表达方式有问题，就会伤了团队成员的自尊心或让团队成员很没有面子。所以要改进自己的沟通方式。

（7）把团队成员当成敌人后，会变得如何呢？无时无刻不讨厌着对方。但想想看，这又能给双方带来什么好处呢？

（8）要怎么做才能平息争吵呢？可以试着改变说话方式，承认对方的立场也有好的一面，并且将这个想法传达给对方。

想办法给对方一个台阶下，或者自己找一个台阶下，若双方都明白对方想退一步的话，往往会产生好结果。

5．正确引导员工发泄

尽管团队领导者努力用各种方法处理冲突，但是，事实上也依然存在着冲突。毕竟，下级和团队领导沟通时往往是有所保留的，并不会把所有意见和不满全部讲出来，而是压在心里。因此，人性化的领导要正视这种心理，建设一种发泄渠道，让下级及时发泄。

长期以来，发泄被认为是一个贬义词，是一种不友好、不健康的行为。其实，发泄是人的一种本能。当肉体和精神的压力达到一定程度时，人是需要通过发泄来缓解或消除紧张的。无视这种现象不仅会伤害员工的身体健康，挫伤员工的工作积极性，还可能加深上下级之间的误解。正确引导员工发泄能显示团队领导者的管理艺术。

（三）团队间冲突的处理

一个公司会有许多个团队，各团队之间的竞争或合作难免会产生许许多多的矛盾，导致一个团队和另一个团队之间产生抵触情绪，甚至有可能相互仇恨。相应地，就像部门内部矛盾会影响部门成员的工作情绪和工作效率一样，团队之间的矛盾也会使公司业绩大大滑坡。作为一名团队领导，不仅具有维护团队利益的权利，更有保证公司效益的职责。所以，化解团队间的矛盾，无论对团队还是对公司都是有益的。

1．调查原因

当发现团队成员对其他团队产生了厌恶情绪的时候，团队领导应及时做一些调查工作。这其中包括证实这类厌恶情绪是否存在，在成员中是否普遍，这种厌恶情绪针对的是哪个团队。团队领导最好还应该弄清楚，这种情绪产生的时间，以及产生这类情绪的直接导火索和以往所有可能牵涉到的一系列事件。当掌握了第一手的资料之后，不妨找另一个团队的领导谈一谈这个问题。

2．双方团队领导沟通

通过与对方团队领导的沟通，可以清楚地了解对方的态度和立场。所以在这类事件上两个团队领导的态度就显得十分重要。需要说明的是，如果一个团队领导和另一个团队领导仍抱着狭隘的局部主义观念，完完全全从自己团队的利益出发考虑整个事件，那么矛盾是无法解决的。在这个时候团队领导首先应该表明自己解决问题的态度，矛盾已然产生，化干戈为玉帛才是上上之选。所以，在谈话中，两位团队领导应先达成一致，甚至可以保持意见上的异议而实现态度上的一致。只有这样，双方的团队成员才不会进一步激化矛盾，因为两位领导都已经发出了缓和、忍让、谈判的友好信号，这会让团队成员们意识到解决矛盾才是双赢的途径。

3. 公开对话

准备工作一旦就绪，不妨由两位团队领导召开大会，邀请双方的各级代表参加，开诚布公地谈一谈问题。这当然不会是一件开心的事情。假如公司里有专门处理这一类事情的当事机构，那么请他们出面是再好不过的；假如没有这类机构，那么由两个团队的领导共同推荐一两名仲裁者，由他们坐在两队成员中间，倾听了解情况。会议上的争执是不可避免的，只要言语不过于激烈，让双方代表互相诉说一下也未尝不可。但还是要做到适可而止，如果有人一时克制不住怒火，那么可以用一些主持的技巧，把与会者的注意力转移到事情、矛盾的本身上来。这时可以用提问的方式将话题吸引过来，比如：既然你们对我们的做法表示不满，那么可不可以请你们详细地谈一下你们所见到的实际情况；或者是：他们说的对吗？你们当时真的是这样吗？这样的引导，至少有助于双方代表对于事情的经过给予更多的重视。

4. 找到解决方案

最后，促成双方代表对问题达成一致——这就要看两个团队的领导以及中立的协调人的态度了。解决方案要以客观公正和顾全整体利益为原则。双方应该以协商的态度，设身处地地为对方想一想，为公司的利益着想。双方可能会达到完全和解，彼此产生好感，如果这些目标都很遗憾地未能达到，那么至少在这几十分钟的谈判中，双方会对事件的真实情况有进一步的了解，也许在知道了一些事先不被了解的背景之后，双方会对矛盾的直接导火索有一个更深刻全面的认识。然后，打开以前拿到的第一手材料，把几个核心问题挑出来，在双方代表面前当众宣读，并且分别让他们阐述各自不同的看法，并从中进行有针对性的调解，可以说"我们的意思从根本上来说是一样的"或"你的这一部分观点我完全同意"之类的话。求同存异将双方的话题逐渐拉拢，并且将矛盾的焦点细致化、具体化。这样做有利于矛盾的解决。将已经达成一致的问题从材料上删去，对仍无法达成一致的问题允许双方保留意见，以备日后商榷。

经过上面几个步骤，团队间的冲突也应该能化解一大半了。接下来的工作就是针对个别员工，对他们做单独的说服教育工作。

四、如何激发建设性团队冲突

团队领导想提高团队竞争力，必须认识到建设性冲突的积极作用。没有冲突的团队是一个没有生命力的团队，但冲突过度又具有破坏性的影响。因此，团队领导应该使团队冲突保持在一个适当的水平上，使其不至于过低，否则不能激发成员的创造能力和创新精神；也不至于太高，以避免冲突妨碍了团队目标的实现。总之，优秀的团队领导要掌握激发建设性冲突的技巧。

1. 合理适度的差别与利益竞争

有比较才能看到差距，有比较才能在竞争中胜出。通过绩效考核，团队可以比较个人的绩效结果，进而根据结果采用激励手段，激发员工内部的适度竞争，发挥建设性冲突的积极作用。

2. 改革组织结构，打破现状

组织结构太长时间不革新，则组织内容易形成一定的派系，从而积攒各种矛盾冲突。重新建构组织，重新组合工作群体，改变公司原有的结构和章程，变革组织各部分之间的关系，从而打破原有的平衡格局以及利益关系，可以提高冲突水平。团队中，组织结构的扁平化、网络化、虚拟化要求团队成员平等沟通，有利于团队冲突的良性化。

3. 利用"鲶鱼效应"

鲶鱼效应启示我们用"鲶鱼型"员工激发建设性冲突。比如，引进公司外人员来激发冲突，通过外部招聘或是内部调动方式引进一些在背景、态度、价值观和管理风格上与目前公司成员不相同的个体，来增加公司中不同思想之间的碰撞。或者，任命一名爱批评的人来激发冲突，扮演批评家的角色，给公司安排一名总是具有"与众不同"想法的人，让其专挑毛病，专唱对台戏，从而打破定向思维、从众效应，激发必要的冲突。如果一个团队长期听不到不同声音和反对意见，领导者就有必要去挖掘和提升内部"鲶鱼型"员工，引导其直接与团队其他员工产生良性冲突。

4. 倡导"内和外争"

在群体的态度、行为和文化上强调内部的团结与和谐，强调与外部群体的差异和界限，从而将外部群体视为竞争对手，激发群体间的冲突。

在激发有利冲突时，把握"度"是关键。过犹不及，如何使冲突保持在适当的水平，是对冲突管理者的挑战。冲突过度的话，不仅使有利冲突变成有害冲突，还可能让自己卷进冲突之中。

冲突管理者应提倡新观念，鼓励成员提出不同看法，并以自己的行动加以支持，对于冲突过程中出现的少数意见和观点，不轻易批评、指责、嘲笑、讽刺或挖苦，而要冷静地分析，对引起冲突的原因进行深入思考与论证。这是因为造成冲突的原因一时尚未明确，所以很难分清是非曲直，不必马上得出结论。

此外，还要对冲突双方提供必要信息，让不同的人进行观点交锋，碰撞出新的思想火花，引导良性冲突深入展开。

5. 建设沟通渠道

企业中利用沟通技巧激发良性冲突很常见，良好的沟通是激发良性冲突最好的技巧。作为团队领导者要带头参与沟通，利用正式沟通渠道直接引发良性冲突。美国通用公司前任CEO 杰克·韦尔奇十分重视发挥建设性冲突的积极作用。他认为开放、坦诚、建设性冲突、不分彼此是唯一的管理原则。企业必须反对盲目的服从，每一位员工都应有表达反对意见的自由和自信，将事实摆在桌上进行讨论，尊重不同的意见。韦尔奇称此为建设性冲突的开放式辩论风格。正是这种建设性冲突培植了通用公司独特的企业文化，从而成就了韦尔奇的旷世伟业。在通用公司，公司经常安排员工与高层领导对话。韦尔奇本人经常参加这样的面对面沟通，与员工进行辩论，通过真诚的沟通直接诱发同员工的良性冲突，从而改进企业管理。

团队领导者还要特别注意运用非正式沟通来激发良性冲突。美国白宫从 20 世纪 30 年代以来，一直运用沟通手段激发冲突。高级官员把可能的决策通过名声不好的可靠信息源渠道透露给媒体。比如，把高级法院可能任命的大法官的名字泄露出去。如果该候选人能够经得起公众的挑剔考察，则任命他为大法官。但是，如果发现该候选人缺乏新闻、媒体以及公众的关注，总统的新闻秘书或其他高级官员不久将发表诸如此人从未在考虑之列的正式讲话。

五、实训技能与拓展

（一）H公司的故事

2016年，H公司是刚创立的小微创业公司，主要做无人机的销售和应用。三个合伙人A、B、C分别出资80%、15%和5%。按照出资比例，A为董事长，B为总经理，C为副总经理。在公司地址的选择上，三人有了意见分歧。A由于同时开两家公司，他希望H公司能离原来公司近些，方便他两边兼顾。B认为是无人机公司，需要有人员和试飞场地，因此要选择在半写字楼和半工厂地带，方便试飞。C认为公司将来主要应用于农业，要为客户负责，应选在附近村镇离农村近的地方。由于三个地点相差大，三方争持不下。最后，由于A出资最多，他拍板决定，选在离自身原公司近的地方，等将来业务扩大，再扩大办公地址。虽然B和C内心并不认同，但也选择了同意。随着三人不分昼夜地努力进取，公司争取到为附近一个农场1 000亩地的无人机植保服务的业务，大家非常珍惜这样的机会。但是，由于公司地址离农场130千米，无人机服务实施遇到困难，必须在农场附近设立办公地点。因此，公司开始招聘能为农场服务的无人机操作人员。原本计划，招聘农村当地的熟练的农机手，结果发现许多农机手都已经与其他公司签约农机服务合同，不能再签约另外一家。因此，招聘多日只招到2人。但是，农场的服务期迫在眉睫，无奈之下，A决定由B和C临时充当无人机操作人员，服务农场无人机植保业务。B和C认为，这会影响到自己目前的本职工作，不能接受。最后，经过与农场协商，对农场原来的农机手进行培训，使他们能够操作无人机，算是解决了当前的紧急问题。但是，如果有其他的非农场客户呢？公司还是需要解决这个问题的。

（二）有个性的优秀员工

一位业绩一直是第一的员工认为某项具体的工作流程是应该改进的，她也向主管包括部门经理提出过，但没有受到重视，领导反而认为她多管闲事。

一天，她私自违反工作流程进行改变。主管发现后就带着情绪批评了她。而她不但不改，反而认为主管有私心，于是就和主管吵翻了，并退出了工作岗位。主管反映到部门经理那里，经理也带着情绪严肃批评了她，她置若罔闻。于是经理和主管就决定严惩，认为该开除她或者扣三个月奖金。这位员工拒不接受。于是部门经理就把问题报告给总经理。

总经理于是就把这位早有耳闻的业务尖子叫到办公室谈话。他没有一上来就批评她，而是让她先叙述事情的经过，通过和她交谈，交换意见和看法。他发现这位员工确实很有思路，她违反的那项工作流程确实应该改进，而且还提出了许多现行的工作流程和管理制度中存在的不完善之处。

总经理的这种朋友式的平等的交流，真诚地聆听她的意见，让她感觉受到了重视和尊重，反抗情绪渐渐平息下来，从而开始冷静地反思自己的行为，从开始的只认为主管有错，到最后承认自己做得也不对。在总经理策略性的询问下，她也说出了她认为自己的错误应该受到的处罚程度，最后高兴地离开了办公室。

此后，总经理与部门经理以及主管交换了意见和看法，经理和主管也都认同了"人才有用不好用，奴才好用没有用"的道理。

大家讨论决定以该位员工自己认为应受的罚金减半罚款，让她在班前会上公开做自我检讨，并补一个工作日。她十分愉快甚至可以说是怀着感激之情地接受了处罚。而且公司还以最快的速度把那项工作流程给改进了。

事情过后，大家发现这位员工一下子改变了原来的傲气和不服的情绪，并积极配合主管的工作，工作热情大增，大家说她好像变了个人似的。

实训技能讨论题：

1. 第一个案例中，团队冲突有没有彻底解决？请估计后面可能产生的问题，并提出对策。
2. 第二个案例中总经理处理冲突的方式好吗？为什么？

●项目小结

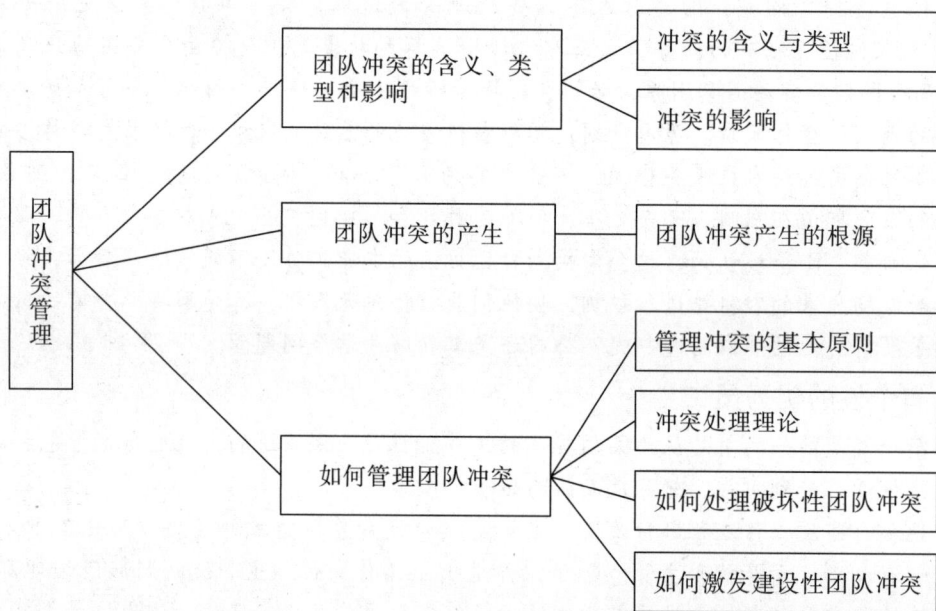

●复习思考题

1. 团队冲突的含义是什么？
2. 团队冲突有哪些作用？
3. 学习完本章，你是如何看待冲突的？
4. 你的生活和学习中遇到过冲突吗？请回忆并阐述你是如何解决的。

●延伸阅读

一、培训游戏规则和程序

1. 将参加人员分成若干组，每组4~6人为宜。

2. 每组讨论3分钟，根据自己平时的特点分成两队，分别为指导者和操作者。

3. 请每组的操作者暂时先到教室外面等候。

4. 这时培训师拿出自己做好的模型，让每组剩下的指导者观看（不许拆开），并记录下模型的样式。

5. 15分钟后，将模型收起，请操作者进入教室，每组的指导者将刚刚看到的模型描述给操作者，由操作者搭建一个与模型一模一样的造型。

6. 培训师展示标准模型，用时少且出错率低者为胜。

7. 让指导者和操作者分别将自己的感受用彩色笔写在白纸上。

二、相关讨论

1. 身为指导者的你，体会到什么？

2. 身为操作者的你，体会到什么？

3. 当操作者没有完全按照你的指导去做的时候，身为指导者的你有什么感觉？

4. 当感觉到你没能完全领会指导者意图的时候，身为操作者的你有什么感觉？

5. 当竞争对手已经做完，欢呼雀跃的时候，你们有什么感受？

6. 当看到最后的作品与标准模型不一样的时候，你们有什么感受？

7. 是效率给予的压力大，还是安全性给予的压力大？

8. 指导者和操作者感受到的压力有什么不一样？

项目七 团队绩效提升

职业能力目标:

1. 领会绩效的含义。
2. 理解绩效管理的过程。
3. 掌握团队绩效提升的技巧。

任务一 绩效的基本概念

●实践情景

为了攻克某项产品的技术难题,作为项目经理的李君带领下属经过讨论,为该项目制定了规划,包括项目目标、项目里程碑等;并且该规划获得公司评定委员会评审通过后,于2001年3月正式投入了运作。同时,李君不断参加项目管理方面技巧的培训和自行学习,如团队建设、有效沟通等。

李君作为一位不错的项目经理,从项目启动那天开始,项目组成员个个精神抖擞、意气风发,气氛也一直好于其他项目组。但是,项目从2001年3月启动,一直持续到2002年1月份,就是不见成效,而这个日期就是公司给项目组下达的最终日期。

怎么办?以李君为首的项目组全体成员陷入了困境。"项目还要不要做下去?要做,从哪里寻找突破口?项目到底存在什么问题?"针对一系列问题,项目组成员认真冷静地进行了讨论和分析。结果,令所有项目组成员吃惊的是"项目的假设前提有问题",再做下去也是毫无意义的。

整整10个月,为攻克该技术难题,项目组耗费了公司大量的人力、物力、财力资源。那么,对于他们的绩效应该如何评价?

(资料来源:杜映梅.绩效管理.北京:对外经济贸易大学出版社,2003.)

【思考与启示】

1. 李君带领的团队工作努力吗？
2. 该团队工作效果如何？
3. 你是如何理解绩效的？

一、如何理解绩效、绩效管理和绩效评价

1. 绩效

对于一个团队而言，如何有效地调动团队与团队成员的积极性和创造潜力，持续地提高他们的绩效水平，是非常重要的。对于绩效，不同的情境下有不同的理解。有人认为："绩效指的是完成工作的效率与效能"；也有人认为："绩效是员工的工作结果，是对企业的目标达成具有效益、具有贡献的部分"；更有人认为："绩效是个人知识、技能、能力等一切综合因素通过工作而转化为可量化的贡献，包括有形、无形两部分"。

绩效是一个多义的概念，从管理实践的历程来看，人们对绩效的认识是不断发展的：从单纯地强调数量到强调质量，再到强调满足顾客需要；从强调"即期绩效"发展到强调"未来绩效"。从上面种种说法可以看出，绩效实际上反映的是员工在一定时期内以某种方式实现某种结果的过程。我们认为绩效指的是那些经过评价的工作行为、方式及其结果，也就是说绩效包括了工作行为、方式以及工作行为的结果。

2. 绩效管理

绩效管理是管理者和员工就目标及如何达到目标而达成共识，并辅导和发展员工绩效的过程。如果把绩效考核的结果同薪酬结合起来，那么它就是一种管理员工贡献的方法。绩效管理不仅仅是评价方法，而是对工作进行组织，以达到最好结果的过程、思想和方法的总和。绩效管理是一个过程，是一个包括若干环节的系统。管理者在绩效管理中要对开始阶段、实施阶段到反馈阶段的全过程进行辅导。在整个管理过程中，体现管理者对员工的沟通、激励、反馈和辅导。绩效管理不仅仅关注结果和任务的完成，更关注人们的行为表现和努力程度。

3. 绩效评价

绩效评价就是指根据员工个人的绩效标准，来对其当前以及过去的绩效进行评价。绩效评价结果能够为薪酬决策提供信息，为员工职业生涯发展规划提供依据，为企业管理者改善组织绩效提供可靠的参考信息。

二、影响员工绩效和团队绩效的主要因素

1. 影响员工绩效的主要因素

现代科学技术与心理学的研究表明，员工的绩效主要是由以下几个因素决定的，如图7-1所示。

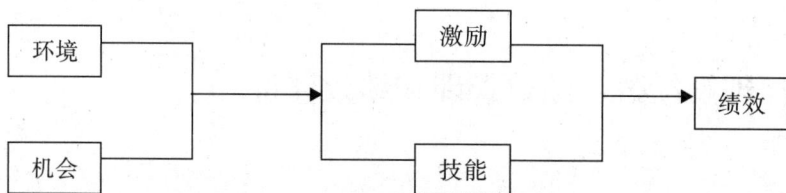

图7-1 影响员工绩效的主要因素模型

技能（S—skill）；机会（O—opportunity）；激励（M—motive）；环境（E—environment）；绩效（P—performance）。

可以用以下公式来表示：$p = f(S, O, M, E)$

这个公式表明：绩效是技能、机会、激励、环境这四个变量的函数。

在其他因素不变的情况下，员工的技能越高，绩效越显著，因此技能与绩效成正比。而技能的高低又取决于多种因素，这些因素包括个人的体质、智力、受教育和培训的状况，以及本人已经具备的知识和经验等因素。

激励是指员工的工作状态，也就是他的积极性如何。员工的积极性和团队的激励机制密切相关。关于团队激励机制，我们在本书的前面章节有过介绍，这里不做过多阐述。

机会，对于团队成员来讲，主要有以下几个方面：职位的晋升、学习培训机会、收入提高的可能性。如果员工觉得，能力强就能获得机会，员工会感觉到比较公平，会积极地通过提高个人绩效来获得这些机会；相反，如果员工觉得能力强也不能获得机会，员工会感到明显的不公平，从而失去提高绩效的积极性。

环境包括员工工作的软、硬两方面的环境。软环境是团队绩效管理制度、人际关系、领导方式与团队文化等。硬环境主要是工作条件，比如路桥行业——建设高速公路的施工团队，工作环境往往比较荒僻，虽然收入较高，但环境因素成为从业人员辞职的重要原因。良好、舒适的工作环境，会让员工提高工作效率，从而有利于自身绩效的提高；相反，如果一个员工处于相互猜疑与妒忌、安于现状、彼此之间不提供任何帮助的团队中，他的个人绩效肯定会低。当然，影响员工绩效的因素比较多，除了以上几个方面之外，还有员工个人兴趣、对岗位的适应性等因素。

兴趣是工作的内在动力。如果员工对一份工作感兴趣，做起来就会主动高效；相反，如果员工对一份工作缺乏兴趣，做起来就会草率应付。例如，同样是做营销，员工A对营销非常感兴趣，那么他就会主动地去学习营销方面的知识，主动地去联系已有客户和挖掘潜在客户，

在遇到挫折时也不会轻易地放弃；员工 B 对营销工作缺乏兴趣，他在开拓市场及联系客户方面的积极性与主动性就会明显低于 A，遇到挫折时可能也会轻易放弃。那么在月末或季末进行绩效考核时，谁的得分高就显而易见了。

每个人的性格都是不同的。有的人性格外向，善于言谈，处理人际关系能力强，喜欢在公众面前发表自己的言论；有的人则性格内向，忠厚老实，喜欢独立地思考问题。不同性格的人所适合的岗位也就不同，比如喜欢与人打交道的人，我们就应该把他安排在销售或公关的岗位上；对于比较保守、比较内向、比较细心的人，我们就应该把他安排在会计或审计的岗位上；而对于善于独立思考的人，安排他去搞学术则是比较适合的。其实对于不同的人来说，没有能力高低之分，只有适合与不适合之分。也许在某岗位上，甲的能力低于乙，但在另一岗位上，甲就可能高于乙。我们要做的是，在适当的时间把适当的人安排在适当的岗位上，使人尽其才。同等情况下，性格不适合某一岗位的员工和性格适合某一岗位的员工，他们的工作绩效会有较大差异。

2. 影响团队绩效的主要因素

（1）团队目标不明确。

团队目标不明确是指团队领导以及团队成员未能充分了解团队的整体目标和分阶段目标，未能充分了解与目标相匹配的工作范围、质量标准、预算和进度计划等方面的信息。目标不清楚，将导致团队成员在工作过程中盲目和无所适从，遇到挫折容易妥协，最终影响团队绩效。

（2）团队领导不力。

团队领导不力是指团队领导不能充分运用职权和个人权力去影响团队成员的行为，因而也带领和指挥项目团队为实现项目目标而奋斗。这是影响项目团队绩效的根本因素之一。团队领导不力使团队成员的信心降低，凝聚力下降，最终影响团队绩效。

（3）团队成员的职责不清晰。

团队成员的职责不清晰是指项目团队成员对自己的角色和责任的认识含糊不清，或者存在团队成员的职责重复、角色冲突的问题。这同样是影响项目团队绩效的一个重要因素。职责不清容易导致集体卸责现象的发生，最终影响团队绩效。

（4）团队内缺乏沟通。

团队内缺乏沟通是指团队成员对项目工作中发生的事情缺乏足够的了解，团队内部和外部之间的信息交流严重不足。这不但会影响一个团队的绩效，而且会造成项目决策错误和项目的失败。

（5）团队激励不足。

团队激励不足是指团队领导所采用的各种激励措施不当或力度不够，使得团队激励不够。这也是影响团队绩效的一个重要因素，因为这会使团队成员产生消极思想和情绪，从而影响一个团队的绩效。

（6）制度不全，约束不力。

这是指团队没有合适的规章制度去规范和约束项目团队及其成员的行为和工作，团队成员内部各行其是，松散无序。这同样是造成项目绩效低下的因素之一。

（7）团队精神缺乏。

团队精神缺乏是指团队成员缺乏内在的工作热情和动力，团队成员没有积极的协作意愿，团队失去凝聚力。这将严重影响团队绩效。

三、实训技能与拓展

罗云在航空食品公司担任地区经理近一年。她是工商管理硕士，在本公司总部做过4年多职能性管理工作。目前她分管10家供应站，每站有一位主任，负责向一定范围的客户销售和服务。该公司不仅为航空公司服务，也向成批订购盒装餐的单位提供服务。该公司雇请所有岗位的厨房工作人员，采购全部原料，按客户要求烹制食品，不搞分包供应。供应站主任主要负责计划、编制预算、监控指定客户的销售服务员等工作。罗云上任的第一年，主要是巡视各供应站、了解业务、熟悉各站的工作人员，获得不少信息，信心大增。

罗云手下的10个主任中，资历最老的是老马。老马只念过1年大专，从厨房代班长干起，3年后当上主任。老马很善于和他重视的人包括部下搞好关系。他的客户都是铁杆，3年来没有一个转向竞争对手那里去订货的，他招来的部下，经过他的指点培养，好几位被提升当上了其他地区的经理。不过，老马不良的饮食习惯严重影响了其健康，他身体过胖，心血管加胆囊结石，这一年请了3个月假。医生早有警告，但他置若罔闻。另外，他太爱表现自己，做了一点小事，也要向罗云表功。他打给罗云的电话超过其他9个主任的电话总数。罗云还没遇到过这种人。由于业务扩展，需要给罗云添一名副手。老马公开说过，自己资格最老，地区副经理非他莫属。但罗云觉得老马若来当副手，实在令人受不了。两个人的管理风格太悬殊；而且老马的行为一定会惹怒地区和公司的工作人员。

年终绩效评估到了。总体而言，老马这一年干得不错。评估表是10分制：最优10；良好7~9；合格5~6；较差3~4；最差1~2。罗云不知道该给几分：高了，老马更认为自己该提了；太低了，老马肯定会发火，会认为对自己不公平。老马自我感觉良好，认为与别的主任比，他是鹤立鸡群。他性格豪迈，爱去走访客户，也喜欢跟手下人打成一片。他最得意的是指导部下某种新操作方法，卷起袖子亲自下厨，示范手艺。老马跟罗云谈过几次后，就知道罗云讨厌他事无巨细打电话表功，有时一天2~3次。不过，老马还是想让她知道自己的每项战绩。他也知道罗云对他不听医生劝告、饮食无节制有看法。但也认为罗云跟自己比，实际经验少多了，只是学了点理论，到基层干未必能玩得动。他虽学历不高，但经常为自己的成绩斐然而感到自豪，觉得副经理非他莫属，而这只是他实现抱负过程中的一个台阶而已。

罗云考虑再三，决定给老马打6分。她认为这是有足够理由的：他不注意健康问题，病假请了3个月。罗云知道这个分数远远低于老马的期望，但她要用充分的理由来支持自己的评分。然后她开始给老马的各项考评指标打分，并准备跟老马面谈，向老马传达所给的考评结果。

实训技能讨论题：

1. 罗云对老马的绩效考评是否合理？为什么？
2. 如果你是罗云，你会如何做？
3. 如果你是老马，听了罗云的评分结果会如何反应？
4. 如果你是罗云，对于老马的反应你会如何应对？

任务二　绩效管理操作流程

●实践情景

海尔公司作为一家知名跨国企业，其绩效管理体系的核心是个人事业承诺。个人事业承诺中对员工绩效评价的内容是：每个海尔员工都以个人事业承诺的形式作出对海尔集团的业务承诺。在整个海尔集团范围内，各级员工经理和下属员工通过自上而下层层签订个人事业承诺，将海尔的战略目标逐步分解落实到每个员工身上，将组织绩效和个人绩效有机连接在一起，实现集团和个人发展一致。

在一般员工的个人事业承诺中有业务目标和个人发展目标两种目标，经理级别的员工个人承诺包括业务目标、个人发展目标和员工管理目标。

业务目标是每位员工根据所从事岗位的性质、职责和企业年度工作计划要求，在员工经理的指导和帮助下制定的。

个人发展目标是每位员工在员工经理的指导下设置个人的发展目标并制定个人发展计划，不断提高自己的工作能力，对业务目标的完成提供支持。

员工管理目标设置的目的在于引导员工经理关注团队建设、下属培育，培养员工经理的领导能力，对业务目标的完成提供支持。

【思考与启示】

你如何理解海尔公司绩效管理评价中的个人事业承诺？

一、绩效管理流程

绩效管理是一个系统的过程，主要包括绩效计划、计划实施、绩效评价、绩效反馈与面谈和绩效改进五个阶段，这五个阶段构成一个循环系统。如图 7-2 所示。

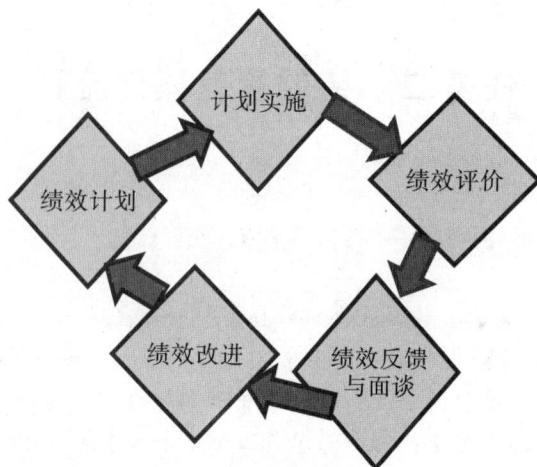

图7-2　绩效管理流程

1. 绩效计划

（1）绩效计划含义。

绩效计划是绩效管理的初始环节。绩效计划是指领导者和员工对员工在绩效评价期内应该完成什么工作和达到什么样的绩效进行沟通的过程，并将沟通的结果形成正式书面协议即绩效计划和评估表，它是双方在明晰责、权、利的基础上签订的一个内部协议。绩效计划的设计从公司最高层开始，将绩效目标层层分解到各级子公司及部门，最终落实到个人。对于各子公司来说，是经营业绩计划的过程；而对于员工来说，则为绩效计划过程。

绩效计划作为绩效管理的一种有力工具，体现了上下级之间承诺的绩效指标的严肃性，使决策层能够把精力集中在对公司价值最关键的经营决策上，确保公司总体战略的逐步实施和年度工作目标的实现，有利于在公司内部创造一种突出绩效的企业文化。团队领导在进行绩效沟通的过程中，既要考虑公司的目标，也要考虑团队以及个人的目标。

团队领导主要应向员工表明的是：公司的整体目标是什么？为了完成这样的整体目标，团队所处的业务单元的目标是什么？为了达到这样的目标，对员工的期望是什么？对员工的工作应该制定什么样的标准？完成工作的期限应如何制定？

相应的，绩效计划作为一种双向沟通，员工应该向管理者表明的是：自己对工作目标和如何完成工作的认识；自己对工作所存在的疑惑和不理解之处；自己对工作的计划和打算；在完成工作中可能遇到的问题和需要获得的资源支持。

（2）制订绩效计划。

绩效计划必须在公司目标的大框架下进行，需要协调不同的层级部门，因此，绩效计划需要由人力资源管理专业人员、团队领导以及员工三个方面的人员共同制订。人力资源管理专业人员与团队领导直接设计一个符合各个部门情况的有关绩效结果和绩效标准的大框架，用以指导每个岗位的具体绩效计划。团队领导要了解每个职位的工作职责、每个绩效周期应该完成的各项工作以及各项工作的绩效标准。员工参与到制订计划的过程中，能够提高员工对绩效计划的认同感，有助于提高员工的工作绩效。

（3）制定绩效目标。

绩效目标的设立是公司战略目标层层传递的过程，也是团队和团队成员确定方向的过程。因此，绩效目标既要兼顾公司目标和团队目标，也要兼顾个人目标。同时，绩效目标要具有可行性和动态性。

绩效目标来源于员工的岗位职责，当员工的岗位职责有所调整时，其考核指标也要相应地进行调整。表7-1是促销员的岗位职责和能力要求。

表7-1　促销员的岗位职责和能力要求

岗位职责	职责描述	能力要求	绩效目标
销售	了解产品的特点和益处，向客户展示和介绍产品；按照招呼客户、挖掘需求、介绍产品、识别购买信号、促成交易五个步骤，完成产品的销售	面对面销售技巧、处理异议技巧、产品知识	销售额、重点产品销售、销售毛利润、销售费用
产品陈列	按照公司的产品陈列要求，正确整齐地摆放产品，有效促进产品销售；按照公司的陈列原则，正确使用公司提供的宣传资料、价格标签等物品；寻找和发现有利于销售的陈列位置和方式，并与店家谈判取得最佳陈列效果	陈列知识	平均陈列面、陈列位置
促销	按照公司的促销计划，完成与店家的谈判和促销陈列等准备工作	促销管理	促销次数、促销投资回报率
合作	监督、管理和辅导临时促销员的销售工作；与店家的工作人员建立良好的关系	沟通技巧	
市场	向公司及时反馈销售数据；向公司提供竞争对手的新产品特点和价格等信息	熟练使用电脑	提交销售报表的及时率

（4）衡量绩效目标的标准。

判断绩效目标是否有效，常常采用 SMART 原则。

目标是明确的（Specific），即明确做什么，达到什么结果。

目标是可衡量的（Measurable），绩效目标最好能用数据或事实来表示，如果太抽象而无法衡量，就无法对目标进行控制。

目标是可接受的（Acceptable），绩效目标是在部门或员工个人的控制范围内，而且是可以通过部门或个人之努力达成的。

目标是可实现的（Realistic），体现出目标让队员觉得通过努力是可行的。

目标是有时限的（Time-based），在一定的时间限制内。

①无效目标举例：

负责货款回收工作（不具体）。

提高交货准时率（不具体，无时间限制，未量化）。

②SMART 目标举例：

在 6 月 30 日前，全面完成对华东地区的货款回收工作（货款回收率 100%）。

2021 年第三季度交货准时率比第二季度提高 2%。

在 2021 年，把货款回收周期从 2016 年的平均 100 天降低到平均 60 天。

2. 计划实施

制订了绩效计划之后，被评估者就可以开始按照计划开展工作。在工作中，管理者要对被评估者的工作进行指导和监督，对发现的问题及时予以解决，并随时根据实际情况对绩效计划进行调整。在整个绩效管理期间，需要管理者不断地对员工进行指导和反馈，即进行持续的绩效沟通，双方共同探讨员工在组织中的发展路径和未来的目标，保证员工的工作正常地开展，使绩效实施的过程顺利进行。

3. 绩效评价

绩效评价可以根据具体情况和实际需要进行月考评、季考评、半年考评和年度考评。绩效评价是一个按照事先确定的共同目标及其衡量标准，考查员工事实上完成的绩效情况的过程。考评期开始时签订的绩效合同或协议一般都规定了绩效目标和绩效测量标准。绩效评价包括工作结果考评和工作行为评估两个方面。其中工作结果考评是对考评期内员工工作目标实现程度的测量和评价，一般由上级按照绩效合同中的标准，对员工的每一个工作目标完成情况进行等级评定；而工作行为考评则是针对员工在绩效周期内表现出来的具体的行为态度来进行评估。

常用的绩效评价方法有排序评价法、配对比较法、强制分布法、等级评分法、图尺度评价法、关键事件法、行为锚定法、目标管理法。绩效评价是企业人力资源管理的重要工作，因此，人力资源管理部门和团队领导都会参与这项工作。下面简单介绍一下排序评价法和配对比较法。

（1）排序评价法。

排序评价法就是对团队内的员工按照工作业绩的好坏进行一定次序的排列，以区别员工的绩效水平。它是一种古老而简单的评价方法，也是人们最惯用的方法。排序法又可分为简单排序法和交替排序法。

简单排序法是指将员工按照业绩水平由好到差进行排列；交替排序法是简单排序法的变形，操作方法是根据某些工作绩效评价要素找到员工中绩效最好的人和绩效最差的人，之后分别排次好和次差的，依次向下进行，直到全部排完为止，这样就可以得到所有员工的一个完整的排队，人们在直觉上相信这种交替排序法优于简单排序法。其应用如表 7 - 2 所示。

表 7 - 2　交替排序评价法应用示例

评价所依据的要素：
针对所评价的每一要素，将所有员工的姓名列出来。将工作绩效评价最高的员工姓名列在序号 1 的位置上，将评价最低的员工姓名列在序号 10 的位置上；将次优的员工姓名列在序号 2 的位置上，将次差的员工姓名列在序号 9 的位置上。不断交替排序，直到所有员工都被排列出来。

（续上表）

评价等级最高的员工姓名	评价等级最低的员工姓名
1.	6.
2.	7.
3.	8.
4.	9.
5.	10.

（2）配对比较法。

配对比较法是评价者根据某一标准将每一名员工与其他员工进行逐一比较，并将每一次比较中的优胜者评选出来。最后，根据每一名员工净胜出次数的多少进行排序。其应用如表7-3所示。

表7-3　配对比较法应用示例

比较对象	张华	李明	付平	王刚	范景
张华		+	+	-	-
李明	-		-	-	-
付平	-	+		+	-
王刚	+	+	-		+
范景	+	+	+	-	

4. 绩效反馈与面谈

有效的反馈可以使员工真正认识到自己的潜能，从而知道如何发展自我。反馈还可以使员工相信绩效考核是公平、公正和客观的，否则员工就有可能怀疑绩效考核的真实性。进行绩效反馈面谈需要做一些准备工作，如及时收集有关绩效考核资料，安排面谈计划的时间、地点和参与人员。面谈沟通中团队领导者要坦诚相待、客观冷静、不指责。

5. 绩效改进

绩效改进是绩效管理的一个重要环节。现代绩效管理中，员工能力的不断提高以及绩效的持续改进和发展是其根本目的。所以，绩效改进工作的成功与否，是绩效管理过程是否发挥效用的关键。

团队领导者在制订员工绩效改进计划时应注意：首先做好一名导师，率先垂范，身体力行，这样才能赢得部属的尊重。其次，要帮助制订培训规划，与下属员工一起做好全面的培训规划与设计，并做好对培训效果的评估，保证培训达到预期效果。再次，要做好职业辅导，帮助下属员工进行职业生涯规划，把员工自身发展的需求变为不断提高绩效的动力。最后与下属员工一起合力确定改进项目和制订改进计划。

二、实训技能与拓展

（一）某企业的绩效管理

某家公司通过渠道销售产品，一位区域销售总监负责的市场没有迅速扩张，销售状况很不理想。年底前，所有的主管都紧张起来，因为一旦不能完成任务，整个团队的利益都要受到损害。

这位总监与自己信赖的下属们紧急商量对策，形势逼迫之下，唯一可行的方法就是让经销商多进货。于是公司放松了信用额度的控制，向经销商提供优惠的付款条件和价格，鼓励经销商大量进货——在最后的两个月内，经销商囤积了相当于平常半年销量的货品。

最后当年的销售任务勉强算是完成了，但是由于市场上需要很长时间消化囤积的产品，经销商难以按时结账，导致应收账款超出了正常的范围。但是应收账款仅占总经理考核指标的10%，牺牲了这个指标，总体KPI得分并没有受到严重的影响。这位总监成功地渡过了难关，但也知道以后工作的难度，后来在公司内部活动后，调到另外的部门去了。

（二）A公司的新考评

A公司已有20年的历史，年营业额在12亿元左右。但以往的考评内容一成不变、流于形式，不能真实地反映员工的工作绩效。因此，人事部门全面修订考评制度，重新编制了考评表。2004年起，新的考评制度开始实行。公司对普通员工的考评分为自我考评、上级考评和人事部门考评；对部门经理的考评分为自我考评、上级考评、人事部门考评和下级考评。

每月初，部门经理在员工考核表上列出员工本月应当完成的主要工作，将考评表发给员工。考评表除了列出本月的工作要求外，还有固定的考评项目，如工作态度、工作品质、纪律性、协调能力、团队精神等，每项都说明了含义和分值。考评项目满分为100分，月末员工填写考评表为自己打分，交部门经理。部门经理在同一张考评表上为员工打分，交给人事部门。人事部门对员工进行最终的考评和分数汇总，并向员工通报当月的考评成绩。如果员工对考评结果有疑问，可直接向人力资源部反映。

普通员工的考评自评占30%，人事部门评分占10%，部门经理评分占60%。部门经理的考评自评占30%，下级评分占20%，人事部门评分占10%，上级评分占40%。考评结果应用于薪酬、晋升、培训等各方面。

实训技能讨论题：

1. 案例一中，前任总监为什么要这么做？
2. 案例一中，新任总监将面临什么问题？
3. 请指出案例二中体现了考评制度设计的哪些内容？
4. 请指出案例二中该公司在绩效管理方面存在的主要问题。

任务三　团队绩效提升技巧

●实践情景

1996 年我在 IBM 工作的时候，曾经去拜访华为公司在深圳的总部。当我参观研发部门的时候，发现每个工程师的桌子底下都有一个铺盖卷。中午时间，工程师们将铺盖卷打开休息，然后接着工作。如果加班很晚，他们也会打开铺盖卷休息一下，继续工作。

七八年后，我与一家世界顶尖通信公司的一名德国籍员工谈到了华为。

"我们本来不应该输给华为的，我们的产品有几十年的历史，技术先进，产品稳定。在可靠性方面，我们有很大的优势。"德国人说。

"那为什么会输给华为呢？"

"由于可靠性非常重要，所以客户要求进行试用。每个厂家都将自己的产品运送到客户的机房，试用结束的时候，华为是最好的，但这是不可能的。我们在这个领域是公认最好的。这是不可能的，不可能的。"他连说几次。

"试用公正吗？"

"我们也进行了分析，发现试用报告和试用本身没有什么不公平的。"

"那究竟是为什么呢？"

"我们专门进行了研究，发现原因其实很简单。"

"是什么原因？"

"其实，我们的质量还是好一点，华为知道这一点，所以他们安装好设备之后，并没有离开，而是要求住在机房，而且每个人都带着行李。我们的工程师下班后就回到酒店，但是华为的工程师却住在设备旁边；我们的工程师在酒吧里狂欢的时候，华为的工程师却在观察设备的运行；当产品出问题的时候，我们的工程师在五星级酒店里睡觉，华为的工程师却在设备旁边解决问题。问题根本没有被客户发现，华为就已经重新启动设备，修复好了。所以，试用结束的时候，华为的结果更好。"

"一旦正式使用后，这些问题不是还会暴露吗？"

"他们很聪明，也很认真，测试很全面，当测试结束的时候，系统已经很稳定了。"

我明白了，华为将铺盖卷搬到了国外。

（资料来源：付遥. 业绩腾飞. 北京：北京大学出版社，2005.）

【思考与启示】

案例中，华为的员工有着什么样的精神？

一、如何提升团队绩效

1. 制定正确的目标

建立高绩效团队首要的任务就是确立目标，目标是团队存在的理由，也是团队运作的核心动力。目标是团队决策的前提。团队工作是一个动态的过程，领导者需要随时进行决策，没有目标的团队只会走一步看一步，处于投机和侥幸的不确定状态中，风险系数加大，就像汪洋中的一条船，不仅会迷失方向，也难免触礁。目标是发展团队合作的一面旗帜。团队目标的实现关系到全体成员的利益，自然也是鼓舞大家斗志，协调大家行动的关键因素。

根据团队使命，制定团队目标。通常团队的目标必须服从组织的目标，是组织目标中一个特殊项的细化，而且目标的设定必须遵循 SMART 原则：

（1）明确性：用具体的语言清楚地说明要达成的行为目标。如"增强客户意识"是非常不明确的描述，而"将客户满意度由目前的 80% 提高到 90%"则是明确的表达。

（2）可衡量性：目标必须有标准可以测量。如"将客户忠诚度由目前的 80% 提高到 90%"是很难衡量的，因为忠诚度不像满意度易于判断。

（3）可接受性：赋予团队或成员的目标必须是与团队或成员充分沟通的结果。

（4）可实现性：目标必须是在现有资源条件下可行的。过于乐观的目标，往往会给团队的信心带来打击。

（5）时限性：时间要求必须非常明确，时间的遵循必须是严格的，而且应设置阶段性时间要求，以一个小的关键点的跨越，不断提高团队士气。

根据目标制定具体的策略，明确其主要内容、目的、实施计划与时间表、组织方式和资源配置、负责人、考核方式等。同时，应有效地宣传目标，让团队内外的成员都知道，甚至可以把目标贴在团队成员的办公桌上、会议室里，以此激励所有的人为这个目标去工作。

2. 优秀的团队领导

"一头绵羊带领一群狮子，敌不过一头狮子带领的一群绵羊。"团队领导者的人选、素质在某种程度上成为影响和决定企业兴衰成败的首要因素。

团队领导者的作用对于企业非常重要，一方面领导的魅力、预见力和洞察力是企业成长、变革和再生至为关键的因素；另一方面，领导人物不分善恶、素质低下、决策拙劣也时常使企业陷入困境。

团队的高效很大程度上要看团队领导者。电视剧《亮剑》中描写了一个个优秀的团队，这些优秀团队的成员身上大多有一种气质，一种跟普通人不一样的气质。这种气质是团队领导者所具有的，是其传承给团队的财富。一个团队的良好发展是继承了领导者的某种气质，通过人与人之间的接触，把这种气质传递给企业的每一个人。它在团队里一直传下去，不妨称之为"团队之魂"。这个魂是无法抄袭和复制的，它是团队文化，是团队之本，是团队管理秘籍，是团队竞争和发展的基石。《孙子兵法》在国内外广泛流传，孙子认为将帅应具备"智、信、仁、勇、严"五德才能胜任，对于团队领导者而言，同样具有非常重要的借鉴意义。

优秀的团队领导，能够清晰地描述团队目标愿景，能够正确地分配工作任务，使团队工作有条不紊，合作舒畅。

优秀的团队领导能够充分利用每个团队成员的优点，实现技能互补。团队领导者要善于选人，选择人员一般应遵循如下原则：

（1）要选最合适的人，而不是选学历最高或工作经验最丰富的人。

（2）要选有团队精神的人，而不是喜欢单打独斗的人。

（3）要选诚信务实的人，而不是选夸夸其谈的人。

（4）尽可能选择价值观趋同、性格和能力互补的成员。

3. 有效的团队沟通

美国著名未来学家约翰·奈斯比特曾经指出："未来竞争是管理的竞争，竞争的焦点就在于每个社会组织内部成员之间及其与外部的有效沟通。"作为一种以契约关系为基础的动态联结体，目前人们关注的团队互动是伴随着组织结构的扁平化而逐渐出现的，强调一个民主气氛很浓的集体、成员之间没有限制地互相交流并且相互协调进行决策。当然，随着一维或二维的沟通等级向以扁平化维系的群体思维模式转变，组织结构的不断延伸、管理对象的日趋复杂以及管理手段的多样化，其社会空间的演变过程也存在着诸多不可预测因素，这对传统团队管理提出了新的要求。

4. 激励性绩效考核机制

清晰的目标引导团队前进，严明的赏罚保障目标实现。任何一个团队，在明确使命、愿景的同时，必须对团队业绩的考核有严格的赏罚制度。考核必须兼顾团队和个人，设立考核个人的指标，让团队成员之间形成竞争；设立考核团队的指标，又让成员之间形成协作。通常情况下竞争与协作的成分是三七开，因为团队绝不宜过多鼓励内部竞争。

团队绩效考核可采用"过程控制点，结果控制面"的方式进行。所谓"过程控制点"，是指平时以直接奖励或扣罚金额的形式，奖励团队或成员在过程中的优秀表现或处罚其犯下的错误。过程控制具有高度的不确定性，同时也能收到强有力的警示效果。"结果控制面"，则是指从目标的达成率、时效性、质量、难易程度和对组织的影响程度，来进行系统考核。团队的考核结果直接影响团队总体的奖金，然后结合团队业绩和个人业绩的考核结果，将奖金分配到个人。

团队绩效考核的注意事项：

（1）赏罚制度必须事前约定，奖惩标准必须前后一致。

（2）绩效标准必须得到80%以上的成员认同。

（3）不要相信绝对标准，任何考核结果都是相对的，关键是让成员感觉到公平、公正。

（4）对团队和成员的考核结果必须直接或间接地反馈到每个成员，让大家明白做什么会获得奖励，做什么会受到处罚，以明确团队的价值导向，同时制订持续改善的计划。

5. 有生命力的团队文化

越来越多的证据表明，团队绩效高低与团队文化有着十分紧密的联系。团队文化的建设是一个逐渐演变、逐步完善的过程。随着社会财富的不断积累，人们物质生活水平的逐步提高，对于企业员工而言，物质不再是唯一的追求目标，工作不再是单纯的谋生手段。在过去，一个企业要想获取员工对企业的忠诚度，加薪是最奏效的方法。如今，员工更看重其所在企业、团队的文化是否与个人价值观一致，其自身价值是否能在工作中得到体现。数据表明，引发员工辞职的主要原因有：上级领导不赞赏下级引发的跳槽率为71.6%，调薪制度为 68.4%，上级领导不能合理征求下级意见为 67.4%，福利制度为 62.8%，受训机会为 55%。由此可见，领导与员工的沟通非常重要，需要一种建立在平等基础上的团队文化、企业文化。通过这种文化的渗透以及在员工中的潜移默化，提高员工的忠诚度，这才是未来团队的发展之路。

二、实训技能与拓展

（一）团队聚会

某企业销售团队人员小张提出了一个建议，为了加强人员之间的信任和团结，他认为销售人员应该定期举行一次聚会，这个聚会的地点应该在公司。团队领导李总认为这是一个好的建议，但是对于聚会的地点和时间，他觉得应该讨论一下。李总准备下午下班前半小时让员工集中进行讨论。

讨论会上大家非常积极。李总首先说，他认为聚会是应该的，但是时间要视大家的时间而定，地点不应该在公司，因为大家工作了一周，应该找一个较轻松的地方聚会，这样更有助于大家的沟通和交流，并对小张的主意表示赞赏，同时鼓励大家提出更好的观点。在李总的鼓励下，各团队成员纷纷提出许多有益的建议。虽然小张的建议没有被全盘接受，但是他提建议的做法得到了鼓励，所以他自己也非常高兴。

（二）轮流主持会议

罗先生想通过让团队成员轮流主持团队会议的方法来培养团队成员的能力。

他知道小吴对这个想法并不太积极，因为小吴在有机会这样做的时候没有主动去做。从经验中罗先生还得知，小吴能够让团队恪守议事日程，因此他已经具备了主持会议的基本技能。罗先生断定小吴有中等的能力却有较低的意愿。在这个基础上，罗先生决定说服小吴接受他的想法，小吴接受了。在后来的一次会议上，小吴采用了在每个议题结束后做总结的方式，还说要对每个会议进行计划和审查。罗先生给予小吴很高的支持。

对于苏小姐，罗先生则需要用不同的领导方式。苏小姐非常热情，但是罗先生从她杂乱无章的论点，就能知道让她主持任何会议都将是一场灾难。罗先生觉得他需要首先使用指令的方式让苏小姐注意一下她的论点。罗先生说他希望苏小姐能把她的论点集中在会议上，而苏小姐立刻表现出接受的态度。罗先生表扬苏小姐对自己的工作负责，他很快就看到了苏小姐的进步。

实践技能讨论题：

1. 团队内的相互信任有什么好处？
2. 通过案例一，你认为在一个团队中应如何培养团队内部的相互信任？
3. 通过案例二中罗先生的实例，你认为团队领导该如何选择领导方式？

●项目小结

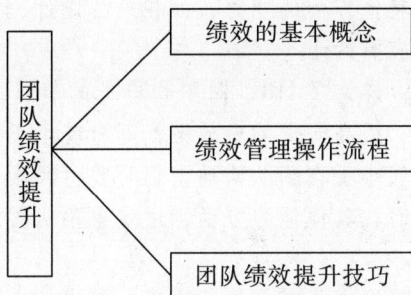

```
                    ┌─── 绩效的基本概念
                    │
团队绩效提升 ────────┼─── 绩效管理操作流程
                    │
                    └─── 团队绩效提升技巧
```

●复习思考题

1. 你是如何理解绩效的?
2. 绩效管理的含义是什么?
3. 绩效管理的操作流程是什么?
4. 团队绩效如何提升?
5. 团队目标如何确定?

●延伸阅读

　　小高是公司某部门的高级产品经理。半年前,他的上司——产品总监阿阳由于业务发展需要被调去做新业务线的总监了。在阿阳的建议下,小高被任命接替阿阳的位置,从原来管理一个子项目被临时提拔上来管理整个项目以及整个产品经理团队。小高虽然过去有过带团队的经验,但毕竟原来的团队也只有三四个产品经理,而且多半下属工作年限比较短。如今,小高需要带领八九个人的团队,其中有两三个下属工作年限比小高长。对于新的工作局面和团队,小高表现出了前所未有的冲劲,他一方面不希望辜负阿阳和决定提拔他的公司副总勇哥的信任,另一方面也希望抓住这个快速成长的机会作出更大的成绩。小高这半年的工作节奏可以说是昏天黑地,起得比鸡早,睡得比狗晚。经过半年的努力,小高一方面基本保证年初制订的业务发展计划如期完成,另一方面在带团队方面也累积了不少经验。

　　虽然积累了不少管理经验,但小高也遇到一些困惑和难题。最近很让他棘手的是,关于下属小王的绩效管理。小王是团队一个子项目的高级产品经理,小王虽然比小高入公司时间短,但行业工作时间比小高长。另外原来小王和小高都是向阿阳汇报工作,而且阿阳离开部门前为了确保部门稳定,把小王升到了高级职位。

　　最近几个月,小高陆续收到开发团队和其他合作团队对于小王的投诉。大多都说到小王沟通有问题。主要表现在与合作团队的沟通很生硬,常常让对方觉得他的沟通方式很粗鲁,对于一些问题的细节还会钻牛角尖。譬如他会在不理解问题的前提下要求对方的团队做这做那,甚至不分场合地直接找了对方的领导,也不愿意听对方的意见。更加令小高苦恼的是小王不认为他的沟通有问题，他把他的沟通问题归结于某些人对他的偏见，用他的话来说"等某某人走了你看还会有沟通问题吗"。虽然大家都觉得小王对项目很有热情，也愿意为项目付出努力，但是沟通问题已经成了他和团队合作的鸿沟。开发团队希望小高能给他们换个产品经理。小高经过观察，发现小王除了沟通，其他方面的能力，如在产品设计、执行力和对产品未来方向的敏锐度，都未达到高级产品经理应有的水平。

小高在管理小王的事情上，咨询了HR、阿阳和勇哥的建议，在日常一对一会议时多次建议小王要学会倾听别人的需求、提高沟通的有效性，同时就小王提出的产品方案加以指点和讨论。又过了一段时间，小高发现小王在团队沟通上仍是我行我素，其他团队对小王的不满，还是时不时传到小高的耳朵里，而在其他能力方面，进步也不明显。小高花了不少力气，试图帮助小王改进，但还是收效甚微。

最近，发生了一件让小高很恼火的事。最近小王和新来的小韩同时申请出差，但在审核过小王的出差需求后，小高发现小王目前所在的项目阶段不适宜出差，在一对一会议时，小高跟小王沟通了自己的想法，暂时驳回了小王的申请，建议他等时机合适再去。小王为此不仅到勇哥那边告状说小高不能全面看清项目的优先级，还在私底下说小高针对自己。小高该怎么办？

（案例来源：https：//zhuanlan. zhihu. com/p/26050853，2017－03－28.）

项目八 团队精神培育

职业能力目标：

1. 领会团队精神的内涵。
2. 理解凝聚力高的团队特征。
3. 掌握提升团队凝聚力的方法。
4. 理解如何培养团队信任合作。
5. 领会影响团队士气的原因。
6. 理解塑造团队精神的方法。

任务一 团队精神的内涵

●实践情景

德国科学家瑞格尔曼曾经做过一个拉绳实验，参与测试者被分成四组，每组人数分别为1人、2人、3人和8人。瑞格尔曼要求各组用尽全力拉绳，同时用灵敏的测力器分别测量拉力。测量的结果有些出乎人们的意料：2人组的拉力只为单独拉绳时2人拉力总和的95%；3人组的拉力只是单独拉绳时3人拉力总和的85%；而8人组的拉力则降到单独拉绳时8人拉力总和的49%。

（资料来源：李慧波. 团队精神：企业真正的核心竞争力. 北京：新华出版社，2004.）

【思考与启示】

为什么人多力量却不一定大？到底是什么因素影响了团队的整体绩效呢？如何才能发挥团队的整体威力？

一、什么是团队精神

对于什么是团队精神，微软公司的理解是：

（1）一群人同心协力，集合大家的脑力，共同创造一项智能财产，其产生的群体智慧将远远高于个人智慧。

（2）个人的创造力是一种神奇的东西，源于潜在的人类心智潜能，它被情感丰富，而被技术束缚。

（3）一群人全心全意地贡献自己的创造力，将结合成巨大的力量。结合的创造力由于这一群人的互动关系，彼此激荡，而更加复杂。

（4）在这种复杂的情况之下，领导变成人际互动的"交响乐指挥"，辅助并疏导各种微妙的人际沟通。

（5）当团体中的沟通和互动正确而健康时，能够使这一群人的力量完全结合，会产生相加相乘的效果。沟通顺畅能使思想在团队中充分交流传达，并形成最佳效果。

（6）倘若忽视了团队精神，则只会有平庸的成果。

所谓团队精神，简单来说就是大局意识、协作精神和服务精神的集中体现。其他成功的企业对此也各有自己的心得。团队精神的基础是尊重个人的兴趣和成就，核心是协同合作，最高境界是全体成员形成向心力、凝聚力，反映的是个体利益和整体利益的统一，进而保证组织的高效率运转。团队精神的形成并不要求团队成员牺牲自我；相反，挥洒个性、表现特长保证了成员共同完成任务目标，而明确的协作意愿和协作方式则产生了真正的内心动力。团队精神是组织文化的一部分，良好的管理可以通过合适的组织形态将每个人安排至合适的岗位，充分发挥集体的潜能。如果没有正确的管理文化，没有良好的从业心态和奉献精神，就不会有团队精神。

二、团队精神内涵的表现

1. 团队凝聚力

团队凝聚力是针对团队和成员之间的关系而言的。团队精神表现为团队成员强烈的归属感和一体性，每个团队成员都能感受到自己是团队当中的一分子，把个人工作和团队目标联系在一起，对团队忠诚，为团队的成功感到自豪，为团队的困境感到忧虑。增强团队凝聚力的主要方法如下：

（1）团队领导要采取民主的方式，让团队成员敢于表达自己的意见，积极参与组织的决策。

（2）建立良好的信息沟通渠道，让员工有地方、有时间、有机会向领导反映问题，互通信息，化解矛盾。

（3）建立健全奖励及激励机制。个人奖励和集体奖励具有不同的作用，集体奖励可以增强团队的凝聚力，会使成员意识到个人的利益和荣誉与所在团队不可分割；个人奖励可能会增强团队成员之间的竞争力，但这种奖励方式会导致个人只顾个人，在团队内部形成一种压力，协作、凝聚力可能会弱化。所以，在对员工奖励时应综合考虑，既要承认个人的贡献，又要承认团队的成绩；在对个人奖励的同时，也要对员工所在的团队在精神上给予奖励。

2. 团队合作意识

团队合作意识是指团队和团队成员表现出协作和共为一体的特点。团队成员间相互依存、同舟共济、互相敬重、彼此宽容和尊重个性的差异；彼此间形成一种信任的关系，待人真诚，遵守承诺；相互帮助和共同提高；共享利益和成就，共担责任。

良好的合作氛围是高绩效团队的基础，没有合作就无法取得优秀的业绩。所以，我们在工作中，要努力培养团队成员的合作意识。培养团队成员合作意识的主要方法有：

（1）在团队内部积极营造融洽的合作气氛。团队的精髓在于"合作"二字。团队合作受到团队目标和团队所属环境的影响，只有团队成员都具有与实现目标相关的知识技能及与他人合作的意愿，团队合作才有可能取得成功。

（2）团队领导首先要带头鼓励合作而不是竞争。美国前总统肯尼迪曾说："前进的最佳方式是与别人一道前进。"成功的领导者总是力求通过合作消除分歧，达成共识，建立一种互融互信的领导模式。很多的管理者热衷于竞争，嫉妒他人的业绩和才能，害怕下属的成就超过自己，而事实上没有一个领导者会因为自己下属优秀而吃尽苦头。

（3）制定合理的规章制度及合作的规范。在一个团队中，如果出现能者多劳而不多得，就会使成员之间产生不公平感，在这种情况下也很难开展合作。要想有效推动合作，管理者必须制定一个被大家普遍认同的合作规范，采取公平的管理原则。

（4）强调大家的共同长远利益，管理者要使团队成员拥有共同的未来前景，使大家相信团队可以实现目标，这样团队成员就不会计较眼前的一些得失，而会主动开展合作。

（5）建立长久的互动关系。作为团队的管理者，要积极创造机会使团队成员不断增进相互间的了解，并融为一体。如组织大家集中接受培训、开展各种有益的文体娱乐活动、进行比赛或采取多种激励的活动等。

3. 团队士气

团队士气是团队精神的一个重要方面。拿破仑曾说过："一支军队的实力四分之三靠的是士气。"这句话也适用于现代企业的管理，为团队目标而奋斗的精神状态对团队的业绩非常重要。所以，在管理中，要始终关注员工士气的高低，以提高工作效率。提高团队士气的主要方法有：

（1）采取措施让员工的行为与团队的目标一致。如果团队成员赞同、拥护团队目标，并认为自己的要求和愿望在目标中有所体现，员工的士气就会高涨。

（2）利益分配要合理。每位员工的工作都与利益有关系，无论是物质的还是精神的，只有在公平、合理、同工同酬和论功行赏的情形下人们的积极性才会提高，士气才会高昂。

（3）充分发挥员工的特长，让员工对工作产生兴趣。员工对工作热爱、充满兴趣，士气就高，因此，团队的管理者应该根据员工的智力、能力、才能、兴趣以及技术特长来安排工作，把适当的人员安排在适当的位置上。

（4）实行民主管理。团队内部的管理方式，特别是团队管理层的领导方式对员工的积极性影响很大。管理层作风民主、广开言路、乐于接纳意见、办事公道、遇事能与大家商量、善于体谅和关怀下属，这时士气就会非常高昂；而独断专行、压抑成员想法和意见的管理者就会降低团队成员的士气。

（5）营造和谐的内部环境。团队内人际关系和谐、互相赞许、认同、信任、体谅，这时凝聚力就会很强。

（6）进行良好的沟通。管理层和下属、下属和下属之间的沟通如果受阻，就会使员工或团队成员产生不满的情绪。

三、实训技能与拓展

位于广州医科大学附属第一医院的广州呼吸健康研究院成立于 1979 年，在国内数次重大呼吸道传染病阻击战中表现卓著，钟南山院士是呼研院团队的灵魂人物。2020 年的新冠肺炎阻击战中，80 多岁的钟南山再次勇担重任，被全国乃至全球关注。武汉协和医院是钟南山团队支援武汉医疗队的工作地。到达武汉后，该团队主动提出接收 ICU，处理情况最危急、最复杂的病例，到达武汉的前 10 天，该团队用 36 小时改造了 ICU 病区，20 张床位很快满员，病人数增长 4 倍，原先为新冠肺炎患者开辟的 5 个病区最终扩展到 16 个。

钟南山团队这种"敢啃硬骨头"的工作精神和 17 年前抗击"非典"时一样。2003 年 3 月，广东省"非典"疫情发展迅猛，3 月 17 日首次破千，时任广州呼吸疾病研究所所长的钟南山表示："把重症病人都送到我这里来！"钟南山的学生、广医一院呼研院教授郑则广说："这句话背后承受的压力不是一般人能想象的。因为医院要考虑收了能不能治，治不好怎么办，医护人员感染乃至扩散到整个医院怎么办，这些可能性都要做好准备。"当时，"非典"隔离病房所在的办公楼有些老旧，除了普通的白大褂、医用口罩，医疗团队没有更好的防护装备。在为一位 60 多岁的病人插管时，带血的痰液溅到郑则广身上，他很快就被感染了。由于呼研院有足够的经验，钟南山提出的治疗措施对抢救危重病人的成功率达到 87%。广东省和广州市"非典"死亡率分别为 3.8% 与 3.6%，为全球最低。

钟南山院士除了坚守医疗一线，在呼研院的人才培养上，他也非常重视，他创立创办了"南山班"，亲自担任班主任，亲自面试。参加遴选的学生必须是进入大学半年后，高考成绩拔尖、绩点在前 8%。2020 年 3 月 20 日，身处新冠肺炎疫情抗疫前线的钟南山仍然用一整天的时间亲自面试 80 位同学。2020 年，一个视频在网上广为流传，视频内容是 84 岁的钟南山用英语讲授《呼吸疾病总论》。殊不知，钟南山 35 岁才开始学英语。

实训技能讨论题：

同学们，钟南山院士作为团队灵魂人物，其工作精神有哪些特点？对你有什么启发？

任务二　团队凝聚力培养

●实践情景

《孟子·公孙丑》说："天时不如地利，地利不如人和。"《周易》说："二人同心，其利断金。"《孙子兵法·谋攻》说："上下同欲者胜。"以上经典之句告诉我们一个真理：团队的凝聚力是团队成功的关键所在，一个缺乏凝聚力的团队，人心涣散，终究逃脱不了失败的命运。塑造团队文化，确立团队使命与愿景，是营销团队凝聚力塑造的精神之源。通用电气公司前总裁杰克·韦尔奇说过：作为一名领导者，第一要务就是为团队设立愿景与使命，并激发团队竭尽全力去实现它。团队愿景从管理哲学角度来讲就是解决团队是什么、要成为什么的基本问题，团队使命则是团队为实现团队愿景确立的战略定位与业务方向，回答的是团队应该做什么的问题。作为一个营销团队，首先我们要明确营销团队核心文化：积极进取、永不言败！团队愿景：做市场的主导者；团队使命：积极营销，决胜市场。华为团队的狼文化以及电视剧《亮剑》中李云龙"嗷嗷叫"的独立团就是很好的案例。团队文化在团队不同的发展阶段应该不断完善与升级，作为一名团队管理者不仅要注重日常事务性的工作，还要有意识地去建立适合自身团队的文化，让每一个团队成员明确团队使命，积极宣导团队愿景，方能给予团队精神凝聚之源！

（资料来源：卓智华. 如何塑造营销团队的凝聚力？中国营销传播网，http：//www. emkt. com. cn/article/350/35025. html. ）

【思考与启示】

凝聚力高的团队的特征是什么？如何提升团队凝聚力？

一、凝聚力高的团队特征

1. 沟通渠道畅通

团队内的沟通渠道比较畅通、信息交流频繁，大家觉得沟通是工作中的一部分，不会存在什么障碍。

2. 参与意识强

团队成员的参与意识较强，人际关系和谐，成员间不会有压抑的感觉。

3. 有强烈的归属感

团队成员有强烈的归属感，并为成为团队的一分子感到骄傲。愿意把自己作为这个团队中的一分子提出来，跳槽的现象相应较少。

4. 相互关心、尊重

团队成员间会彼此关心，互相尊重。共同的利益价值观使他们能够在达到目标后获得一定的工作满足感，成员间容易彼此接纳相容，因此也增强了友谊和吸引力。

5. 有较强的事业心与责任感

团队成员有较强的事业心和责任感，愿意承担团队的任务，奉行集体主义精神。

6. 有成长与发展的机会

团队为成员的成长与发展、自我价值的实现提供了便利的条件。领导者、团队周围的环境、其他的成员都愿意为自身及他人的发展付出。

二、怎样提升团队凝聚力

1. 处理好团队与外部的关系

当团队遇到威胁时，无论团队内部曾经发生过或正在发生什么问题、困难和矛盾，团队成员都会暂时放弃前嫌，一致应对外来威胁。通常外来威胁越高、造成的影响越大、压力越大，团队所表现出的凝聚力越强。当然如果团队成员感到团队根本没有办法应付外来威胁和压力时，就不愿意再去努力了。

2. 控制好团队的规模

规模越大越容易造成团队的沟通受阻，意见分歧的可能性也会增大；大规模的团队人员之间的接触相应较少，沟通也不顺畅，容易人浮于事、互相扯皮、不负责任、办事拖拉；团队的规模越大产生小团队的可能性就越大，小山头、小派系这时可能就会出现。通常团队的人数控制在 10～15 个人之间较好。

3. 设置好成员的个人目标与团队的目标

团队目标如果跟个人的目标一致，有吸引力、号召力，这时团队成员就愿意合作完成任务，凝聚力会增强；反过来如果个人目标和团队目标不相关联，个人的想法是多挣钱，团队的目标是获得荣誉，这时合作就会少，感情趋于冷淡，凝聚力也就降低。

4. 领导作风民主

领导是团队行为的一种导向和核心，采取什么样的领导方式直接影响到凝聚力的高低。在民主的领导方式之下，团队成员愿意表达自己的意见和参与决策，这时积极性高、凝聚力比较强；而在专制、独裁、武断的领导方式下，下属参与的机会比较少，员工的满意度相应就比较低，容易出现牢骚满腹，会后私下攻击性的言论也相应增多，凝聚力也会较低；但在放任型的领导方式下，团队成员就像一盘散沙，人心涣散，谈不上集体主义，也谈不上团队的规则，更谈不上凝聚力。

5. 运用正确的团队激励机制

正确的激励机制能起到激励作用，否则会适得其反。特别是在采取个人或集体的奖励方式时，一定要因时因地而定。个人奖励和集体奖励有不同的作用：集体奖励会增强团队的凝聚力，会使成员意识到个人的利益和荣誉与所在团队不可分割；个人奖励可能会增强团队成员间的竞争力，但这种方式会导致个人顾个人，在团队内部形成一种压力，协作、凝聚可能会弱化。建议两者都要考虑，既要承认团队的贡献，也要承认个人成绩。

三、实训技能与拓展

拳头伤人之所以要比手指伤人或者巴掌伤人疼得多，是因为当拳头攥紧时，整只手的全部力量都凝聚在拳心，它更强大！如果一支军队能够攻城略地、百战不殆，它最大的特征就应该是人和。一个优秀的经济团队同样如此，强大的凝聚力，是他们成就梦想创造辉煌的制胜法宝。

实训技能讨论题：

立足于企业的视角，怎样才能把团队中分散的力量敛聚起来，也就是如何提高团队的凝聚力呢？

任务三　营造互信的合作气氛

●实践情景

某公司管理班子由两男一女组成。一把手是男性，接近退休的年龄，读书不多，军人出身，初次交往风格很温和，就是很容易啰唆。第一副职也是男性，40多岁，有很多经营经验，也曾经独立创业，十分灵活且善于应对变化，有明显的野心。第二副职是女性，30多岁，非常严谨和勤奋，对工作一丝不苟，是劳模型的人物，但视野相对窄小一些。

这个管理班子中：一把手觉得自己不受重视，不被尊重；第一副职觉得不被信任，腹背受敌，步履维艰；第二副职觉得前景黯淡，工作心情十分不愉快。下面以三件事实来透视该公司的管理实况。

事件一：公司有部车，这位一把手以自己年龄大为由，让这部车有80%的时间都跟着自己行动。不仅每天接送自己上下班，来往于各处（有时与公务无关），有时到了周末，车子也就跟着他不知去了哪里，只见汽油费哗哗地付出去了。这样一来，在客户拜访等方面更加繁忙的两位副职，时常有协调不到车子的情况，开展工作十分不便。两位副职对一把手以公谋私的印象乃至质疑，就这样滋生出来。

事件二：第一副职（那位男性）有很强的经营意识，也有明显的野心，一旦正职退休，按道理和以往惯例，他会接替正职的位置——从实际的经营指标完成情况来看，倒也是实至名归。一把手在这样的情况下，感觉到自己"被威胁了"，因此从不在上级领导面前为第一副职美言。不成人之美也就罢了，他对第一副职希望迅速推进的工作，也有意无意中爱答不理起来。于是，本是很好的市场机会被错过不少，不仅第一副职对此牢骚满腹，第二副职也颇有微词，觉得一把手的做法拖了整个班子经营业绩的后腿。

事实上，受限于年龄、知识和曾经的经验，一把手在实际的经营管理中所起到的作用本就微乎其微，又因为这样的消极怠工而影响了团队整体的业绩，两位副职在访谈和干部考核的沟通中都一致表现出恨不能除之而后快的心情。

事件三：该公司当前正处于改革期，出台了很多新的政策和制度，在服务于新战略的同时，不可避免地损害到了一些人的利益，于是一些人站出来反映现实困难和问题。在两位副职看来，这种情况尽管不好，但尚属正常，也应能够通过沟通解决；但一把手顶不住了，修改了已经推出的政策，岂料非但没有解决原有矛盾，整个管理团队还一方面遭受了"出台政策如同儿戏"的嘲笑，另一方面必须接受更多员工的质疑。一把手在这个时候退缩了，把全部压力转嫁到了两位副职身上。这两位副职，顶着巨大的压力每天从早忙到晚，心情无奈至极。

当然，除了一把手的以上作为，两位副职在配合过程中也是各有过失。第一副职的野心太过于明显和外露，导致了一把手的不信任，也导致了第二副职的戒备；第二副职在工作中过于关注执行细节，导致其对整个管理班子在工作方向上的贡献缺失，又由于对自己原来所在的部门怀有深切感情而致使无法在全面管理中做到公平。这样的情况持续了将近一年，整个管理团队如同一盘散沙，大家各怀心事，各自为政，三个人都没有为团队的建设付出任何努力。

（案例来源：https：//www. sohu. com/a/257583034_680621，有修改．）

【思考与启示】

该公司的管理班子存在哪些问题？

一、信任的作用

信任是合作的基础和前提，互信能够提高团队合作。

1. 信任能让大家把焦点集中在工作上

一个团队如果其成员互相缺乏信任，则人们的注意力就不可能放在目标上，而会转移到人际关系的处理上：怎样平息个人间的矛盾，怎样做完这个事以后不会得罪其他人？这时，成员防范心理增强、小团队利益和个人利益会代替团队利益，彼此会变得小心、谨慎，处理任何事情总是不敢放开手脚，恐怕得罪别人。

2. 互信能够促进沟通和协调

缺乏信任、绩效平平的团队成员在描述问题的时候言辞比较含混、模棱两可，让人难以理解，而且表现出很强的防范心理，也不会很明确地告诉你存在的问题。相互信任则可以使其敞开心扉，开诚布公地沟通，有效地解决问题。

3．互信能够提升合作的品质

要营造合作气氛必须遵守两项规则：第一，要与对方坦诚地分享信息，包括负面信息；第二，要鼓励团队成员冒险，允许犯错误，要对错误做总结，以免再犯。

4．互信能产生相互支持的功能

相互支持是很多团队成功的法宝，能令团队成员树立信心，激发勇气，敢于面对困难、迎接挑战。这种情形下团队成员会激发出一种平时没有的能量，面对各种障碍的时候也能跨越障碍。

二、培养互信气氛的关键要素

1．诚实

要想赢得别人的信任，首先为人要诚实、正直、廉洁、不欺骗、不夸大，这是做人的道理。真正成功的人不是靠技巧成功，而是靠内在的品德修养成功。

2．公开

团队必须是公开的、透明的。无论是个人或团队的经验，哪怕是错误的信息，都必须与大家分享，而不能独自占有。

3．一致

个人的表现不能因环境的变化而变化，而应做到始终如一地表现自己，发挥自己的最佳水平。特别要做到言行一致、表里如一，而不能说一套做一套。

4．尊重

团队成员必须相互尊重，以一种有尊严、光明正大的态度待人。只有在得到尊重的前提下，大家才能更好地投入工作。

这四个要素融为一体，互信的品质非常脆弱，上述四点只要违反了其中一个，互信关系就不复存在，甚至会受到毁灭性打击。

三、如何培养团队合作

1．团队领导者首先要带头鼓励合作而不是竞争

很多管理者热衷于竞争，嫉妒他人的业绩和才能，害怕下属的成就超过自己，而事实上没有一个领导者会因为自己的下属做得好、优秀而利益受损。成功的领导者总是力求通过合作来消除分歧，达成共识，建立一种互信的领导模式。

2．要制定规则与规范

团队成员如果经常受到领导的不公平待遇，付出却没有得到相应的回报，或者付出与回报远远不成正比，则会极大地挫伤成员的工作热情和工作积极性。所以，作为团队的领导者必须为团队制定一套全面、系统、公平、合理的规则和规范，严格按照制度做事，奖惩分明，才可能赢得团队成员的认可与支持，才能够推动团队的有效运行。

3．建立长久的互动关系

团队要想长久有序地发展，就必须设法使团队成员融为一体。团队的领导者应该经常组织

一些内容丰富、形式多样的集体活动，以加强成员之间的互动，进而增进情感交流。

4．要强调长远的利益

团队的领导者要明确团队的发展目标，使团队成员拥有共同的发展愿景，能够让个人服从集体，使大家自愿放弃每个人眼前暂时的个人利益，而以团队的长远利益为主。这样的话，成员之间就可以保持目标一致，也就会不计得失、不计前嫌，愿意主动合作以实现共同利益。

信任是赢得合作的法则，也是人际关系的中心议题。只有信任下属的领导才能够通过授权而高效地工作。

四、实训技能与拓展

蚂蚁驻地遭到了蟒蛇的攻击。蚁王在卫士的保护下来到宫殿外，只见一条巨蟒盘在峭壁上，正用尾巴用力地拍打峭壁上的蚂蚁，躲闪不及的蚂蚁无一例外丢掉了性命。

正当蚁王无计可施时，军师把在外劳作的数亿只蚂蚁召集起来，指挥蚂蚁爬上周围的大树，让成团成团的蚂蚁从树上倾泻下来，砸在巨蟒身上，转眼之间，巨蟒已经被蚂蚁裹住，变成了一条"黑蟒"。它不停地摆动身子试图逃跑，但很快，动作就缓慢下来了，因为数亿只蚂蚁在撕咬它，使它浑身鲜血淋漓，最终因失血过多而死亡。

一条巨蟒，足够蚂蚁王国一年的口粮了，这次战争虽然牺牲了两三千只蚂蚁，但收获也不小。蚁王下令把巨蟒扛回宫殿，在军师的指挥下，近亿只蚂蚁一起来扛巨蟒。它们并不费力地把巨蟒扛起来了。然而，扛是扛起来了，并且每一只蚂蚁都很卖力，巨蟒却没有前移，因为虽然有近亿只蚂蚁在用力，但这近亿只蚂蚁的行动不协调，他们并没有站在一条直线上，有的蚂蚁向左走，有的向右走，有的向前走，有的则向后走。结果，表面上看到巨蟒的身体在挪动，实际上却只是原地"摆动"。

于是军师爬上大树，告诉扛巨蟒的蚂蚁："大家记住，你们的目标是一致的，那就是把巨蟒扛回家。"统一了大家的目标，军师又找来全国嗓门最高的100只蚂蚁，让他们站成一排，整齐地挥动小旗，统一指挥前进的方向。

这一招立即见效，蚂蚁们很快将巨蟒拖成一条直线，同时自己也站在一条直线上。然后指挥者们让最前面的蚂蚁起步，后面的依次跟上，蚂蚁们迈着整齐的步伐前进，很快将巨蟒抬回了家。

实训技能讨论题：

1．蚂蚁凭什么能够战胜巨蟒并将重量数百倍、数千倍乃至数万倍于自己的巨蟒搬回家？

2．探讨团队互信合作的重要性。

任务四　提升团队士气

●实践情景

2019年6月25日，一条招聘广告文案突然就爆火"出圈"，它来自人们印象中墨守成规的国企官微@中国石化。这条招聘广告是这么写的：

如果你不开心

你就来加油站工作

那样就会有很多人

跟你说

加油

还会给你钱

真好

【思考与启示】

请结合当前人们社会生活中的新环境，分析这条招聘广告走红的原因。进一步思考，如何结合当前这种环境特点提升团队士气？

一、影响团队士气的原因

1. 对团队目标是否认同

如果团队成员赞同、拥护团队目标，他们会觉得自己的要求和愿望在团队目标中有所体现，士气就会高涨。

2. 利益分配是否合理

每个人做事都跟利益有关系，无论是物质的，还是精神的。只有在公平、合理、同工同酬、论功行赏的情形下，人们的积极性才会提升，士气才会高昂。

3. 团队成员对工作所产生的满足感

个人对工作非常热爱，感兴趣，而且工作也适合个人的能力与特长，士气就高。应该根据员工的智力、才能、兴趣以及技术特长来安排工作，把适当的人在适当的时间安排在适当的位置上。如果个人的能力超出了工作的要求，他就会觉得不满足，觉得没劲；反过来如果个人的能力不及工作要求，也会对其生活产生压力。

4. 领导者是否优秀

优秀的人进入领导集团，是团队士气高昂的一个重要原因。领导者作风民主，广开言路，乐于接纳意见,办事公道,遇事能同大家商量,善于体谅和关怀下属,这时士气会非常高昂;而独断专行,压抑成员想法和意见的领导就会降低团队成员的士气。

5. 团队内部的和谐程度

团队内人际关系和谐,互相赞许、认同、信任、体谅,通力合作,这时凝聚力就会很强,很少出现冲突。而"窝里斗"的群体不会有这种现象。

6. 良好的信息沟通

领导和下属、下属和下属、同事与同事之间的沟通如果受阻,就会引起团队成员不满的情绪。

二、团队士气与生产力

有了高昂的士气,生产效率却不一定会高。

1. 士气高,生产率低

如果管理者只关心员工的需要、团队成员间的关系,不注意生产,不注意目标,这时员工心理满意的程度可能会提升,但组织目标的完成就不一定理想。以人为导向的领导者可能会导致士气高涨而效率低下的情况。

2. 士气高,生产效率也高

组织的生产目标和员工的需要都得到重视,这是一种比较理想的状况。团队的领导者能够一手抓经营,一手抓管理,并且科学地权衡两者之间的关系,使组织的生产目标和员工的需求都受到重视。结果,既提高了生产的效率,又能合理地满足员工的需求,提高员工的工作热情。

3. 士气低,生产率高

如果团队的领导者采用泰勒的科学管理方式,以严格控制的方式来管理员工,可能会出现生产率高,但是员工士气低落的情况。某些铁腕和强制性的管理方式,也可能会导致这种状况,团队成员基本上没有参与的机会,这时生产效率确实高,但员工的士气较低。不过这种情况不会太长久,因为士气很低的队伍很难有持续的高绩效。

一般来说,管理分为对人的管理和对工作的管理。如果偏重工作和目标而忽视人的心理因素就会出现片面追求高效率的做法,很难长久维持;但一味关注人的需求和人的心理,虽然员工的士气高涨了,但生产效率低,久而久之也会影响员工积极性的发挥。所以,一个成功的领导者应该在两者之间找到一个恰当的平衡点,既能够保持持续的高效生产率,又能够不断激发员工的工作热情。

三、实训技能与拓展

中央电视台《赢在中国》这个节目,在第三赛季36进12比赛中,评委史玉柱在点评选手谢莉时,曾说过"工资最高时成本最低、利润最高",当时史玉柱点评谢莉的原话是:"我建议你走高工资的路。我刚才问你调节税,实际上我是想看你的工资水平的。我过去下海到现在也十几年了,总结下来,给员工高工资的时候,实际上是成本最低、公司的利润率最高的时候。如果用高工资,在你和他的这种关系上面,你是主动的。如果你比前面两个竞争对手,工资就高这么一截，我坚信，一年之后你回过来看，你的利润率是最高的，你的成本是最低的。"

实训技能讨论题：

1. 史玉柱为什么这样说呢？
2. 高工资一定能提高员工士气吗？
3. 员工士气高，生产力一定高吗？

任务五　企业团队精神塑造

●实践情景

　　俞敏洪作为新东方的创始人，多次在中国大学校园演讲，下面我们看一段他的演讲词：

　　各位朋友们，各位从海外留学归来的同学们，大家好！新东方讲话确实从来不用稿子，所以徐小平读稿子我觉得很奇怪，我想有两个原因，一是才思枯竭，二是实在太重视大家，以至于不得不念给大家，我宁可相信第二种，但从表现的迹象来说第一种也有可能。

　　我们"三驾马车"，小平老师是充满激情的人，但往往思维是充满混乱的人，会找大家投资，因为他这个人很要面子，到时候认为你不让他投资是不给面子。王强一直会从诗经讲到现在，从中外拉丁文讲到法文，讲到英文，所以王强老师是我们生活中最有学问的人，现在家里房子也藏着几万本的书。我是属于没有什么才华，但是能够把这些有才华的人统一在一起的人。新东方是真实的"土鳖"带着一群"海归"创业的历史。

　　因为最初就我一个人，后来来的第一批人，当然在他们来之前还有我老婆，我和我老婆两个人。后来我真心在1995年年底的时候把徐小平、王强这些在海外留过学、打过工、充满个性的人请回来。你知道把充满个性的人请回来会带来什么样的后果，所以他们回来的第一天就把我老婆给"开"了。海归确实思想比较先进，海归如果在中国这么干旱的土地上爬得习惯，并且爬出生命力的话，一般来说有一只"土鳖"先带着比较容易成功！所以就有了我这只"土鳖"，正是基于这样的自信，我们在整整十几年的时间里，一边打磨，一边增值（我们增值不是为了自己的利益，不是为了自己的长相，也不是为了女朋友），而是为了新东方到底怎么做才能做得更好。

　　在过程中我个人接受了一次次洗礼，新东方在中西方文化碰撞，这些朋友的思想碰撞里一路成长起来。这个过程中我也非常庆幸，尽管自己没有留过学，但有一帮留过学的朋友在我身边提醒我，我也受到了教育。

　　【思考与启示】

　　看了俞敏洪的演讲词，你觉得团队精神重要吗？新东方的团队精神是什么？

一、如何塑造团队精神

塑造和培养团队精神，可以有效防止军心涣散，避免产生离心力和出现一盘散沙的状况。理想的团队组织是有效率的，能不断产生创新的、具有良好合作与协作能力的组织。良好的协作不仅要求有制度上的协作，而且也要求有理念上的协作，即要求员工用团队精神的理念指导自己的行为。塑造团队精神必须强调协作原则、优势互补原则、团结一致向前看原则和个人与集体相结合原则。

1. 科学确立团队事业目标，在团队内充分渗透目标

企业的经营理念及团队事业目标并不是可有可无的，它是企业形象的灵魂和核心，是企业经营成败得失的关键。经营理念及事业目标的定位是团队精神建设的出发点和基础。在企业经营理念定位及事业目标确立过程中至少必须遵循以下四个原则：

（1）经营理念必须具有时代性。

在确定经营理念时，"时代性"是重要条件，而且还要合乎社会规范，并与团队成员的价值取向相统一，这样才能引起员工的心理共鸣。

（2）目标必须真实。

切忌好大喜功、盲目冒进，也应避免保守畏缩。确立团队目标应根据团队及企业现有内外环境资源及市场机会做理性分析、综合评判。目标不能定得太高，也不应太低。

（3）目标必须对员工具有激励作用。

企业目标应该是团队成员利益的集中体现，只有这样的目标才能得到员工的认同，才能对员工行为起规范作用。

（4）经营理念及事业目标必须不断更新。

企业的主客观条件、社会环境发生变化以后，理念和目标也必须更新，否则，就会丧失其导向功能和动力作用。

经营理念和事业目标确立以后，必须认真贯彻推行，必须渗透到每一个员工中，得到团队成员的一致认同和接受。许多企业不是没有理念、没有明确的事业目标，而是理念、目标教育不到位。这些企业不是对目标教育不重视，就是方法不对头。

日本企业在这一方面的研究和探索值得我们学习借鉴，他们非常强调所谓的理念"价值共有化"运作，让企业理念和事业目标在员工中得到良好的沟通和彻底的贯彻，经常采用的方法有：重复加强；阐释体认；环境物化；仪式游戏；树立模范。我们应该认真研究适合自己企业的理念目标渗透方法，并持之以恒地加以推行贯彻。

2. 塑造团队精神，要强调协作原则

协作原则是团队精神最主要的内容。企业制度安排要注意强调协作原则，企业对人员的选聘及安排要体现协作原则，企业的岗位设计也要贯彻协作原则。企业要宣传协作原则，制度和政策的制定要有利于发挥协作原则，以实现最有效的协作。团队中的每个人应以协作原则为工作的最高原则，一切工作服从于协作原则。强调协作原则首先要在价值理念上认同协作原则，真正理解协作原则的含义。如果没有协作原则，企业中每个部门和个人都强调自己的工作和利益，那么最终难以塑造团队精神，企业整体实力很难得到提高。企业是由众多员

工进行分工协作的群体组织，因而分工协作的状况也直接决定着企业的整体实力和综合效益。分工协作是企业正常运转的重要基础，但是良好的分工协作又取决于人的价值理念。有些企业内部员工之间难以协作，就是因为在价值理念上不承认协作原则，看不到团队的重要作用，只看到个人的作用。如果一个企业没有团队精神理念的存在，而仅仅靠个人英雄主义，则必然会危害企业的整体利益和总体的有效协作，最终必然使生产力难以得到有效发挥。

3. 塑造团队精神，要坚持优势互补原则

优势互补原则把发挥人们各自的比较优势作为核心，强调在发挥各自优势的基础上进行协作。团队精神重视发挥人的比较优势，坚持优势互补的原则，把人们各自的比较优势组合在一起。因为人的能力是有差异的，人的能力表现在不同方面也各有所长。这种差异和特长实际上就是人们各自的比较优势，这些不同的比较优势需要组合；而团队精神理念，恰恰是要组合人们之间的这些比较优势，人们的比较优势经组合后才能形成一种更好的综合效应。而这些比较优势的组合又需要以团队精神为基础，如果没有团队精神，大家互相看不起对方的比较优势，就难以形成组合。

在企业制度设计中，应强调塑造团队精神。企业活力的重要标准之一，就是要充分发挥团队成员各自的比较优势，只有如此，才能有企业综合效益的增长。而这种综合效益能够增长，就必须要有团队精神的理念来指导。因为如果没有团队精神的理念基础，再好的优势都难以实现有效组合。因此，对于企业有效提高竞争力来讲，团队精神理念是极为重要的。

4. 建立团队价值观，培养良好的团队气氛

协同工作是良好团队精神的体现。团队内部必须树立起"人人为我，我为人人"的共同价值观。团队是每个成员的舞台，个体的物质和精神回报离不开团队这一集体，每个成员要想获得自己的荣誉，实现事业之抱负，都离不开其他成员在信息、知识、能力和生活上的帮助和支持。因此，要在团队内部经常性地开展沟通工作，倡导感恩和关爱他人的良好团队氛围。

良好的沟通是营造良好的团队气氛的法宝。团队内部成员与成员之间、成员与团队领袖之间、团队与上司之间、团队与团队之间都必须保持双向沟通，只有沟通才能实现互相之间的了解，产生信任，达成共识，才能产生强大的团队凝聚力。团队要跟踪观察团队成员之间的合作情况，让成员们经常讨论他们的意见和感觉，及时排除隔阂，化解矛盾。

尊重员工的自我价值是形成共同价值观的前提。一般来说，团队成员在团队中是以个人的经济收入和各种潜能的发挥作为价值目标，并体现在对团队的贡献上；而团队则应在追求团队价值的同时，充分考虑到每个成员都能平等地在整体环境中获得追求和实现自我价值的机会。只要使这两个方面有机地统一起来，团队的凝聚力就会形成，团队的共同价值也就能通过个体的活动得以实现。

注重感情投资是中国企业团队精神建设的特殊课题。东方文化注重"人和"，中国文化倾向情理相融。很多优秀企业非常注重把企业办成一个大家庭，建立起企业内部情感维系的纽带，如员工生日、结婚、生孩子、乔迁、晋升等，企业都给予特别的祝贺，以增进员工的归属感和向心力。在团队组织内部必须培养起良好的人际氛围。

5. 强化团队领袖行为修炼

优秀的团队领袖会使团队保持高度一致。团队领袖的行为直接影响到团队精神的建立。

团队领袖首先必须懂得如何管人、育人、用人。任何团队都会有管人的问题，团队必须建章立制，这是保持团队完整的基本条件。"没有规矩，不成方圆"，用标准来管理人、约束人并持之以恒地实行，这是团队领袖的重要工作内容。团队领袖也必须善于育人。人才是团队最重要的资源，人才来源，一靠引进，二靠培育，引进来后也得加以培养。同时，团队领袖在团队分工的时候还必须做好用人的工作，把人才推进到最适合其发挥才能的工作岗位上，真正做到人尽其才。

其次，团队领袖必须加强自身素质和能力的修炼。团队领袖要善于学习，勤于学习，懂得运筹帷幄，懂得把握方向和大局，研究事业发展战略，同时，还要加强自身的德行修养，懂得以德服人，讲信誉、宽胸襟，敢于否定自己、检讨自己，善于集中团队成员的智慧、采纳团队成员的意见，发扬民主管理的作风。

6. 建立规范的管理制度、激励机制

规范的管理制度、良好的激励机制是团队精神形成与维系的内核动力。海信集团公司总裁周厚健说："共同的愿景是建立斯巴达克勇士方阵的精神力量。团队精神的培育，除了企业理念教育之外，还必须有一套规范化的管理制度，一套激励员工的机制。"团队激励机制的建立应围绕以下几个方面着手进行：

（1）建立科学的工资制度。

工资制度是激励机制的基础，这一方面成熟企业已经有了很多经验总结。

（2）精神激励和物质激励并举。

海信集团的激励机制的原则是"发钱＋发精神＋发权利"。激励的手段应该是多方面的、丰富的，因为人的需要是多方面的，人是社会的人。

（3）批评和奖励双管齐下。

奖惩制度是企业管理的有力手段。批评是负激励，它推着团队成员向前走；奖励是正激励，它牵着团队成员向前走。

7. 塑造团队精神，要重视发挥团队个人能力与依靠组织力量相结合的原则

提倡团队精神并不是忽视人们的个人能力，而是要强调重视发挥团队个人能力与依靠组织力量相结合的原则。既要强调每个人的个人能力，也要依靠组织力量，这两者必须有效结合。这两者有效结合的结果，实际上就是形成团队精神理念的过程。现在许多企业强调发挥个人能力，但在一个企业中不应存在任何一个人的所谓能力和利益的过度增长。也就是说任何个人能力的发挥，都需要一种外部环境支撑，这种外部环境支撑就需要大家的合作。每个人有效作用的充分发挥，都需要其他人的配合。那些能干大事的人，同样需要一些只能干小事的人的配合，如果没有能干小事的人的帮助，他们最后可能什么事都做不好。注重团队精神的企业发展会很快，团队精神差的企业发展往往不快。个人能力虽然重要，但团队精神更为重要。如果只强调人们的个人能力而不强调依靠组织力量，那么这种企业最终很难保证持续发展下去。

团队精神理念是企业非常重要的价值理念，企业应有计划地塑造团队精神。企业制度的安排必须体现团队精神，企业组织结构设计必须体现团队精神，企业岗位设计和人员安排也应体现团队精神。企业团队精神使员工由只考虑自己利益的分散的"经济人"聚合为以组织目标为重的有献身精神的"团队人"，进一步转化为"事业人"。团队精神从心理状态和

精神状态两个方面改变员工与企业的关系，使员工与企业由若即若离的关系转变为员工离不开企业、企业离不开员工的鱼水关系，更重要的是团队精神使员工在参与团队奋斗中享受了共同完成任务的快乐与喜悦，为员工个人的成长提供了正强化的刺激源。塑造企业团队精神理念使员工有了更高的奋斗目标，使员工培养了积极的心态，产生了克服困难的意志和取得成功的信心。企业通过有计划地引导和塑造团队精神使员工的素质和精神状态都得到提高。团队精神同时还是社会活动的重要理念，社会活动也需要人们的协作和配合，培育团队精神还可为建立和谐型的社会提供思想理念基础。

8. 培养员工树立良好的精神风貌

（1）培养员工的主人翁精神。

要将员工个人的利益与企业的利益相结合，因为个人的利益来源于企业的利益，只有企业的利益得到了维护，个人的利益才可能有所保障。多为企业创造和节约财富，就等于间接地为自己创造和节约了财富，只有从这样的角度去思考，自己的工作才会有动力，而不会把分配的工作当成是任务和苦差事。

（2）培养员工的敬业精神。

敬业就是敬重自己的职业，就是把使命感注入自己的工作中，并努力从工作中找到人生的意义。没有敬业精神难以组成有效的团队。要学会在任何时候都保持自己内心的归属感，要自发自动、自我鼓励，视工作为快乐。敬业不仅是一种精神、一种美德，也是自己尊重自己的一种表现。敬业在有益于工作的同时，也使自己本身成为最终的受益者，因为把敬业当成一种习惯，必然能够从中学到更多的知识，积累更多的经验，在全身心投入工作的过程中实现自己的人生价值。

（3）培养员工的团结协作精神。

团队之所以叫团队，是因为团结是第一位的。团结出凝聚力、出战斗力、出生产力、出效率、出好心情。团结的关键在于团队的核心人物是否大度，是否公平，是否首先考虑大家的利益。一个团队的战斗力，不仅取决于每一名成员的能力，也取决于成员与成员之间的相互协作、相互配合。要有协作行为，必须先有协作精神，协作的关键是目标一致、认识一致、利益一致，是在这个基础上的同心协力。在团队协作的过程中，要尊重人和人之间的差异，要知道最优秀的团队，未必是由最优秀的员工组成的，而是由各个成员团结协作、扬长避短来组建的。每个人都有自己的优点和缺点，世界上根本不存在完美的人，只要能够发挥自己的优点，改正自己的缺点，就可以逐渐接近完美。

（4）培养员工的创新精神。

当今的时代是求变、求新的时代，一成不变的企业终将被时间所淘汰。企业可持续发展的动力就是不断创新，没有创新就没有发展。企业创新首先是观念创新，而观念创新取决于领导带动。企业领导如何带领企业、带领团队开拓创新，这对于企业团队精神的塑造具有重要意义。激发创新的方式有很多：一是允许失败，容忍错误；二是鼓励冒险与革新，即鼓励员工发挥创意与承担风险；三是保持竞争激情。只有不断增强员工的创新精神，才能保持企业持久的活力。

9. 培养员工形成高尚的道德品质

（1）培养员工的勤奋态度。

我们所倡导的勤奋，既是一种积极向上的人生态度，也是职工成才的必经之路，是企业生机与活力的集中体现。就企业和个人来说，要想成就一番事业，就必须具备勤奋的工作态度。真正勤奋工作的人同时也是任劳任怨、兢兢业业的人。

（2）培养员工的忠诚品质。

员工的忠诚是无价之宝。我们提倡的忠诚并不是唯唯诺诺地顺从，而是一种职业的责任感；忠诚不是对某个人的忠诚，而是对职业的忠诚，是承担某一责任或从事某一职业所表现出来的精神。世界上并不缺乏有能力的人，但只有既有能力又忠诚的人，才是每个团队所企盼的人才。那种忠诚于团队、忠诚于事业的员工，他们工作努力，不找任何借口，有时会达到一种令人难以置信的程度。有些忠诚度不高的人把忠诚作为增加回报的砝码，这不是真正的忠诚，而是交换。作为一个团队的领导来说，宁愿信任一个虽然能力差一点但足够忠诚的人，也不愿意重用一个朝三暮四的人，哪怕他能力出众。

（3）培养员工的宽容度。

对于团队中出现的问题，要善于"一日三省吾身"，要从"知过则改"升华到"闻过则喜"。特别要学会宽容，遇到摩擦，多从自身找找原因，即使真是对方的过错，也要学会换位思考，体现出容人的雅量。金无足赤，人无完人，贵在严于律己，宽以待人。宽容是一切成功者应有的境界，也是形成团队精神的必备要素，没有宽容就没有和谐，一个人度量有多大事业就有多大，成就也会有多大，可以说事业、成就与宽容是成正比的。宽以待人有以下几层含义：第一，要尊重人、理解人、信任人。在现实生活中，人人都需要别人理解、谅解，人人都应当理解、谅解别人；希望别人理解、谅解，自己必须首先学会理解、谅解别人，不懂得理解、谅解别人，通常也得不到别人的理解、谅解。第二，要宽厚、宽让、宽待。待人以宽，是中国传统，是做人准则。当然工作中不能失之于宽，待人以宽，但工作要从严。第三，要容言、容事、容人。首要的一点就是大度，大度就是包容。要形成团结协作、和谐融洽的氛围，就要提倡相互尊重、相互理解、相互信任、相互包容。有了宽容，阅历不同而能相互补充，年龄不同而能相互尊重，能力不同而能相得益彰，职位不同而能共进共勉。

10. 培养员工养成良好的行为习惯

（1）培养员工的主动意识。

作为团队的一员，每个人不应该是被动的"机器人"，而应该主动地把握自己该做什么、怎样做好。有这样一个"买土豆"的故事，同样是询价，乙跑了三次，只打听到一种价格，而甲只到市场一次，不仅了解到不同品种的不同价格，还拿回了样品，并对市场进行了分析。这就是积极主动与消极被动的区别。主动要求承担更多的责任，这是优秀员工必备的素质。在大多数情况下，即使你没有被正式告知要对某件事负责，也应该努力按照自己的岗位职责去做好，发扬"有人负责我服从，无人负责我负责"的精神。

（2）培养员工爱好学习的良好习惯。

团队学习可以将团队成员共同得到的认识化为行动，并可产生有巨大作用的团队智慧，形成更优秀的团队精神。面对信息时代，团队只有不断地学习，才能立于不败之地，才能更好地迎接知识经济时代的挑战。一是向内部标杆学习。内部标杆可以是员工、管理人员、一线岗位、职能部门，只要他们有成功的行为，就应该成为技能学习和团队精神学习的典范和榜样。企业在内部形成相互学习的氛围，可以达到员工之间的相互欣赏和相互合作，增强团队成员间的团队协作精神，消除上下级之间的距离和部门之间的隔阂；内部学习还可以带来大量的资料共享，达到有效的沟通，更有利于团队精神的形成。二是向外部标杆学习。每一个成功的企业都可以找到其特殊的成功之处，他们都有最佳的工作典范和最优秀的团队精神。如本田公司的品质管理、沃尔玛公司的零售创新、麦当劳的管理系统、摩托罗拉的大学、宝洁的培训体系、戴尔的销售速度、日本的准时生产制等。向外部标杆学习的一个重要方面就是向竞争对手学习。三是向顾客标杆学习。把顾客的需求作为企业的学习标杆，有助于员工的不断成长，不断学习，不断进取。标杆学习能有效地形成员工的内部驱动力，不仅有利于团队成员及整个团队的进步，同时也有利于团队沟通、协作等优秀团队精神的形成。

（3）培养员工的合作意识。

有句话叫作"相互补台，好戏连台"。相互补台有几层意思：第一，企业员工可以在内部开展批评和自我批评，认真加以改进，但对外不要自损形象、自贬身价。第二，人与人之间，当面可以指出对方的不足，但背后必须多说对方的长处。每一个人都这样做，就是相互补台。第三，想问题、处理问题，要多作换位思考，换位思考可以求同存异。

（4）培养团队成员的密切关系。

成功的团队，成员之间彼此融洽交流，而且知道发生冲突和矛盾时该如何处理，工作中能够互相支援、互相鼓励，以最佳状态奉献团队。把自己内心的想法告诉大家，是团队沟通基本的一条。在日常工作中要保持团队精神与凝聚力，沟通是一个重要环节。比较畅通的沟通渠道、频繁的信息交流，使团队的每个成员不会有压抑的感觉，工作就容易出成效，目标就能顺利实现。因此要学会积极地与人沟通，凡事采取合作的态度。正因为分工精细，每个人的工作岗位都不同，不同岗位的工作性质、内容和运行方式都会有所不同。不同的人，其性格、处事的方式也有所区别，如果不能很好地沟通，工作起来就有可能处处受阻，无法顺畅、快捷地把事情办好。要想解决好沟通，除了平时尽量多了解、熟悉其他工作岗位的工作性质、内容之外，实际工作中还必须多交流，抱着合作的心态，多理解别人的苦衷，多设身处地地为别人想一想；在沟通交流中求同存异，包容对方的不足，增进彼此的友情，那么工作起来就会事半功倍了。

二、实训技能与拓展

有7个人曾经住在一起，每天分一大桶粥。要命的是，粥每天都是不够的。一开始，他们通过抓阄决定谁来分粥，每天轮一个人。于是每周下来，他们只有一天是饱的，就是自己分粥的那一天。

后来他们推选出一个道德高尚的人出来分粥。强权就会产生腐败，大家开始挖空心思去讨好他、贿赂他，搞得整个小团体乌烟瘴气。

然后大家开始组成三人的分粥委员会及四人的评选委员会，互相攻击扯皮下来，粥吃到嘴里全是凉的。

最后想出来一个方法：轮流分粥，但分粥的人要等其他人都挑完后拿剩下的最后一碗。为了不让自己吃到最少的，每人都尽量分得平均，就算不平，也只能认了。大家快快乐乐、和和气气，日子越过越好。

（资料来源：王运启．团队的高效能从何而来．中国营销传播网，http：//www.emkt.com.cn/article/333/33395，html．）

实训技能讨论题：

1. 为什么不同的机制与方法会造成不同的风气？
2. 如何塑造健康的团队精神？

任务六　团队精神培育的误区

●实践情景

做销售的朋友都很熟悉这样一幅情景：无论是周例会、月例会、季度例会，还是年终总结会，老板在主席台上激情四射慷慨陈词，下面员工目光呆滞眼中无物，或者在笔记本上狂写不止，貌似认真，其实是在涂鸦。轮到各自发言，或者拈重就轻、顾左右而言他，或者说老板的指示非常英明、自己深受鼓舞、信心百倍云云。更有甚者连溜须拍马都懒得表达，说自己的看法已经被其他同事说过，表示同意以上意见。除了第一次参加例会的新员工还能讲一讲市场上真实的状况外，资格越老者说话越是言之无物。表面上这样的会议意见高度统一、一团和气，是胜利的大会、团结的大会，实质上除了浪费了因口渴而被大家喝了的茶水外，并没有解决任何问题。有时候老板本人也很迷惑，明明给了他们说话的机会，这帮人平常在下面一个比一个能侃，比董事长还董事长，怎么拉到席面上却比没出阁的大姑娘还扭捏。为什么呢？

（资料来源：陈海超．老板开会，员工为什么不说真话？中国营销传播网，http：//www.emkt.com.cn/article/294/29456.html．）

【思考与启示】

为什么会出现这种现象？这种现象正常吗？该公司的团队精神出了什么样的问题？

一、团队精神的误区表现

1. 强调团队利益高于一切，忽视了企业的整体利益

团队首先是一个集体，从"企业的利益高于一切"这一普遍认可的价值取向，可以非常

自然地推导出"集体的利益高于一切","团队的利益高于一切"这个结论。然而，事实上，强调团队利益高于一切，不利于团队精神的构建，不利于建设企业文化。

强调团队利益高于一切，容易滋生小团体主义。团队利益对其成员而言是集体利益，而对整个企业而言则成了局部利益，团队利益和整个企业的利益的关系，是局部利益和整体利益的关系。过分强调团队利益，处处维护团队利益，就会忽视企业的整体利益和其他团队的利益，打破整个企业内部的利益均衡，造成团队与企业、团队与团队之间的价值目标错位。

在一个企业内部，每一个团队都有相应的任务考核目标，在构建团队精神时，过分强调团队的利益，团队成员就有可能采取某些不正当的手段来完成自己的任务考核指标，如损公肥私、损人利己、相互拆台等。如果这些现象得不到及时纠正，其他团队也会因利益的驱动而争相仿效，就会造成内部管理混乱，形成资源的严重浪费。小团体主义往往在组织上还游离于企业之外，造成员工的思想波动，有悖于企业文化的精神。

2. 过分强调内部团结，缺少竞争机制

不少人在组建团队、构建团队精神、打造和谐团队时，注重的是团队的凝聚力、向心力，过分强调团队的内部团结，致使团队内部缺少竞争机制。团队精神在很大程度上是为了适应竞争的需要而出现并不断强化的，竞争是培植团队精神的条件和滋生团队精神的土壤。这里的竞争，不能仅仅局限于外部的竞争，还应包括团队内部的竞争。

在团队内部应引入竞争机制，形成竞争的氛围。如果一个团队缺少竞争机制，一味强调内部团结，在开始的时候，团队成员也许会凭着一股激情努力工作，但时间一长，员工发现干多干少、干好干坏都一样，每个成员都享受同等的待遇，其工作热情就会减退、消失，这是另一种形式的"大锅饭"。通过引入竞争机制，实行奖勤罚懒，奖优罚劣，可以打破这种表面上一团和气，实为压抑的利益格局，充分发挥团队成员的主动性、创造性，保持团队昂扬奋进的活力。

在团队内部引入竞争机制，有利于优化团队结构，弘扬团队精神。团队在组建之初，对其成员的优势未必完全了解，分配任务时也就不能做到人尽其才，才尽其用。只有引入竞争机制，实行优胜劣汰，实现团队结构的最优配置，才能激发团队的最大潜能，培养比学赶帮、团结协作的团队精神。

3. 强调人情味和亲和力，缺少严格的纪律约束

在建设团队精神的过程中，过于追求团队的亲和力和人情味，缺乏严格的纪律约束，直接导致了管理制度不完善，或虽有制度但执行不力，形同虚设。

纪律是成功的保障，令行禁止、纪律严明的团队才能战无不胜、攻无不克。严明的纪律不仅是维护团队整体利益的需要，在保护团队成员的根本利益方面也有着积极的意义。在团队成员中，有人没有按质按量完成某项工作任务，或在工作中违反了某项规定，团队从维护团结的要求出发没有给予相应的处罚，或者避重就轻，轻描淡写地提出批评。表面上看这个团队非常有亲和力、有人情味，但从打造团队精神的角度分析，这种宽容或纵容会使团队成员产生一种错觉，认为工作可以随便马虎应付。久而久之，后患无穷。团队的亲和力和人情味应建立在严格的组织纪律的基础上，"团队有情，管理无情"。杰克·韦尔奇有这样一个观点，指出谁是团队里最差的成员并不残忍，真正残忍的是对成员存在的问题视而不见、文过饰非，表面上的关心变成实际上的纵容。宽是害，严是爱，每时每刻都在直面竞争的团队对此要有足够清醒的

认识。

4. 强调团结协作，忽视个性创造

不少企业在培育团队精神时，要求团队的每个成员团结协作，众人划桨开大船。在团结协作过程中牺牲小我、成就大我、放弃个性、追求趋同，认为这样才能培育优秀的团队精神。团队精神的核心在于协同合作，强调团队合力，注重整体优势。整体优势是每一个个体聚集而成的，团结协作并不要求舍弃小我、成就大我，而是要求每个成员弘扬自我、挥洒个性、表现特长，从不同的侧面去完成共同的任务目标，而明确的协作意识和协作方式会产生真正的内心动力，激发团队成员创造个性、发挥个性。没有个性，就意味着没有创造。没有创新能力的团队，只有简单的复制功能。团队不仅是人的集合，更是智能的集合。团队的竞争力来自对团队成员的合理配置，营造一种适宜的氛围，不断地鼓励和刺激团队成员充分地展示自我，最大限度地发挥个人潜能，在一种良好的团队精神的作用下，形成合力，去完成共同的任务目标。

二、实训技能与拓展

小米公司的成功，离不开创始人雷军敏锐的市场嗅觉和创新思路，离不开好的商业模式和企业管理。回顾小米的创业历程，雷军喜欢分享的不是成功的喜悦，而是切身感受的经验与教训。以下是雷军对他自己常说的十句话，这十句话既是雷军实战的提炼，也是小米的成功之道。

第一，团队第一，产品第二。

第二，找人是创始人最重要的工作。

第三，合伙人各挡一面。

第四，用最好、最合适的人。

第五，持续创业心态激发团队。

第六，给足团队利益，让员工"爽"。

第七，解放团队，组织结构扁平化。

第八，让员工成为粉丝，让粉丝成为员工。

第九，客户服务，人比制度重要。

第十，人是环境的孩子，用环境塑造人。

（案例来源：腾讯网，https：//new.qq.com/omn/20190805/20190805A05MK400.html.）

实训技能讨论题：

小米公司团队管理带给你什么启发？

●项目小结

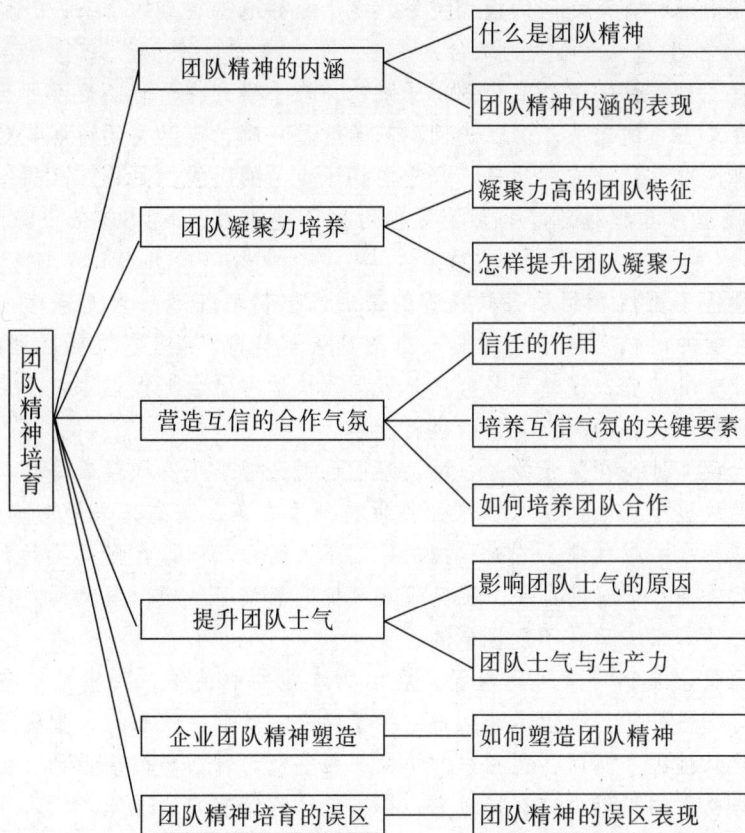

●复习思考题

1. 团队精神的内涵是什么?
2. 凝聚力高的团队特征是什么?
3. 如何培养团队合作?
4. 试述如何塑造团队精神。

●延伸阅读

　　为了更好地理解什么是团队精神,我们在这里引用一个比较有名的也挺有意思的试验:

　　准备一个大笼子,在笼子顶部安装喷淋装置。在笼子的一端悬挂一只香蕉,再安放一架梯子通向香蕉,然后在笼子的另一端放进四只猩猩。

　　猩猩甲第一个发现香蕉,它开始向香蕉走去,当它的手触摸到梯子时,试验操作人员立即把笼子顶端的喷淋装置打开,笼子内顿时下起了"倾盆大雨",猩猩甲立即收回双手遮住脑袋，其余三只也匆忙用双手遮雨；等没有猩猩触摸梯子时，喷淋装置关闭。

"雨过天晴"，猩猩甲又开始准备爬梯子去摘香蕉，当它的手再次触摸到梯子时，试验人员又开启喷淋装置，众猩猩又慌忙用双手遮雨；等没有猩猩碰梯子时，喷淋关闭。

猩猩甲似乎领悟到被雨淋和香蕉之间的模糊关系，终于放弃取得香蕉的念头，开始返回笼子的另外一端。

过了一段时间，猩猩乙准备试一试，它走到梯子跟前，当手碰到梯子时，喷淋开启，众猩猩慌忙避雨。猩猩乙放弃拿香蕉的念头，匆忙逃回到笼子的另一端，此时关闭喷淋装置。

又过了一阵儿，猩猩丙准备试试它的运气。当它向梯子走去的时候，另外三只猩猩担心地望着它的背影，尤其是猩猩甲和猩猩乙。当然，猩猩丙也不能逃过厄运，它在"瓢泼大雨"中狼狈地逃回到伙伴当中。

饥饿折磨着猩猩，猩猩丁虽然看到了三只猩猩的遭遇，但仍旧怀着一点儿侥幸向梯子走去，它也许在想："我去拿的时候可能不会像那三个倒霉蛋那样吧？"当它快要碰到梯子时，试验操作人员正准备打开喷淋装置，没想到另外三只猩猩飞快地冲上去把猩猩丁拖了回来，然后一顿暴打，把可怜的猩猩丁仅存的一点儿信心也打没了。

现在，四只猩猩老老实实地待在笼子的另一端，眼巴巴而又惶恐不安地望着香蕉。试验人员把猩猩甲放出来，然后放进猩猩戊，这只新来的猩猩看到了香蕉，高高兴兴地向梯子走去，结果被猩猩乙、丙、丁拖回来一顿猛捶，它对挨揍的原因不大明白。所以在攒足了劲儿后，又向梯子走去，它想吃那只香蕉。同样的结果，三只猩猩又把它教训了一顿，虽然还是不明白为什么挨揍，但它现在明白了那只香蕉是不能去拿的。

试验人员又把猩猩乙放出来，再放进猩猩己，在动物本能的驱使下，猩猩己准备去拿香蕉，当手快要碰到梯子时，另外三只猩猩迅速地把它拎了回来，然后一顿暴打，猩猩丙和猩猩丁知道它们为什么要揍这只猩猩。然而，猩猩戊却不太明白它们为什么要揍猩猩己。但是它觉得它必须得揍它，因为当初别的猩猩也这么揍过它，揍猩猩己肯定有它的道理。

现在猩猩己也老实了，试验人员把猩猩丙和猩猩丁也相继放出来，换进新的猩猩，不言自明，它们也被拳打脚踢地上了几"课"。

等四位"元老"都被换走之后，结果这四只新的猩猩还是一样，老老实实地待在笼子的另一端，眼巴巴而又惶恐不安地望着香蕉。

从这个试验中我们不仅能够理解什么是团队精神，还可以领悟到团队精神对一家企业的影响。

项目九 团队学习管理

职业能力目标：

1. 了解什么是团队学习及其影响因素。
2. 掌握团队学习的方法。

任务一 认识团队学习

●实践情景

　　红豆集团从一家默默无闻的乡镇服装企业，到今天呈参天大树之势，学习始终伴随着它的成长。在团队学习上，红豆主要的措施是技术引进，与科研机构合作以及专利研发。从 1986 年开始，红豆集团与无锡市服装研究所、江苏纺织研究所等 8 家科研机构合作，了解国内外服装市场行情，联合研究开发新产品，先后从日本、美国、意大利、德国引进大量国际上最先进生产设备和流水线，以此来提高产品质量和档次，打造中国名牌。截至 2005 年底，红豆集团拥有的完全自主知识产权专利技术项目达到 150 项，实现专利产品销售额累计达到 20 亿元。

【思考与启示】

从上述案例，我们可以思考，什么是团队学习？

一、什么是团队学习

　　哈佛大学组织学习大师克里斯·阿吉里斯在双环学习理论中指出：我们遇到的问题，是我们错误的行为所致，而我们错误的行为背后则是我们所秉持的心智模式；在解决问题过程中，我们除了要在问题层面去探索和行动，还要质疑我们的心智模式，改善我们的信念，这样获得的改变才是持久有效的。对个人来说这种心智模式和信念的改善，只能通过学习来实现。对团队来说，也可以通过团队学习来改善。团队学习是指通过鼓励沟通和合作以促进成员之间的相互协作和相互尊重，使团队成员开阔视野、加深理解、丰富观点、拥有良好的自我感觉，同时将他人作为组织的资源来重视。

当前社会，人们面临的不确定性越来越多，大数据、"互联网＋"、人工智能等新技术越来越多地进入人们的工作生活，人们都在亲身感受着时代的变化，同时人们也意识到在新技术、新知识面前，唯有学习才能保持竞争力。雷格·瑞文斯认为，所有组织，只有自身学习的速度快于环境变化的速度，才能够实现持续生存。因此，应对变化时人们所能做的，就是通过快速学习来主动适应变化。

二、团队学习的作用

1. 团队学习有助于系统思考、解决问题

企业常常面临各种问题，导致其原有的功能无法正常发挥。但是，在分析问题原因、寻找解决方案时，会发现虽然问题出在 A 部门，原因却很可能在 B 部门。例如，某企业发现产品销售量不断下降，就认为是销售人员不够努力或者销售人员方法不对，就对销售人员展开各种培训，但是结果销售量仍然不断下降，进一步分析产品问题才发现，原来是因为产品设计不符合消费者的新需求，不能满足变化了的消费口味。因此，原因在产品设计部门，而不全在销售部门。

2. 团队学习激发了团队成员的潜力

团队学习需要通过个体学习来实现，任何团队学习方法都离不开团队成员个人的亲身实践。因此，团队学习目标是为了提升团队绩效，但是要通过团队成员个体能力的提高来实现。而人的潜力就像冰山模型一样，很多时候一个人的能力并没有被完全发掘或释放，而团队学习给团队成员个体学习提供了更好的资源和途径。例如，某个技术人员对某项新技术非常入迷，常常去独自思考，如果这时候企业能够提供这方面技术的学习平台或者机会，那对该技术人员来说是一个很好的提升与解惑的机会，这样的团队学习，能够实现个人和团队的双赢。

3. 团队学习提高了团队决策速度和行动效率

当企业面临某个难题，如果通过传统的层级汇报、分析、解决问题，可能需要较长的反应时间。而通过采用团队学习的解决方案，调动不同部门的相关人员来分析与解决团队问题，能够大大提高决策速度，也能够提高行动效率。

4. 团队学习强化了彼此信任和增强了企业凝聚力

对于较大型的企业而言，团队学习中的参与者，可能是跨职能跨部门的伙伴，为了解决某个真实的困难而走到一起，而紧迫的难题也能激发大家学习的兴致，大家一起在分析问题解决问题并付之于行动的过程中增进了了解，这一系列活动可以打破不同部门之间的成见，增强彼此的信任和企业凝聚力。

三、团队学习的影响因素

为了适应快速的环境变化，团队需要通过学习来保持竞争力，那么影响团队学习的因素有哪些呢？

1. 团队个体学习的影响因素

（1）团队个体自主学习的内在动力。团队学习的实现是依赖于团队中的每个成员的。而个人自主学习的内在动力包括内在的学习动机和相应的促进因素。例如，自我效能感、归因方式、目标定位、成就动机等，这些成分是个体进行自主学习的动力之源，直接影响着个体学习的积极性的高低。这些因素使个体学习的动力由无到有，由弱到强。

（2）影响团队个体自主学习的主要因素。从团队层面来看，影响个体自主学习的因素主要有团队的职位升迁管理、团队的学习气氛等。团队的职位升迁是否科学，是否获得团队成员的认同是影响个体学习的因素。团队的学习气氛是团队文化的反映，直接影响到个人的自主学习。好的学习气氛能够使不愿意、不喜欢学习的个体变得喜欢学习，相反，团队的学习气氛差会使个体的学习积极性受到打击或者变弱。从个人层面来讲，影响个体自主学习的因素主要是员工个人的工作特征。员工个人的工作特征如果是需要不断掌握新知识才能完成的，这会促使员工为了完成工作任务而去学习新知识，也就是把外在的工作压力转化为内在的学习动力。相反，如果员工的工作特征是与知识联系不密切的甚至不需要动脑不需要学习新知识的，员工就会缺乏学习的压力与热情。

2. 团队管理机制的影响因素

（1）授权。和严格控制的、专制式的管理大相径庭，从根本上说，要增强团队学习能力，就要把责任授予团队，使团队在从事自己的工作时，不必时时、事事向团队中的上级领导汇报。团队必须有足够的权威和权力，就工作作出决策并确保各项决策能恰如其分地完成。心理学家曾指出，一旦人们被赋予了责任，他们就会更负责任。有时管理人员觉得，他们必须牢牢地控制团队里的每一件事，不愿给员工自主决定的权利，这样的团队是无法继续工作的。管理人员应做的是提供支持并把握探讨方向和目标。

（2）以任务为核心。团队通过制定任务并以此为核心，鼓励了高效的工作行为，减少了低效的低质量的工作行为。它鼓励以任务为导向的相互交往，因此，那些帮助其他成员解决困难、为解决问题而寻找各种办法的行为受到鼓励。

（3）平等、信任、注重交流的团队氛围。团队学习强调共有的信息和整个团队在共同合作中形成共识。如果团队的管理人员认为，一个低层雇员不需要了解某些信息，那么这是对团队学习没有帮助的看法。在团队学习中，应该强调每个团队成员都是重要的，无论他们在组织中地位如何，平等、真实、有效的交流能够消除等级障碍，能够培养团队成员的归属感和自豪感。

（4）实现团队个体与团队角色的和谐一致。在团队中，一个人通常根据自己的优势扮演不同的角色，或者团队会根据对个人的了解来安排相应的角色，并在团队中固定下来。但是，海伊斯（N. Hayes）认为，这种个人与角色的分配可能会产生定型作用，而缺少个体之间的相互作用、相互影响。因此，如果能够根据不同的工作任务来灵活分配角色，而不是不管什么任务个人都扮演同样的角色，则更能充分发挥个体的积极作用。

3. 团队领导的影响因素

从领导理论来讲，传统的领导方式是：领导给员工制定明确的方向，带领组织一同工作，追求共同目标。然而，当团队有了明确的共同学习愿景，团队发展到较成熟的地步时，就可以自我引导，而传统的领导方式的效能则被削弱。因此，彼得·圣吉指出在团队学习中，领导者扮演着三种角色：设计师、仆人和教师。

团队领导作为设计师，就是要把团队设计成团队成员真心想要的形式。西方发达国家有不少是航海国家，早期航海的时候，常常把人绑在桅杆上，观测天气、观察航道等，为船只指引航向。团队领导就是一个被绑在桅杆上的远望者，要善于思考长远问题、全局问题，时刻为团队眺望远方。领导者的设计任务包括团队政策、实现共同愿景的策略和组织学习的有机系统。彼得·圣吉根据自己与多位领导者合作的实际经验指出，领导者的设计工作首先要做的是培养共同愿景、价值观和使命。但是，在团队学习中，领导者的角色发生了变化，领导者的基本工作是设计学习的过程，使团队中的所有人都能有效处理他们所面对的重大课题，并不断进行学习修炼。

领导者作为仆人，是指领导者不但要发展共同愿景，而且必须忠诚于愿景。领导者在内心深处都应该拥有一个所谓的使命故事，也就是能清楚说明组织存在的理由以及组织要往何处去。彼得·圣吉认为领导者对于团队的存在要比员工拥有更深刻的理由。但是，在实践中，多数团队领导都不一定被愿景所引导，而是被自身能否被升迁来引导。团队领导不能把私利摆在前面，要在工作中有奉献精神。

领导者作为教师，指的是领导者要帮助团队成员看清楚团队发展的现状，找到焦点，并且促进每一个个体都能学习。从系统思考的观点出发，彼得·圣吉认为，"领导者能够在四个层次上影响人们对真实情况的看法：事件、变化趋势、整体结构和使命故事"。他认为当前许多团队领导者大多把注意力放在事件这个层次上，所以，多数的团队只是在做"顺应"的工作，很少有开创性的做法。彼得·圣吉强调团队领导者要兼顾上述四个层次，但是，注意力应放在使命故事和整体结构上，并且要教导团队中所有人都这样做。

四、实训技能与拓展

将全体学员分为3~5人的小组，每一个小组指定一位成员为发言人，向全体学员陈述本小组的发现，练习情况如下：

你们是一个监督小组，负责指导生产工人如何操作一个新的、电脑控制的生产程序。这一新的程序要求员工以小团队的形式工作，每一个团队成员的绩效将影响整个团队的绩效。在这一主要的变化之前，员工不是以团队的形式工作，而从事的是简单的、重复性的任务，这些任务只需要很少的技能。

操作这一新的生产程序要求员工学习新的技能来从事他们现今更加复杂的工作，他们最近在教室接受正式的培训并在团队中接受在职的指导。一些员工对变革的反应很好，他们在培训和指导中做得很好，工作中也达到了团队的期望。另一些员工发现要适应工作的变革和写作很困难，他们已经放慢了学习必要的新技能的步伐。而且，有报告显示有些团队中成员之间有严重的冲突。结果，团队的整体绩效受到影响并且低于期望。

（案例来源：陈春花，杨忠，曹洲涛．组织行为学．3 版．北京：机械工业出版社，2017．）

实训技能讨论题：

作为监管小组，你们有责任保证向新生产程序的平稳过渡，保证生产团队的高绩效，请完成以下任务：

请根据资料，设计一个行动计划来促进学习和提高团队绩效（提示：正强化、负强化、惩罚和消失）。

任务二　团队学习的管理

●实践情景

　　1995 年，美特斯邦威第一家专卖店成立。至今，美特斯邦威已经成为中国时尚休闲服饰行业的领先企业之一。该企业的成功，离不开其核心人物周成建和王泉庚。美特斯邦威不同于传统的服装制造企业，它是以品牌经营和管理数据起家，它并没有自己的服装生产工厂。美特斯邦威培育了具有国际水准的设计师团队，充分整合社会资源和国内闲置的生产能力为自身所用。这种数据整合的核心能力来自该公司自行组织研发并拥有自主知识产权的虚拟供应链资源整合系统。该公司掌舵人周成建慧眼识珠，大胆启用王泉庚成就了后来的故事。王泉庚从偏僻的大山走出来，1995 年成为美特斯邦威公司营销部的统计员，三天后就被周成建任命为市场信息部副经理。王泉庚的一个特点就是"学习狂"。王泉庚的起步，只是学过几年有限的电脑知识，在业务精进的路上，他查资料、编写标准、设计规划业务和数据信息化标准，自学 IT 技术，在实践中学习 10 多年信息化知识，使他对信息技术的各个环节了如指掌。为此，他熬过了无数个不眠之夜，工作头 5 年，从来没有12 点前回家睡过觉，有一个月甚至持续工作到天亮。信息化的建设，使美特斯邦威将上下游产业链的管理、生产、销售等各个环节打通，实现了内部资源共享和网络化管理。2002 年，国家科技部和清华大学、西南大学、浙江大学组成的专家组到美特斯邦威集团考察，考察结果认为该公司的信息技术运用处于领先地位。2002 年，王泉庚被美国 IDC国际信息化权威机构评选为中国首届五大杰出 CIO 之一。可见，当时美特斯邦威的信息化管理系统在国内企业中是战绩骄人的。

【思考与启示】

根据案例资料，总结美特斯邦威公司发展成功的原因。

面对社会商业环境的巨变，个体需要学习才能跟得上时代发展，团队也需要学习才能进步，管理团队学习对团队学习的实现有着重要影响。改革开放四十年，中国也涌现出许多重视团队学习的企业。下面我们根据多种文献，结合企业团队实践，总结出一套促学习的方法，希望能够对团队管理者有帮助。

一、理解敏捷性

当我们观看篮球比赛的时候，总是会为某一个关键进球而鼓掌喝彩，但是，你可曾想过：运动员是如何实现这么精彩的进球的呢？很多人都知道，运动员要经过长期的艰苦训练才能实现精彩进球，而篮球运动员的训练中包括一个非常重要的训练——敏捷训练。在强调更快速、更强壮、更准确的现代篮球运动中，如何让选手具备更敏捷的能力成为重要的课题。而企业管理者面临的环境，就像篮球运动员面临的环境一样，具有多变性、高度复杂性、高度不确定性，新知识、新技术层出不穷，消费者对产品要求越来越高，越来越多样化，这都迫使企业加快学习速度，提高学习质量，这样才能适应新的竞争环境。因此，提升学习的敏捷性显得重要且实用。

20世纪七八十年代，日本、德国制造业快速发展，社会思潮急剧变化，美国在全球范围内面临着激烈的竞争和多变的环境。在这样的背景下，美国学者针对美国制造业提出了敏捷制造的概念。后来，敏捷概念不仅推动了美国制造业的发展，也迅速应用于敏捷企业、敏捷供应链管理、敏捷项目管理、信息技术软件的敏捷开发、知识管理领域的敏捷学习。

敏捷性是一个复杂的、多维度的概念。国外学者认为，敏捷性能力包括提高质量、柔性和反应速度三个方面。因此，组织学习敏捷程度可以用学习的速度和柔性来表征。而团队相对于企业来讲，规模更小，人数更少，具有更快的学习反应速度和柔性。

二、团队学习的重要角色

团队学习是团队发展的重要手段，需要进行提前策划和布置。团队学习期间，又有四种角色来促进团队学习的开展与实施。

1. 号召者

团队学习的号召者往往是团队的领导者，他负责号召大家找到有价值的新信息，例如新产品信息，或者有价值的难题，号召者需要支持团队形成的方案的实施。

2. 促成者

团队学习的促成者是指受号召者委托，负责团队学习活动的准备与沟通协调，如果参与者只是本团队的成员，促成者的工作就很容易做，如果需要协调企业内其他部门的员工来组成新的团队，促成者就需要做较多的工作。促成者还要负责团队学习过程的设计等流程问题。

3. 参与者

团队学习参与者，也就是团队学习的成员，这些成员可能是原来一个团队内的成员，也可能是从企业其他部门协调过来的成员。如果是其他部门协调过来的成员，需要他将原来的工作关系理顺，以免导致他本人的工作冲突。

4. 引导师

团队学习的引导师，就是对团队学习过程、团队学习研讨活动的开展、团队学习计划的制订、团队学习计划的实施、团队学习结果的制度化、团队学习活动结束后的反思与复盘进行全程引导协调的人员。这个引导师既是一位方法论专家和个人成长与组织发展专家，又是一位受过专业训练的现场引导专家。目前，有些社会机构专门培养这样的引导师。大型企业可以派遣自己的员工去学习，将其培养成引导师，也可以直接请外部成熟的引导师。

三、团队学习过程与方法

1. 信息获取

信息获取是进行团队学习的第一步。这里的信息可以包括多个方面，比如新的技术、新的发明、团队自身所面对的和团队中真实存在的难题。

如何获得新技术新发明的信息呢？既可以从科学研究论文、科学研究报告中获取，也可以从行业企业展会中获取，还可以从竞争对手的产品中获取，更可以从客户消费者中获取新的需求以及对产品的新要求。当然，通过这些渠道初次收取到的信息不一定有真正的价值，要对这些信息进行甄选区别，找出真正的好的新技术新发明的信息。

如何找到团队中真实存在的难题呢？对一个团队来说，每一个人每天都面临着各种各样的问题，我们要从多个问题中找到真正的难题。比如，定期召开团队会议，会议上每个人都要将自己当前面临的问题逐条写出来，然后，整个团队逐一讨论每个人的问题，对这些问题进行过滤，从中过滤出来真正的问题。团队讨论很重要的一个环节就是提问，提问时有以下几个问题需要注意：

（1）少用封闭式提问，多用开放式提问。

封闭式提问就是可以通过"对"或者"错"来回答的问题，这种回答中的信息量太少，不利于达到目的。例如，他工作很认真吗？而开放式问题使回答者回答的自由度大大增加，可以从中得到更多有效信息。例如，他在某个项目中是怎么做的？效果如何？这样的问题更容易使回答者给出更多信息，对找到问题背后的真正原因有更多的帮助。

（2）不问诱导式问题。

诱导式问题就是回答者能够从问话中感受到提问者的建议，例如，为什么不给他调整岗位呢？这样回答者认为，提问者希望对他进行调岗。

（3）多问正能量问题。

团队讨论是希望每个人都能坦诚交流，多问积极问题能够激发大家的讨论热情，而负能量问题容易变成对对方的否定与质问。例如，他为什么连 Excel 都用不好？

（4）提问语言清楚、简单、直接。

团队讨论时间很宝贵，如果某一个人提问前先来一通铺垫和解释，生怕别人不理解自己或者误会自己，这样就会耽误大家的时间，也影响大家继续讨论的热情。如果一个团队有 8 个人，一个人花 2 分钟时间来铺垫解释，整个就相当于浪费了 16 分钟时间。而且，长篇大论的解释，也会降低其他人聆听的兴趣。

（5）有逻辑地前后连贯地提问。

有时候我们对某一个问题的理解，可能会有前后相关的几个问题连在一起，这种情况下，可以几个问题一起提问。例如：你管理几个人？这几个人岗位如何分配？谁最需要得到支持？

2. 互动整合

团队内部针对第一步获取的信息进行互动整合是团队学习的关键环节，它可以深化对信息的理解或者加快问题的解决。

如果是新的技术、产品信息，需要不同岗位的人员进行充分的互动和分享，每个不同岗位的人都给出关于新信息的资源、意见、个人的学习方案，就可以快速清晰地知道该信息是否真的有价值，是不是值得去学习或者模仿，如果有价值本团队是否有能力做出这种产品。

如果是团队面临的真实问题，通过不同岗位的人员进行充分的互动分享，从自己的岗位出发给出解决方案，这样可以快速清晰地知道该问题能否解决，何时解决，如何解决。

互动整合的形式可以是深度会谈，可以是正式的工作会议，可以是非正式的茶话会形式，可以是同事之间工作餐期间的互动交谈，只要是有效的方式都可以选择。

在"信息获取"环节，我们分析了如何进行提问，而在互动整合环节，除了仍然需要注意进行有效的提问之外，还需要注意如何进行聆听。

（1）惯性聆听。

惯性聆听是聆听的第一个层次，在这个层次，听到的都是你已经知道的，那些对方说的你不知道的已经被习惯性地过滤掉了。这种聆听很难收获新的信息，因为这种聆听是以自我为中心的封闭式聆听。

（2）向外聆听。

在这个阶段，你从自我中走出来，不再封闭，开放思维，听到了新的事实、新的信息，听到了与自己不同的观点，结果就是聆听者发现了自己和别人在某个问题上观点的差异。

（3）向内聆听。

向内聆听又称为同理式聆听，同理是心理学上的一个概念，是指能够站在别人的立场上去理解某件事情，这种聆听方式是用开放的心灵，体会别人的感受。这种聆听，可以使听者站在对方的立场上去看待问题、分析问题，能够与对方产生共鸣，深度沟通。

（4）聆听源头。

聆听源头又叫生成聆听，这种聆听方式可以使聆听者听到他人在未来最大的可能性，以及对方内心深处的使命和呼唤。当一个人走进某个死胡同，聆听者能够听到他的迷茫和痛苦，也能听到他对前途的渴盼，能够深刻理解对方的处境和感受，并被这种情绪带动产生共情和某种愿景，或者对问题的解决思路。

互动整合、深度会谈阶段，仍然需要注意提问及聆听技巧，团队参与者认真参与才可能产生高质量的结果。

3. 行动与实践

"纸上得来终觉浅，绝知此事要躬行。"《荀子·儒效》也说："故闻之而不见，虽博必谬；见之而不知，虽识必妄；知之而不行，虽敦必困。"团队在进行深度互动整合与深度会谈后，要将得到的共识应用于实践，要在学中做，在做中学。没有行动与实践，对团队来讲都是空中楼阁。在行动与实践环节，要有精准的行动计划，计划应该包括"什么时候做，具体谁来执行，具体做什么内容"。除了计划，还要有行动与实践的监督机制，持续的跟进监督能确保实践顺利推行。当然，在行动与实践中可能会出现与预估不同的情况，这就需要以实际情况为准来做决策。

4. 系统化与制度化

当团队根据计划展开的某项行动与实践结束后，必须进行系统化及制度化。系统化是指对团队中已经制定的工作流程或文件进行分类、整理，将有关联的事情统一起来，以便将其使用。制度化是团队学习的有效武器，因为不断的制度化过程可以使团队学习的机制不断完善，使团队的学习行为不断强化规范化，使团队学习更为成熟和连贯。一次团队学习结束的制度化，将为下一轮团队学习提供经验或者教训，有利于新一轮学习的开展。

5. 反思与复盘

组织学习研究者唐纳德·A.舍恩认为，反思包括行动中反思和行动后反思。行动中反思可以在完成一项任务中给团队提供帮助，增强团队分享资讯、思路创新、评定观点，以及观察结果的能力。行动后反思则发生在项目的末期，即项目复盘，让团队对自身所做的事情重新进行思考，从而从中获得新的洞见和收获。行动中的反思要结合诸多当时的情况，强调团队内部在行动中不断沟通交流、分析解决当时的问题。

复盘本是围棋术语，是指棋局结束后，双方棋手把刚才的对局再重新摆一遍，加深对这盘棋的印象，看一看双方对弈过程中的优劣得失，有哪些可以改善的方法等。棋手训练过程中也会把大量时间花在复盘上。企业管理中的复盘，是指从过去的经验、实际工作中学习，帮助管理者有效地总结经验、提升能力。企业管理中的复盘，既包括成功的事情，也包括失败的事情。复盘包括个人复盘、团队复盘、项目复盘三个方面。

（1）个人复盘。

个人复盘是指对个人做过的工作进行有目的的自我反思，以提升个人的管理能力、专业水平和执行能力。成人学习发展领域有一个人才培养"7－2－1"法则，它表明成人学习有70%源于工作实践，20%源于与他人的交流，10%源于正式的培训与教育。该法则充分说明了个人从工作实践中学习的重要性。对个人来说，当你第一次做某件重要事情时，当你做过的某件事对个人有价值时，当你做过的某件事对团队重要时，需要进行复盘。可以根据具体情况具体操作，有时候只需要简单的复盘，有时候需要将复盘形成文字，并按照评估比较、分析思考、适度抽象提炼、转化付诸实践四个步骤认真复盘。要善于总结，不光要总结成功，也要总结失败。只有那些善于自我批判的公司才能存活下去。

（2）团队复盘。

团队复盘是指整个团队共同进行复盘。美军团队训练有一个较为成熟有效的方法，即事后评估（after action review，AAR），它是一种让参与成员及时回顾事件过程的方法，该事件既包括成功事件，也包括失败事件。AAR最早起源于越南战争。第二次世界大战中美国空军优势很大，空战交换比能达到5∶1，有时候甚至是10∶1，也就是打掉对方5~10架飞机，自己才损失1架。可是在越南战争期间，美军的F－4明明比越军使用的米格－21性能好，可是交换比居然只有2.3∶1。由于无法承受这样的损失，美军在优势的情况下居然被打怕了，干脆在1968年将对越空战停止了一整年。在一年重整期间，海军采取了新的办法训练飞行员，而空军仍然采用原来的办法。一年后，海军的空战交换比从2.4提升到了12.5。空军坚持旧的训练法，他们的交换比从 2.3 降低到了 2.0。海军的新办法效果显著，于是向全军推广。现在美军也在采用 AAR 这种方法。团队进行 AAR 的过程中，会配备引导员，引导员对流程进行控制，其基本活动有下面几步：

①引导员引导大家思考：团队期望的目标是什么？

②团队成员需要记录并整理实际活动的结果是什么？产生差异的原因是什么？从中学习到了什么？

③下一步该怎么做？

从美军的训练案例，我们可以看到复盘带来的巨大作用。团队管理者可以按照评估比较、分析思考、适度抽象提炼、转化付诸实践四个步骤来进行团队复盘。

第一，评估比较阶段：主要是评估结果有没有达到初衷？实际做的过程中有没有按照最初的计划进行？有哪些地方没有达到初衷？有哪些地方达到了初衷？

第二，分析思考阶段：经过上面的比较，如果结果成功了，原因是什么？如果失败了，原因是什么？

第三，适度抽象提炼阶段：在分析思考的基础上适度总结经验或者教训，提炼出有价值的结论。

第四，转化付诸实践阶段：上述结论，如何进行日常工作中的转化？

（3）项目复盘。

当一个项目完成后，需要对整个项目进行复盘。项目复盘分为四个步骤：

首先，需要进行项目目标的回顾。

其次，对照结果。根据项目目标，拿出来团队业绩数据和个人业绩数据，可以据此具体分析出哪些方面或者哪些人的业绩做得好或者不好。

再次，分析原因。通过前两步的目标结果对照，可能会出现业绩变好、业绩变差或者业绩没有变化三种情况，要对三种情况分别分析原因。

最后，制订下一步计划。本项目完成了，管理者必须考虑下一步是完全开辟新的项目，还是在此项目基础上继续延伸拓展，这都需要给出较为科学的计划安排。

四、实训技能与拓展

HA 新能源科技有限公司是一家新成立的中国中华集团有限公司下属的新能源企业，该公司总经理认为团队人员对项目管理缺少统一认识，向人力资源部提出希望通过项目管理培训，提高大家的项目管理意识和能力。

问题：

该团队以产品研发人员为主，还有部分工程人员、生产运营人员、项目管理人员以及人事后勤人员，大部分人加入团队的时间不超过一年。通过前期调研，人力资源部发现团队在融合和配合方面也存在一定的问题，只提高项目管理专业技能可能起不到很好的效果，因此建议总经理先开展一次团队学习，帮助团队成员统一认识，使其能够在未来协作配合，共同推动项目开展。幸运的是，总经理采纳了建议。经过再次访谈，人力资源部和 HA 公司总经理共同确定了三个研讨方向和内容：项目沟通、项目经理画像、文化。

过程：

（1）人员：团队全部成员 80 余人。

（2）时间：2018 年 12 月。

（3）流程。

①团队建设活动。通过团队"七巧板"、团队"毕加索"活动充分破冰，打破团队成员间的隔阂，营造开放、合作的场域。

②从团队建设活动引入讨论：我们公司的特点以及公司需要我做什么贡献。

③引入项目管理话题。共同讨论什么是项目，什么是项目管理，项目管理有什么特点。

④引入项目沟通的内容。讨论项目沟通不畅的表现及处理办法。

⑤项目经理画像讨论。

⑥探讨实际项目管理工作中的挑战与行动，作为后续项目管理的指导。

（4）产出。此次团队学习持续两天，大部分成员第一次接触这种方式，但认可度和投入度都非常高，彼此都能够坦诚发言，也能够倾听对方，所有环节能够非常充分地讨论，根据流程安排完成任务。研讨主要取得了以下几项成果：

①达成共识、凝聚思想。团队成员坚定了对公司前景及管理团队的信心，对公司的发展方向和要达成的目标形成共识，找到了自己在组织中的位置和价值，坚定了与公司共同成长发展的决心。

②团队成员关系改善。团队学习提供了安全的沟通环境，通过对研讨话题的设计，引导团队成员表达不同观点，促成沟通和理解。

③提升了项目管理的意识和认识。在参加研讨之前，团队成员对项目、项目管理及项目经理认知要求的理解存在巨大差异，通过团队学习，大家对项目管理有了不同角度的理解和体验，为后续开展项目管理培训打下了基础。

④使用开放空间工具提出了八个话题，包括系统建设、产品定位与规划、成本控制、人员协调、人员招聘等，作为后续项目管理的重点。

关键成功要素：

（1）进行了两次深入的前期调研，与本次团队学习的发起者进行了多次谈话，了解项目背景和发起者的期望与要求。

（2）团队成员比较年轻，在流程设计上充分考虑了团队的特点。

（3）研讨过程中与总经理进行实时沟通，随时调整方向。

（案例来源：王昆．团队学习法．北京：机械工业出版社，2020．）

实训技能讨论题：

该案例是中化集团的一个成功案例，较为详细地向我们介绍了该公司进行团队学习的过程，请结合本项目学习内容，假设在你所在的班级进行一次关于大学生如何学习的团队学习活动，你会如何设计活动方案？

●项目小结

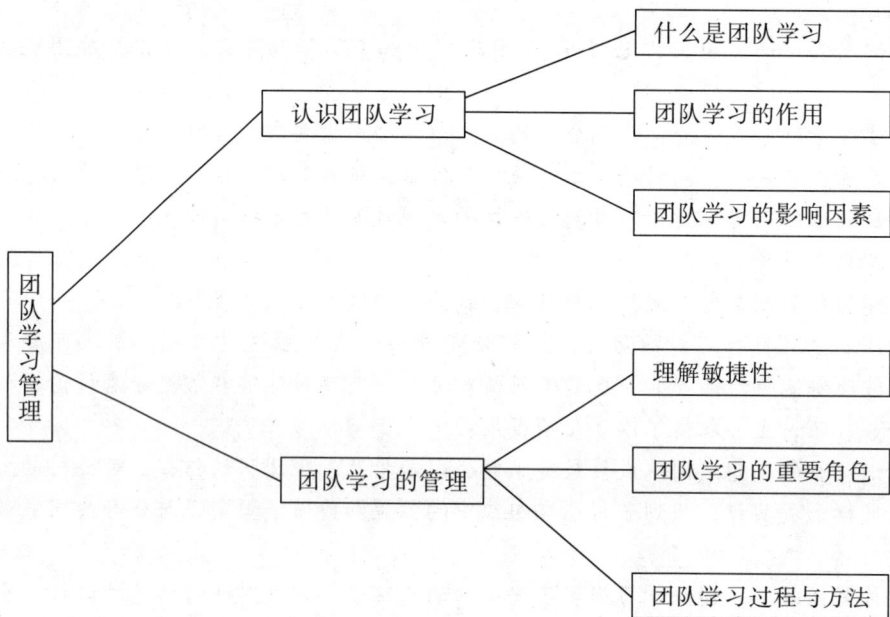

●复习思考题

1. 什么是团队学习？
2. 团队学习的方法有哪些？
3. 你如何理解团队行动与团队反思的关系？

●延伸阅读

当下中国兴起了创业热潮，下面我们阅读两个案例，案例一是正面案例，案例二是反面案例，希望读者能从中加深对团队管理的理解与认识。

一、创造奇迹的创业团队——携程四人团队

携程是一家创立于 1999 年的互联网公司，总部设在上海，向超过一千余万注册会员提供包括酒店预订、机票预订、度假预订、商旅管理、特惠商户以及旅游资讯在内的全方位旅行服务。2003 年 12 月 9 日在纳斯达克上市。中国从不缺少创业团队，缺少的是像"上海携程四人组"这样攻无不克、战无不胜的铁骑劲旅。

首先，我们看季琦，他是这个团队的实干者和推动者。季琦毕业于上海交通大学机械工程系机器人专业，在校时期就已经跟同学一起开过电脑公司。毕业后进入国企，在国企改革中一直以创业精神带领项目团队开拓市场。后来经历比较丰富，1997 年 9 月，自己创业开了一家公司，取名协成，做智能大楼。有一次季琦在给甲骨文公司做 ERP 咨询分包时，认识了甲骨文中国区咨询总监梁建章，后来，两人成了好朋友。

　　第二位是梁建章，他是这个团队的信息者、技术者。梁建章从小被誉为神童，16 岁考入美国佐治亚理工学院，20 岁拿下了硕士学位，直读博士。但是一段时间之后，梁建章发现"最先进的东西不是在学校而是在企业"，于是博士没有毕业，他就加入了甲骨文公司。1999 年 3 月，在上海徐家汇的一个上海菜餐馆里，梁建章说："最近美国的互联网很火，不如我们也做个网站吧。"季琦说："好啊！"但是，网上招聘、网上书店、网上家装的想法一个个被毙掉，到底选哪一个方向比较好呢？有一个周末，梁建章和季琦两人一起开车到上海周边的景点去玩，突然，梁建章说："干脆我们做一个旅游网站吧。""好！这个项目可以考虑。"季琦很认同，因为他也非常喜欢旅游。但是，两个人无法组成一个团队，好像还差一个人，特别是一个能找到钱的人。季琦和梁建章马上想到了他们的一个熟人，是季琦同届的校友，与梁建章在美国相识，他的名字叫沈南鹏。

　　第三位是沈南鹏，他是这个团队的监督者、完美者。沈南鹏从上海交通大学应用数学系毕业后，先是考取了美国哥伦比亚大学数学系，后来发现自己不是数学天才，开始反省：做不成数学家，就进商学院，可以做与数学有关的证券之类的工作。于是，沈南鹏重新报考耶鲁大学的 MBA（工商管理硕士），毕业后在华尔街的花旗银行、雷曼兄弟公司、德意志银行工作过。当时互联网企业已经在美国兴起，所以当梁建章和季琦找他一起做互联网公司的时候，他没有半点犹豫就答应了。接下来，梁建章和季琦各出 20 万元，各占 30% 的股份，沈南鹏出 60 万元，占 40% 的股份，新公司搭建起来了。不过，他们很快发现，他们还缺少团队拼图的最后一块，还差一个熟悉旅游业的。

　　第四位是范敏，他是这个团队的协调者、凝聚者、创新者。范敏毕业于上海交通大学管理学院，硕士研究生，当时在国企任总经理，已经有十多年的旅游行业从业经验，有房有车，还有专配司机，也是国企重点的提拔培养对象。季琦、梁建章和沈南鹏三人找到范敏，他们的第一次谈话，范敏的表情没有任何变化。季琦施展了他做销售时锲而不舍的精神，经常找范敏谈梦想、谈未来。也许是季琦三顾茅庐的精神感动了范敏，也许是季琦所画的"大饼"打动了范敏，总之在无数次的软磨硬泡后，范敏心中的激情终于被唤醒，他答应一起参与创业。这时，携程四人组正式成立。

　　有个很有意思的现象：在携程的创业初期，其实真正全职创业的只有季琦一个人，其他三个人都是以兼职的身份加入的。当时，沈南鹏正在国际投行运作着上亿的项目，梁建章则在跨国公司担任高管，范敏则在国企有着稳定的工作，他们的机会成本都是相当大的。但是，季琦并没有介意这种情况，而是心甘情愿地担负起了开路先锋的责任。季琦说过："对他们来讲，创业就是下海。而我已经在海里了，没有什么可以失去的。所以，这个开路先锋就应该我来做。"这四个人都非常善于合作，能将团队的力量放大数倍。他们这种融洽的关系不是一种激情的、热烈的状态，而是内敛的、彼此宽容与成熟的状态。君子和而不同，是这四位创始人达到的一种境界。

　　后来，这个团队也有了变化。季琦带领携程走出了初创期后，2001 年主动让位给了更加细腻、理性，更懂得现代企业管理的梁建章。2002 年，季琦与沈南鹏一起创办如家，2005 年离开如家；2005 年创办汉庭，两年期的"竞业禁止协议"到期后，汉庭才开始大规模扩张，是国内起步最晚的经济型酒店，却成长得最快，2010 年在纳斯达克上市；2002 年创办力山投资公司，做天使投资人。梁建章 2007 年离开携程赴美，在斯坦福大学攻读经济学博士，回国后兼任北京大学光华管理学院经济学教授，2013 年重返携程，担任董事会主席兼首席执行官，2016 年，辞去携程 CEO，担任执行董事会主席，专注于公司创新、技术、战略联盟等。沈南鹏 2002 年与季琦一起创立如家，2005 年从如家请走季琦，2006 年带领如家在纳斯达克上市；2005 年成立红杉资本中国基金，从创业者向投资者转型成功，专注于科技/传媒、医疗健康、消费/服务、工业科技四个方向的投资。

携程每一次企业领袖的交替都显得非常平静，合伙人之间的默契与信任是携程能够一直走下去的动力，如果一个团队不依靠权威，而是依靠平等的伙伴关系以及契约精神来共同合作，取得持续的成就，这才是一个创业公司能够组建起来的最好的团队。

二、泡面吧那点往事

泡面吧是一家编程教育网站，有投资公司给这家网站估值近亿元人民币，愿意投资 200 万美元，2014 年 6 月 17 日晚，签署风险投资协议的前夜，他们因为股权之争，最终决裂。王冲与严霁玥离开创业团队，俞昊然带着其他团队成员继续开工，将项目更名为计蒜客。从估值 1 亿到一夜分家，故事让人唏嘘。可以说，是这个创业团队的合作出了问题才导致这样的结局。

俞昊然，出生于合肥一个教育世家，父亲是中国科技大学计算机专家，外公是合肥工业大学计算机教授。俞昊然从小就在外公的机房里玩耍，很早就接触互联网。9 岁时独立编写过一个宣传雷锋的网站，13 岁已经开始参与视频网站酷 6 网早期版本的外包工作，一年后，他与合作人创立了百度爱好者网站。2012 年底，在美国伊利诺伊大学香槟分校的宿舍，俞昊然写出了泡面吧代码。这是一个在线教育网站，以轻松的方式教人们如何写代码。俞昊然，泡面吧创业项目的发起人，在泡面吧正式成立后，几乎包揽了所有的技术活；严霁玥，纽约大学教育学专业毕业，负责管理泡面吧的法律与财务事宜；王冲，北京大学在读研究生，主要负责泡面吧在执行层面的种种事务。三人在一次百度组织的大学生活动中相识，泡面吧就是当年俞昊然参与百度之星程序大赛的项目。

俞昊然还在美国读书的时候，就成立了泡面吧，他对王冲很信任，并且让王冲打理公司在国内的所有事务，包括泡面吧的融资项目。结果，在各大媒体眼中，王冲就是泡面吧的创始人，在进行融资的一些路演活动中，比如给天使投资人展示的 PPT 中，王冲没有把俞昊然放在第一页，而是把自己放在第一页。这些细节刺激了俞昊然的内心。

后来，俞昊然休学回国，发现公司与英诺天使基金签订的投资协议中有一项条款并不符合俞昊然的想法，也就是俞昊然希望王冲对协议进行修改，但王冲并没有按照俞昊然的想法修改。俞昊然很重视这个条款，因为这个条款是专门针对他本人的。条款约定，俞昊然必须在2014 年的 6 月 30 日之前回国全职创业，否则，天使投资人将拥有俞昊然名下的股权。而且，俞昊然一旦违约，将被公司解聘。俞昊然 2014 年 12 月才能毕业，因此他认为这一条款自己不能答应。他曾明确反对这一条款，但其仍然出现在已经有俞昊然本人签名的协议上，而天使投资引入阶段他在美国，从未签过名。这使俞昊然觉得有人为了争夺公司的控制权，伪造了自己的签名。

因此，俞昊然对王冲展开调查，结果发现，在泡面吧的股权结构中，王冲占 65%，俞昊然占 25%，严霁玥占 10%。王冲的理由是自己代持了一部分期权，实际占股 30% 多一点。俞昊然认为，王冲代持了 16.67% 的期权，总股份超出了 40%，因此不能接受。对此，王冲说，在天使投资引入期间，投资方要求三人中必须有一个人占最大股份，并且必须全职工作。而俞昊然远在美国读书，显然不能全职创业，王冲觉得为了能引进投资，自己适合做最大股东，俞昊然同意王冲做最大股东。但是，俞昊然却说，为了满足天使投资人的要求，自己曾与王冲口头约定，王冲暂时为第一大股东，等天使资金入账后，两人股份对调。但是，这种口头约定，当时并没有形成书面文件。

最后，泡面吧创业团队出现了案例开头的一幕：签署投资协议前夜，团队公开决裂。这样的反面案例留给人们太多思考。创业企业生存不易，为了能冲过多种险关，需要有人甘愿合作搭桥，有人带领企业往前走，否则难以通过险关。

项目十 团队压力管理

职业能力目标：

1. 正确认识压力。
2. 掌握压力管理的方法。

任务一 认识团队压力

●实践情景

2020年，新冠肺炎疫情席卷全球，为了控制疫情恶性传播，中国多地实施严格的防控措施，多地城市街头人流非常少，餐饮业受到严峻冲击。同时，抗疫情期间医生昼夜加班，但医生的一日三餐如何保障成了难题。老乡鸡是近年来的一个新品牌，疫情暴发后，老乡鸡全国800多家门店全部关停，营业额下滑近80%，员工每月工资成本7 000多万元，保守估计至少损失5亿元。但是，老乡鸡董事长束从轩顶住压力，启动抗疫支援公益：为抗疫一线医护人员免费配送一日三餐。这种勇于承担的企业家精神，使老乡鸡获得银行授信及战略投资10亿元，这笔资金对老乡鸡布局全国市场起到根本推动作用，也使企业全面升级干净卫生战略有了资金保障。

2020年1月21日至30日，眉州东坡餐饮共被退餐11 144桌，退餐金额1 700多万元，整月损失1亿元。营业收入只有平时的10%，甚至5%。然而该公司仍然坚持营业，但经营重点调整为外卖，而且该公司积极应对新的紧急形势，建立了战地食堂和平价菜站。在武汉封城的第11天，该公司为医护人员、记者免费供餐、送餐，送出万余份盒饭。随后，随着疫情的持续，该公司在店门口开启便民平价菜站，及时利用小程序对社会提供外卖服务。眉州东坡总裁梁棣说："怕是没有结果的，必须战，越是这个时候，老板越不能倒，他就像一个定海神针一样，就得定在那儿，员工才能鼓舞士气，不会乱了阵脚。"

疫情期间，也有很多人不顾个人安危，作为抗疫志愿者作出自己的贡献，面对疫情，政府、企业和民众共同协作，书写出真实的人间大爱。

【思考与启示】

当今社会，人人都有压力，团队管理者面临的压力要远远大于普通员工，老乡鸡和眉州东坡餐饮面对疫情压力，作出了社会与企业双赢的战略行动，你是如何看待压力的？

一、什么是压力？

美国著名组织行为学专家斯蒂芬·P.罗宾斯认为，压力是一种动态情境，在这种情境中，个体要面对与自己所期望的目标相关的机会、限制及要求，并且这种动态情境所产生的结果被认为是重要而又不确定的。当动态环境要求超出个人能力以及可利用资源，并危及其心理平衡与生活步调的和谐完整时就会产生压力。

压力研究者汉斯·塞利（Hans Selye）说："压力像相对论一样，是一个被人们知道得太多，而又理解得太少的科学概念。"压力在人的工作中是时时存在的，而人们对压力的认识更多的是其破坏性作用所带来的负面结果，这种认知是不全面的。

"水激石则鸣，人激志则宏。"心理学家的研究还表明，压力与绩效之间存在倒"U"形关系。在适当范围内，压力会激励个体发挥潜能，提高绩效。而压力程度超出或低于一定水平，都会引起工作绩效的下降。在当代社会生活工作中，没有压力的人是不存在的，不同位置、不同层次、不同身份的人都有各种各样的压力。因此，我们应该正确看待压力，不要仅仅把它看作负面的，也要看到它的积极作用。

二、与压力管理相关的理论模型

1. 应对压力的层次理论

凯恩等提出三个策略，第一个是"规划策略"，最好的压力管理方式是设计出一种新环境，这种新环境不存在压力源。例如，一些人失恋了，他选择离开原来的城市，去一个全新的城市，就更容易从失恋的挫败感中走出来。第二个策略是"前摄策略"，要增强个体应对压力的技能。这种方式使企业或个体迅速恢复到正常的活动水平。比如，面对新技术来临，组织给员工提供针对性的培训，提高员工应对新技术的能力。第三个策略是"反应性策略"——快速消除压力负面影响，当压力产生后，个体采取减压放松技术等措施来降低紧急情况所造成的压力程度。例如，保险公司员工经常面临工作压力，为了减轻压力，保险公司经常组织团队旅游。

2. 工作要求—控制—社会支持模型

工作要求—控制—社会支持模型（JRC）是出现较早的一个关于工作场所的压力管理模型。

它解释的是工业化大生产时代生产线上的操作工人所面对的压力。该模型的早期版本（工作要求—控制模型）认为，员工面对高的工作要求和低的工作控制性会引起工作紧张性，也就是指操作工人在工作过程中被要求的多，而自主决定少会造成压力。工作控制指决策权和技能判断力。决策权是指能够选择任务完成的方式和时限。技能判断力是指一个工作是否枯燥和重复，需要的技能可以在多大的程度上进行拓展和开发。该模型后来得到补充，认为减缓工作紧张性可以通过同事和上司的社会帮助来实现。因此，该模型被称为工作需求—控制—社会支持模型。

3. 付出—回报不平衡模型

付出—回报不平衡模型适应于多种职业，应用最多的是服务行业。该模型认为，个体需求和社会需求的连接纽带是工作角色。金钱、社会尊重和工作机会与个体在生理与心理上的付出之间依赖于社会交换的互惠原则。人们通过工作在社会交换中获得回报，在"付出"与"获取"之间不能平等时（如高付出/低回报的条件下），会在生理和情绪方面产生持续的紧张性反应。不同类型的社会回报与个体不同的经历有关，其中，薪酬、职业前景和职业安全更多地与一个企业或者微观经济劳动市场有关，而尊重可能与人际交流有关。例如，服务行业员工除了工作时间过长，工作过程中还可能遭受顾客甚至管理者的不尊重，也是该行业产生压力的原因。

三、产生压力的原因

1. 社会环境

当前社会生活中，居住环境噪声污染，尤其大城市人口拥挤，生活节奏不断加快，飞速发展的信息技术革命，未来社会发展的高度复杂性和高度不确定性，人们生活中的买房、结婚、孩子教育等费用不断上升，都会给人带来压力。由于信息技术极大方便了人们的交流，人与人面对面的社交减少，也会给人们带来精神孤独的压力。另外，随着高等教育逐渐变成普适性教育，接受过高等教育的人越来越多，职场的择业竞争也带来巨大压力。这些都是职场人士必须面对的现实问题，是无法逃避的。

2. 团队层面

任何一个团队都有自身的任务目标，团队的任务又将分解到团队成员的身上，在既定时间内完成某项工作，就会对队员造成压力。团队的管理机制缺乏人性化容易对成员造成压力。团队领导的个人领导方式过于强势会对成员造成压力。团队成员之间的激烈竞争会对团队成员造成压力。团队的绩效考核方式会对成员造成压力。团队的管理变革会对成员造成压力。团队的工作环境会对成员造成压力。团队对于新技术新知识的需求会对成员造成压力。团队的角色分配模糊会对成员造成压力。总之，在当前的商业环境下，团队层面会从多个方面给团队成员带来压力。

3. 个人层面

个人工作生活目标期望值太高，对工作、家庭、社会、国家产生不切实际的期望，最终容易失望而产生压力。个人的家庭生活负担大、家庭成员沟通不良、家庭生活不和谐会产生压力。个人学习能力有限，面对新技术新知识学习的速度跟不上会产生压力。个人性格上不善于沟通和察觉自己的内心需要，不善于及时排解焦虑会产生更大压力。个人心态上争强好胜，过度攀比会带来压力。极大丰富的物质生活以及快速发展的信息技术，导致精神空虚焦虑，产生压力。工作时间长，缺乏睡眠，产生压力。

四、压力的作用

生活中，一个完全没有压力的人是不存在的。例如重大考试失败，与自己理想的学校和单位失之交臂。孤身奋战却一无所获，如时运不济、事业失败；衰老，朱颜已改；意外的伤残事故，致命的疾病；失业，或者找不到令人满意的工作；失去亲人，包括失恋、离婚、亲友的离别或去世；贫困，自然灾害。这些都是人们生活中显而易见的压力。心理学研究表明：承受压力是生活中不可避免的，压力像空气、水一样时刻存在于我们的周围，是人类生活不可缺少的一部分。但是也有一些人对自身的压力并不自知，也就是他有压力并且压力对自己产生了不利影响，但他并不知道这是压力导致的。所以，压力的范围是很广的。在本项目中，我们重点从团队管理的角度来谈压力及压力管理。一般来说人们会把压力看作是完全负面的事情，带来负面的影响。事实上，压力有两面性，团队管理者既要看到压力的消极作用也要看到压力的积极作用。

1. 压力的积极作用

适度的压力可以激发个人和团队的积极性、战斗力，可以提高工作绩效；能使员工认识到自己的缺陷并尽力完善自己；适度的压力可以激发个人和团队的潜能。

2. 压力的消极作用

过度的、长期的压力会造成人的生理性反应，例如紧张、发抖、注意力不集中等，也会造成个人和团队工作绩效的下降，影响能力的发挥。

五、实训技能与拓展

王泉庚曾经是美特斯邦威的总裁，他将美特斯邦威从30多亿元打造到101亿元，但很多人不知道，他是在2008年全球金融危机中被任命为该公司总裁的。在当年的全球金融危机中，很多企业破产，王泉庚临危受命。他曾说："一年会有很多节假日活动，不管东方的还是西方的，总之利用一切节日和周末来做营销活动，把每个节日都当一个项目来做。"2008年一整年，王泉庚带着身边的机动团队，每个节假日都要去不同市场门店考察，对全国销售数据了如指掌，并深度分析哪些地方效果好或者不好的原因，找到原因后迅速在全国复制推广。2009年，金融危机影响更加突出，王泉庚又面临消化库存的压力。王泉庚统计出所有加盟商的数据，包括有多少库存和金额，并要求总部所有人员组队到全国市场帮助加盟商卖货。并且，王泉庚要求团队："把压力最大的那个市场交给我。"王泉庚亲自带着一个陈列师、一个商品人员、一个销售人员到太原加盟商市场。该加盟商有两个店，每个店2 000多平方米的面积，积压春装价值800多万元，但平均每天只有两三万元的营业额。王泉庚到达太原后，第一天先调研市场、分析积压货品情况，之后迅速与团队重新制定销售策略，改善商品陈列，制订有效的引流方案，对推广海报上的内容字斟句酌，亲自把关。第二天活动推出，每个店营收30多万元，两个店一天60多万元，几天后，800多万元的库存基本消化掉。2009年，王泉庚压力极大，甚至多次想辞任总裁。但他坚持了自己的理念——既然做了总裁，就要对客户、员工、公司和自己负责，最终他成功地坚持了下来。

实训技能讨论题：

根据案例，请思考王泉庚作为团队领导是如何应对压力的？

任务二　如何缓解压力

●实践情景

自我压力小测试：过去一个月内有否出现以下情况：

1. 觉得手上工作太多，无法应付。
2. 觉得时间不够，所以要分秒必争。例如过马路时闯红灯，走路和说话的节奏很快速。
3. 觉得没有时间消遣，终日记挂着工作。
4. 遇到挫败时很容易会发脾气。
5. 担心别人对自己工作表现的评价。
6. 觉得上司和家人都不欣赏自己。
7. 担心自己的经济状况。
8. 有头痛、胃痛、背痛的毛病，难以治愈。
9. 需要借烟酒、药物、零食等抑制不安的情绪。
10. 需要借助安眠药去协助入睡。
11. 与家人、朋友、同事的相处令你发脾气。
12. 与人倾谈时，打断对方的话题。
13. 上床后觉得思潮起伏，很多事情牵挂，难以入睡。
14. 太多工作，不能每件事做到尽善尽美。
15. 当空闲时轻松一下也会觉得内疚。
16. 做事急躁、任性而事后感到内疚。
17. 觉得自己不应该享乐。

计分方法：从未发生0分，偶尔发生1分，经常发生2分。

分析结果：

0～10分：精神压力程度低，但可能生活缺乏刺激，比较简单沉闷，个人做事的动力不高。

11～15分：精神压力程度中等，虽然有的时候感到压力较大，但仍可应付。

16分或以上：精神压力偏高，应反省一下压力来源和寻求解决方法。

【思考与启示】

测试结果显示，你的压力状况如何？

一、个人压力管理与缓解

1. 适当给自己加压，激发自身能量

人类天生是有惰性的，为了克服这种惰性，可以给自己适当的压力，以激发自己的能量。一位国外著名的心理咨询师这样说道："压力就像一根小提琴弦，没有压力，就不会产生音乐。但是如果弦绷得太紧，就会断掉。你需要将压力控制在适当的水平——使压力的程度能够与你的心智相协调。"就像猴子摘桃子一样，个人对目标的设定要处于跳一跳能够得着的高度，而不是太高或者太低。对个人来说，如何做到适当给自己加压呢？

（1）了解自己的个性特点，选择适合自己个性的工作目标或者任务目标，如果不能自主选择，也可以有意识地调整自己让自己适应工作或者任务。要参与竞争，但不能盲目竞争，更不能把竞争当作攀比。心理学中讲人格的时候有一种类型叫完美主义人格，日常生活当中人们都愿追求完美，但如果是过多地或过分地追求完美的话是不是一个好的系统呢？心理学上常常认为完美的系统是一个即将崩溃的系统，比如，给你一个气球，当你把这个气球吹满的时候，它一定要非常地饱满，它应该是非常充盈的状态。但若一不小心碰到，气球马上就会爆炸。所以追求完美的系统实际上也是一个非常危险的系统。

（2）了解自己所处的社会环境、成长学习环境、工作环境，找准自身的定位或者角色，并增强自身能力让自己适应该定位或者角色。

（3）制订计划。假设你面临一项重大任务，那就将该任务进行分解，分解到每一个时间段比如每天或者每周需要完成的任务。计划做好后，严格按照计划进行，就能保证任务的按时完成。

2. 12 种非理性信念

面对同样的事件，不同的人看法不同，这会对自身产生不同的影响。因此，个人看法很重要，那些容易绝对化的、不会发展变化地看问题、以偏概全的看法就容易导致个人产生更多压力，以下是 12 种容易导致压力的非理性信念：

（1）个人绝对要获得周围的人，尤其是周围重要人物的喜爱和赞许。

（2）一个人应该是全能的，只有在人生道路的每一个环节都有成就才能体现人生的价值。

（3）世界上有一些无用、可憎、邪恶的人，对他们应该歧视、排斥，并给予严厉的谴责和惩罚。

（4）当生活中出现不如意的事情时，就有大难临头的感觉。

（5）人生充满艰难困苦，人的责任和压力太重，因此必须设法逃避现实。

（6）个体的不愉快均由外在环境因素造成，因此无法克服痛苦和困扰。

（7）对危险和可怕的事情应高度警惕，时刻关注，随时准备应对他们的发生。

（8）个人以往的经历决定现在的行为，而且是永远无法控制、改变的。

（9）一个人需要依赖他人而生活，因此，必须有一个强有力的人让其依附。

（10）一个人应该十分投入地关心他人，为他人的问题而伤心难过，这样才能使自己的情感得到寄托。

（11）人生的每一个问题，必须有一个精确的答案和完美的解决办法，一旦不能如此，就十分痛苦、糟糕。

（12）输的不可以是我。我必须在竞争中赢，否则就不可接受。

3. 压力缓解与克服

现代社会生活中，压力在所难免，那应如何缓解、克服压力呢？

（1）形成积极的态度和认知。如果不能改变引起自己压力的事情，不妨改变一下自己对这些事情的认知。人不是被事情本身所困扰，而是被他对事情的看法所困扰。但对多数人来说，改变自己的看法看似简单其实并不容易。有一个专栏作家，当时他和朋友出去买报纸，买报纸的过程中，他的朋友对卖报纸的先生是非常礼貌的，可是卖报纸的先生每次都是冷言冷语。这个专栏作家就很不理解，就问为什么每次你对他态度这么好，他对你态度如此之差，你却一如既往坚持着？他的朋友就说，为什么要把自己快乐的钥匙交到别人手里呢？事实上，我们在生活当中出现压力是因为我们常常把快乐的钥匙交给别人。比如一个销售人员会说某个客户非常的糟糕，无法与之交流。这样，就把快乐的钥匙交给客户了。心理学常常提到一个故事，有个老太太有两个女儿，分别卖雨伞和卖扇子，不管是晴天还是阴天，老太太都不高兴，到晴天的时候她就会担心雨伞卖不出去，到阴天的时候她就会担心扇子卖不出去。那么有人对她说，为何不反过来思考这个问题，当晴天的时候你会高兴，因为你的女儿可以卖扇子，当阴天的时候你会高兴，因为你的女儿可以卖雨伞。所以，面对同样的事情，在不同的观察视角之下，该事件对我们自身产生压力的影响有很大不同。

（2）确认压力事件的性质。比如，有个学生的父亲在他读大学期间因抢劫被判刑，当时该同学压力很大。老师就主动引导了该同学，让他正确看待法律，不能因为感情而盲目，父亲受到惩罚是因为他做错了，而这些错误是父亲的错误，不是该同学本人的，该同学需要做的是努力学习，增强自己的本领。后来，该同学调整情绪后，学习进步得很快，工作后也颇有成就。

（3）确认自己对问题的处理能力。有些压力事件可能是本人不能处理或者面对的，那就需要积极寻求资源及支持系统；建立社会支持网络并科学管理，对自己身边的多种资源进行分析，哪些人可以给自己提供有效的支持，在需要的时候懂得向自己的社会支持网络寻求帮助。自强自立与寻求帮助并不矛盾。

（4）有计划、有步骤地拟订解决计划。当正确看待压力之后，真正有效的还是要在行动中去解决，因此要拟订有效的解决计划。比如，国际贸易专业的学生，英语不好，若想在毕业求职中表现出色，就必须在在校期间拟订提高英语的训练计划，并在行动中实施计划，才能逐步提高英语能力。

（5）立即行动，并在行动中讲究策略和技巧。比如当前大学生要想提高英语能力，不能光靠背书本上的词汇或者语法，应该充分利用当前互联网下的各种英语听说节目或者影视剧，来更有效地练习提高英语能力。缓解压力的行动必须靠较强的自律能力才能把行动计划落到实处。

如果已经完全尽力，问题仍未短时间克服，则表示问题本身处理的难度甚高，有可能需要长期奋战不懈，除了必须培养坚忍不拔的斗志之外，可能还需要其他的精神力量支持，或者选择放弃。

（6）培养健康、科学的生活方式，学会及时进行身心调节。健康科学的生活方式包括：合理膳食，合理睡眠，合理运动，放松身体，疏导情绪，调适心情，这样的生活方式也更容易调整认知，建立合理信念，更积极地行动。

二、团队压力管理与缓解

适度的压力能够对个人产生积极的作用，提高个人工作绩效，但是到底什么是适度就比较难以把握，这需要在实践中不断积累管理经验。莱尔·米勒博士和阿尔马·戴尔·史密斯博士在《减压方案》中，把压力分成三类：急性压力、间歇性压力、慢性压力。急性压力十分显著但是持续时间短，由近期事件引发，少量的急性压力会使人产生积极的反应，创造更好的业绩。而间歇性压力和慢性压力产生的不良后果更多些。对于团队管理者来说，如果管理压力是必须面对的问题，可以采用以下压力管理方法。

1. 采取有效措施，减少员工工作压力源

（1）建立科学的招聘制度，使员工的工作能力和工作要求相适应。在招聘环节，针对一些压力大的岗位，对应聘人员进行压力测试，在其他条件一致的基础上，关注应聘人员的压力承受能力，也做到压力承受能力与岗位的匹配。比如，一位销售人员把一个紧急订单弄丢了，他非常尴尬并承认了错误。当上司问他为什么不给顾客打电话，补一份订单时，他回答说："我怕顾客听了会发疯的。"可见，这位销售人员在压力事件来临时，对突发压力事件的处置能力有待提高。没有积极去解决问题，而是束手无策，保持原状。此刻，他更应该想办法让顾客补一份订单，而不是一味恐惧，不知所措。

（2）持续开展培训，提高员工工作技能。当前，新技术的发展日新月异，许多人对未来的不确定性和复杂性认识不清楚，从而产生压力。团队可以通过加强对员工的培训，为员工掌握新技术提供帮助，所谓"艺高人胆大"，本领增强了，员工的焦虑与压力就可能会减少。在员工掌握了新技术后，团队也要为新技术的应用提供平台，及时更新管理工具和手段，使团队跟得上时代发展，增强员工的职业自豪感。

（3）利用人工智能减少重复劳动。"90 后"如今也已经 30 岁，很多"90 后"对工作趣味性有较高要求，如果总是让他们做烦琐重复性的工作，也容易损耗他们的精力与兴趣。团队通过搭建平台购买新设备，鼓励员工学习新技术，用人工智能等新技术替代一部分重复性的工作，将员工从烦琐重复的劳动状态中解脱出来。员工会因此有更多的时间来提高工作质量，也会有更多的工作满意度。

（4）领导/管理者加强与员工的沟通，适时排解员工的压力。团队领导要经常与团队成员保持沟通，可以采用正式的沟通方式，也可以采用非正式的沟通方式，去了解员工的困境与压力。比如，2020 年春节期间，中国面临一场新型冠状病毒引起的肺炎疫情阻击战，一些员工上班途中被感染的风险较高，如果有些岗位可以在家里办公，此时管理层就需要考虑员工的实情而采用灵活的上班方式。疫情中，医生这个群体冒着极大的危险去治病救人，他们本人心里承受着极大的压力，这时候医院管理层需要考虑到医生的家庭情况而合理安排医生值班时间。团队领导与下属的及时沟通，能够有效缓解团队成员的压力，从而促使团队成员有更好的工作绩效。

2. 员工帮助计划，帮助员工排解压力

如果有些员工的压力，是团队一些政策性的措施无法干预或影响的，就需要及时聘请专业社会工作者/心理咨询师，帮助员工缓解压力。也可以根据团队情况，定期或不定期聘请专业人士进行团队建设与训练活动，通过活动来增强员工抗压能力。如果员工个人压力太大，可以适当给员工一些休假时间，让员工自我调节或者去医院寻找专业心理咨询师的帮助。

同时，还需要对团队成员及时进行需求调研，了解员工关于管理的、工作环境的、业绩改进的、培训与发展的等多方面的需求，然后根据员工需求采取相应的策略去帮助员工。

三、实训技能与拓展

（1）张丽华现在是一名电气工程师，大学毕业四年，也工作了四年，最近她感到工作压力和人际关系的压力都很大。具体情况是：张丽华出身农村，通过考大学改变了命运，从小被家里人说傻丫头，一直不自信，生活中也没有主见，自己也觉得自己很笨，学习新的知识和技术也比别人慢半拍，遇到事情不敢表达自己的看法，在哪里工作都不被重视，被人看不起，又不善于察言观色，容易自我封闭，心里好像总有个声音说自己又笨又傻。而且，张丽华容易对以前自己处理的事情不满意，总是埋怨自己，遇到事情不会灵活处理。她在公司的工程部，是唯一的一个女工程师，每天工作很多很忙很累，但是，领导并不认为她能独当一面，她自己也觉得工作上自己忙不到点子上。为此，张丽华苦恼好几个月了。

（2）2018年《第四次全国科技工作者状况调查报告》显示，科技工作者普遍工作时间过长，平均每周为49.7小时，比2008年的47.3小时和2013年的48.8小时有所增加。以每周工作5天计算，平均每天工作9.94小时，最长超过16个小时。所有知名高校的科研实验室，深夜时分也依然灯火辉煌，处于奋斗期的中青年科技工作者，由于过多的加班，很多时候一日三餐都难以准时。2015年，杭州市科协的一项调查显示，杭州市科技人员中，高血压、颈椎病高出其他人群3倍以上，亚健康的比例达到50%以上，还有易疲劳、神经衰弱和情绪不稳等亚健康的表现。2020年，几乎每月都有中青年科研专家英年早逝，他们很多年龄在55岁以内，正是出成果的黄金年龄，对国家和个人家庭都是一种重大损失。

实训技能讨论题：

（1）张丽华面对的这种局面，可能是刚走出校门几年的人面临的现实问题，她该怎么办呢？

（2）请与你的一位大学老师进行一次深入谈话，了解科研人员的工作压力源及解压路径。

●项目小结

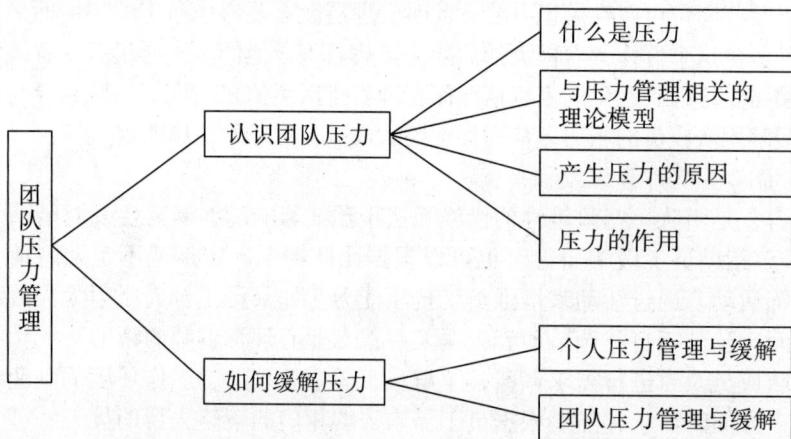

●复习思考题

1. 压力可以完全消除吗？
2. 个人如何对待压力管理？
3. 团队如何进行压力管理？

●延伸阅读

中国科学院心理研究所祝卓宏对压力管理有长期的研究，基于应对压力的神经心理机制与认知神经科学和临床心理学实践经验，向大家推荐应对压力有一定效果的五种技术。

1. 生命线自我觉察技术

如果把积极情感和负性情感作为纵轴，时间作为横轴，就可以用一条起伏不定的变化曲线描绘自己的生命历程。从这条线我们可以看到，人生的情绪就像心电图一样有高有低，随着时间的推进，再大的压力也会消失，再深的低谷也会走出。以生命线技术应对人生的潮起潮落，就可以在顺利时如履薄冰、谨言慎行，挫折时坚韧不拔、自强不息，从而丰富自己的人生。当从这种角度看待人生，遇到问题时你就可以保持平稳的心态。特别是在低谷时，相信"行至水断处，坐看云起时""天无绝人之路"，不好的处境终将过去。

2. ABC 认知管理技术

美国心理学家 Ellis 提出了 ABC 理论，A 是外界刺激，B 是信念评价，C 是反应结果。他认为，在刺激与反应之间，人们可以通过改变认知评价选择不同的反应结果。讲个故事。国王打猎，口渴了，找了很久才找到水，好不容易把水杯装满，这时，猎鹰在国王的手臂上抖了一下，把水弄洒了，国王很生气，就把鹰摔死了。这时一个侍从说："幸亏猎鹰把水弄洒了，这水有毒！"国王此时懊悔不已。故事中外界刺激 A 为鹰打翻水，引发的反应结果 C 有两种：第一次生气，第二次懊悔。这个过程中国王有两次不同的认知 B：第一次认为鹰故意弄洒水，第二次认为鹰是为救自己。这个故事告诉我们，遇到一些刺激或者是压力时，不妨在自己大脑里面启动 ABC 小程序，和自己对话，多角度看问题；找他人对话，换角度来思考。经常使用 ABC 认知管理技术，也许就可以顺利从压力中走出来，以积极的心态处理各种情绪。

3. STOP 愤怒情绪调节技术

在持续的压力下，人们容易出现愤怒。特别是领导干部，一旦不恰当地释放愤怒情绪，往往会产生极大的负面影响。当我们感受到愤怒情绪时，可以使用 STOP 愤怒情绪调节技术。

第一步，叫停。在大脑中提醒自己不要随便发火，学会克制。制怒不容易，叫停往往停不住，那怎么办呢？

第二步，深呼吸。通过三次深呼吸可以让我们的交感神经兴奋性快速下降，从而降低血压，使心率下降、肌肉放松，使人平静，从短路本能反应变成长路理性反应，吹灭愤怒之火。

第三步，反观自己。当我们冷静下来，就可以理性分析自己：为什么这样生气？生气有用吗？

第四步，继续前行。当我们想明白生气没用时，就要选择有用的策略和有价值的行动来应对压力，进而解决问题。

4. 腹式呼吸技术

腹式呼吸技术主要把握三个要点：调身、调息、调心。

第一步，调身。选择坐姿时，让双脚平行踏于地面，与肩同宽，坐在椅子或凳子的前三分之一，脊柱挺直，颈部挺直，双手放在双膝上，沉肩坠肘、自然放松，舌顶上颚，微闭双目。身体处于端庄、放松、挺直的状态。如果是卧姿，可以平躺在床，微屈双膝，双手置于小腹部。

第二步，调息。鼻腔吸气，口腔呼气，吸气时缓慢而深沉，使腹部缓慢鼓起，鼓到不能再鼓时停留一秒钟，再缓慢通过口腔呼出，使腹部下沉，降到不能再降时停留一秒钟，再缓慢吸气，如此循环往复，自然、缓慢、深沉。

第三步，调心。让注意力集中在呼吸上，注意力始终跟随着气流而动，感受一吸一呼，如潮汐般起伏。在呼吸的过程中，可能会出现各种杂念，如果发现自己的注意力被带走，就需要调整一下，用温和而坚定的呼吸将注意力拉回来。坚持练习腹式呼吸，可以快速恢复精力，降低交感神经兴奋性，降低血压、血糖、血脂，提高免疫力，增加活力与耐力，起到很好的减压作用。功能核磁证明，每天练习半小时，坚持两个月以上，可使前额叶皮层灰质层增厚，提高情感中枢和身体调节能力。

5. 身体扫描技术

最后一个非常有用的压力管理技术是身体扫描技术。不是用 CT 或核磁共振扫描，而是用我们每个人都具有的第三只眼——意识扫描。做法是遇到压力时，先做几次腹式呼吸，把注意力集中在身体上，从脚开始一点一点向上扫描。你可能会遇到一些紧张的区域，如果能使它们放松，就让它们放松；如果不能，就让这种感觉顺其自然，任其扩散到其他地方。如果扫描时觉察身体哪里有异常反应，就让注意力在那里多停留一点时间，缓慢地深呼吸，感受——吸气时，在那里注满能量；呼气时，不适感被呼出体外。这既可以应用在身体感觉上，也可以应用在任何一种情绪上。这就是身体扫描技术，对身体每个系统进行定期扫描，及时觉察并解决问题，将隐患消灭在萌芽之中。

［资料来源：祝卓宏．有压力？试试这五个小妙招．秘书工作，2019（1）．］

项目十一　团队重塑

职业能力目标：

1. 领会团队重塑的相关知识。
2. 理解团队重塑的基本要素。
3. 理解团队重塑的实现路径。

任务一　团队重塑的相关知识

●实践情景

　　在一片森林里，狮子和熊是好朋友，他们常常在一起打猎。这一天，目光敏锐的狮子发现了山坡上有只小鹿，狮子正要扑上去，熊一把拉住他说："别急，鹿跑得快，我们只有前后夹击才能抓住它。"

　　狮子听了，觉得有道理，就分别行动了。

　　鹿正津津有味地啃着青草，忽然听到背后有响声。他回头一看：啊，不得了！一只狮子轻手轻脚向他扑过来了！鹿吓得撒腿就跑，狮子在后面紧追不舍，无奈鹿跑得真快，狮子追不上。这时熊从旁边窜出来，挡住鹿的去路。他挥着蒲扇大的巴掌，一下子就把鹿打昏了。狮子随后赶到，他问："熊老弟，猎物该怎样分呢？"熊回答："狮大哥，那可不能含糊，谁的功劳大，谁就分得多。"

　　狮子说："我的功劳大，鹿是我先发现的。"

　　熊也不甘示弱："发现有什么用，要不是我出主意，你能抓到吗？"

　　狮子很不服气地说："如果我不把鹿赶到你这里，你也抓不到啊！"他们你一言我一语争个不休，谁也不让谁，都认为自己的功劳大，说着说着，他们就打了起来。

被打昏的鹿逐渐醒了过来，看到狮子和熊打得不可开交，赶紧爬起来，一溜烟逃走了。当他们打得精疲力竭回头一看，鹿早不见了。熊和狮子你看我，我看你，后悔地直叹气。

（资料来源：百度文库，https：//wenku.baidu.com/view/b2481bcd302b31 69a45177232f60ddccdb38e661.）

【思考与启示】

何谓团队重塑？团队重塑的动因是什么？团队重塑的信号有哪些？团队是否需要进行重塑的评估？团队重塑后的典型特征是什么？

一、何谓团队重塑

随着信息技术的高速发展和经济全球化的不断深入，环境复杂性日益增强，对组织应变性提出了更高的要求。一方面，企业必须快速地进行管理方式的变革，不断开发高质量的新产品和服务，从而在激烈的竞争中占据优势。这不仅需要管理层的智慧和洞察，更需要充分激发员工和团队的主动性。另一方面，随着社会经济的发展，中国企业员工的知识水平和自主性需求不断提升，对工作的价值判断正在发生改变，员工更希望工作符合自己的兴趣，能充分发挥自身优势，实现个人价值诉求。企业需要顺势而为，更加关注员工需求，激发员工工作动力，以实现组织绩效。

首先，团队重塑的对象是团队工作重塑。在现代组织中，团队逐渐成为基础的工作单元。组织通过团队完成复杂的工作任务，增加组织柔性，提高整体绩效。实际工作中员工较少在完全独立的环境下工作，通常需要协作共同完成任务，个体的工作重塑行为会对团队中其他人的工作产生影响。因此员工不能只考虑个人工作重塑，而需要和他人共同讨论工作重塑的方式。在实际应用中，团队工作重塑在组织中比较普遍。

其次，团队重塑的出发点是要有利于组织需求。个体工作重塑和团队工作重塑有一定区别，团队工作重塑不等于个体工作重塑的总和。个体工作重塑由员工个人主导，目的是达到更好的个人工作匹配，实现个人工作的意义和价值。但是个体工作重塑是自利性的，如果个人目标与组织目标不一致，员工工作重塑就可能对集体带来负面影响。而团队工作重塑的实施主体是团队整体，由团队成员共同对团队工作的边界进行改变和塑造，能够更好地实现团队整体利益。因此，团队工作重塑符合组织的需求，能够在组织利益和个体利益之间达到更好的平衡。

综上所述，我们认为：团队重塑是指为了实现团队绩效及产出最大化而进行的一系列结构设计及人员激励等团队优化行为。团队重塑旨在提升团队的快乐能量、向心力及更加优化的合作模式，打造卓越的团队绩效。

二、团队重塑的动因

团队重塑的根本动因在于组织面临内外环境的变化，"适者生存"是组织生存的基本法则，团队重塑也是为了促进组织更好地适应变化的内外环境，获取持续成长的竞争动力。

1. 企业经营环境变化

企业经营环境变化，包括国民经济增长速度的变化、产业结构的调整、政府经济政策的调整、竞争观念的改变、科学技术的发展引起产品和工艺的变革等。企业组织结构是实现企业战略目标的基础，企业外部环境的变化必然要求企业组织结构作出适应性的调整，团队重塑也会应运而生。

2. 企业内部条件变化

企业内部条件变化主要涉及技术条件、人员条件及管理条件等方面，企业内部条件变化促使团队进行重塑。

（1）技术条件的变化，如企业实行技术改造，引进新的设备，要求技术服务部门加强与采购、生产、营销等部门的协调与沟通。

（2）人员条件的变化，如人员结构和人员素质的提高等。

（3）管理条件的变化，如实行计算机辅助管理，实行优化组合等。

3. 组织成长要求所需

企业处于不同的生命周期时对组织结构的要求也不相同，如小企业成长为中型或大型企业，单一品种企业成长为多品种企业，单厂企业成长为企业集团等。团队重塑也会因企业或产品的不同生命周期而相应调整。

三、团队重塑的信号

一般来说，企业中的组织变革是一项"软任务"，即有时候就算组织结构不改变，企业仿佛也能运转下去，但如果要等到企业无法运转时再进行组织结构的变革就为时已晚了。因此，企业管理者必须抓住组织变革的征兆，及时进行组织变革和团队重塑。团队重塑的信号有：

（1）企业经营成绩下降，如市场占有率下降，产品质量下降，消耗和浪费严重，企业资金周转不灵等。

（2）企业生产经营缺乏创新，如企业缺乏新的战略和适应性措施，缺乏新的产品和技术更新，没有新的管理办法或新的管理办法推行起来困难等。

（3）组织机构本身病症显露，如决策迟缓，指挥不灵，信息交流不畅，机构臃肿，职责重叠，管理幅度过大，扯皮增多，人事纠纷增多，管理效率下降等。

（4）职工士气低落，不满情绪增加，如管理人员离职率增加，员工旷工率和病、事假率增加等。

当一个企业出现以上征兆时，应及时进行组织诊断，用以判定企业组织结构是否有加以变革的必要，工作团队是否有加以重塑的必要。

四、团队重塑的评估

团队重塑的评估旨在通过指标打分来确定团队重塑的必要性。团队是否需要重塑可以结合表 11 - 1 来判断。

表 11 – 1　团队重塑的评估

卓越的团队	评估分数	需要重塑的团队
目标/目的		
我们有明确的目标	1　2　3　4　5	我们的目标不是很明确
我能说出我们的目标是什么	1　2　3　4　5	我不能说出我们的目标是什么
我致力于为我们的目标奋斗	1　2　3　4　5	我并不关心我们的目标
技能与经验		
团队成员有足够的工作技能来完成工作	1　2　3　4　5	团队成员缺少完成这项工作所需要的技能
团队成员在工作中扮演各种角色	1　2　3　4　5	团队缺少工作所需要的各种角色
团队成员的工作技能得到充分发挥	1　2　3　4　5	团队成员的工作技能尚未发挥出来
信任与支持		
团队成员之间相互尊重	1　2　3　4　5	团队成员的观点可能被嘲讽，也可能无人理睬
人人积极参加讨论	1　2　3　4　5	有些人支配讨论，有些人漠不关心
团队成员之间互相支持	1　2　3　4　5	团队成员只关心自己
交流公开		
团队成员拥有他们需要的信息	1　2　3　4　5	团队成员经常缺乏他们需要的信息
团队的交流比较公开	1　2　3　4　5	有些交流秘密进行，不为人知
团队成员能够真正做到相互倾听	1　2　3　4　5	倾听的时候，团队成员更多的是在想下一步自己说些什么
合理利用冲突		
出现冲突时，团队成员勇于承认	1　2　3　4　5	团队成员总是尽量避免和回避冲突
团队成员积极利用冲突	1　2　3　4　5	团队成员认为冲突是负面而且可怕的
团队成员之间不隐瞒冲突	1　2　3　4　5	团队成员忽视或掩盖冲突
程序透明		
为日常工作安排办事程序，如会议、讨论、解决问题、决策等	1　2　3　4　5	在问题发生时解决问题，没有特定的程序
程序透明		
使用团队成员都能够接受的工作方法和工作程序	1　2　3　4　5	在工作过程中才思考如何工作
花一些时间思考如何提高工作效率	1　2　3　4　5	仅仅满足于把工作完成

（续上表）

卓越的团队	评估分数	需要重塑的团队
定期检查		
定期检查工作进程	1　2　3　4　5	很少检查工作进程
定期检查团队的工作情况	1　2　3　4　5	很少检查团队的工作情况
把困难和错误看作学习机会	1　2　3　4　5	困难和错误导致痛苦

如果分数很低，说明团队需要重塑，相反，高分则表明只有提高团队工作能力，才能使团队成为卓越团队。

五、团队重塑的特征

美国团队管理学家乔恩·卡曾巴赫与道格拉斯·史密斯说："所谓团队，是一群具有互补技能、致力于共同目标而一起工作的人员。"经历重塑后的团队具有一些共同的特征。

1. 目标明确

重塑后的团队清楚自己要达到的目标，所有的团队成员都致力于实现团队的目标。如果目标是由团队成员共同参与制定的，则团队成员具有更强的责任感。作为团队领导，最主要的任务就是要提醒团队成员时刻牢记目标并为实现目标而努力。

2. 技能与经验广泛

重塑后的团队能够利用多种多样的技能完成工作。重塑后的团队一般包括多种角色的团队成员，如思想活跃的人、积极进取的人、吃苦耐劳的人等，这些角色的互补与协作有助于团队实现自身功能，完成工作任务。

3. 相互信任与支持

在重塑后的团队中，相互信任的氛围十分浓厚。正因为如此，团队成员才会全身心地参与工作并相互支持，从而实现团队目标。

4. 交流公开

重塑后的团队具备公开的交流机制，每个团队成员都能随时获得自己需要的信息，彼此间的想法和意见能够得到充分的交流。

5. 合理利用冲突

重塑后的团队十分重视出现的冲突，并能够以积极的态度对待和利用这些冲突。

6. 程序透明

重塑后的团队中的成员对工作方式和方法都非常清楚，团队工作中的信息和程序也都是可以公开的。

7. 定期检查

重塑后的团队会定期进行自我检查来对目标的实现情况进行校正，从失误中吸取教训。

六、实训技能与拓展

相传,在古希腊时期的塞浦路斯,有一座城堡里关着七个小矮人,传说他们是因为受到了可怕的诅咒,才被关到这个与世隔绝的地方。他们住在一间潮湿的地下室里,找不到任何人帮助,没有粮食,没有水。这七个小矮人越来越绝望。小矮人中,阿基米德是第一个受到守护神雅典娜托梦的。雅典娜告诉他,在这个城堡里,除了他们待的那间房间外,其他的25个房间里,某个房间里有一些蜂蜜和水,够他们维持一段时间,而在另外的24个房间里有石头,其中有240块玫瑰红的灵石,收集到这240块灵石,并把它们排成一个圆圈,可怕的咒语就会解除,他们就能逃离厄运,重返自己的家园。

第二天,阿基米德迫不及待地把这个梦告诉了他的伙伴。有四个人不愿意相信,只有爱丽丝和苏格拉底愿意和他一起努力。开始的几天里,爱丽丝想先去找些木材生火,这样既能取暖又能让房间里有些光线。苏格拉底想先去找那个有食物的房间。阿基米德想快点把240块灵石找齐,好快点让咒语解除。三人无法统一意见,于是决定各找各的。但几天下来,都没有成果,反而耗得筋疲力尽,这让其他的四人取笑不已。

但是三人没有放弃,失败让他们意识到应该团结起来。他们决定,先找火种,再找吃的,最后大家一起找灵石。这是个灵验的方法,三人很快在左边第二个房间里找到了大量的蜂蜜和水。

在经过了几天的饥饿之后,他们狼吞虎咽了一番。然后带回许多分给特洛伊、安吉拉、亚里士多德和梅里莎。温饱的希望改变了其他四人的想法。他们后悔自己开始时的愚蠢,并主动要求要和阿基米德他们一起寻找灵石,解除那可恨的咒语。

为了提高效率,阿基米德决定把七人兵分两路:原先的三人继续从左边找,而特洛伊等四人则从右边找。但问题很快就出现了,由于前三天一直都坐在原地,特洛伊等四人根本没有任何方向感,城堡对他们来说就像个迷宫。他们几乎就是在原地打转。阿基米德果断地重新分配:爱丽丝和苏格拉底各带一人,用自己的诀窍和经验指导他们慢慢地熟悉城堡。

事情并不像想象中那么顺利,先是苏格拉底和特洛伊那组,他们总是嫌其他两个组太慢。后来,当过花农的梅里莎发现,大家找来的石头里大部分都不是玫瑰红的。最后由于地形不熟,大家经常日复一日地在同一个房间里找石头,信心开始慢慢丧失。

阿基米德非常着急。这天傍晚,他把大家都召集在一起商量办法。可是,交流会刚刚开始,就变成了相互指责的批判会。

性子急的苏格拉底先开口:"你们怎么回事,一天只能找到两三个有石头的房间?"

"那么多的房间,门上又没有写哪个有石头,哪个是没有的,当然会找很长时间了!"爱丽丝答道。

"难道你们没有注意到,门锁是圆孔的都是没有的,门锁是十字形的都是有石头的吗?"苏格拉底反问道。

"怎么不早说?害得我们做了那么多的无用功。"

其他人听到这儿,似乎有点生气。经过交流,大家才发现,原来他们有些人可能找准房间很快,但可能在房间里找到的石头都是错的;而那些找得非常准的人,往往又速度太慢。他们完全可以将找得快的人和找得准的人组合起来。

于是，这七个小矮人进行了重新组合。并在爱丽丝的提议下，大家决定开一次交流会，交流经验和窍门。然后把很有用的那些都抄在能照到亮光的墙上，提醒大家，省得再去走弯路。

在七个人的通力协作下，他们终于找齐了所有的 240 块灵石，但就在这时苏格拉底停止了呼吸。大家震惊和恐惧之余，火种突然又灭了。

没有火种，就没有光线；没有光线，大家就根本没有办法把石头排成一个圈。

本以为是件简单的事，大家都纷纷地来帮忙生火，哪知道，六个人费了半天的劲，还是无法生火。以前生火的事都是苏格拉底干的。寒冷、黑暗和恐惧再一次向小矮人们袭来。灰暗的情绪波及了每一个人，阿基米德非常后悔当初没有向苏格拉底学习生火。

在神灵的眷顾下，最终火还是被生起来了。小矮人们胜利了。通过对团队的有效管理，团队的目标终于实现。

（资料来源：百度文库，https：//wenku.baidu.com/view/b2481bcd302b3169a45 177232f60 ddccdb38e661，有修改．）

实训技能讨论题：

1. 阅读完案例材料后，你得到什么启发？
2. 如何理解团队重塑？谈谈你的看法。

任务二　团队重塑的基本要素

●实践情景

一个外企招聘白领职员，吸引了不少人前去应聘。应聘者中有本科生，也有研究生，他们头脑聪明、博学多才，是同龄人中的佼佼者。

聪明的董事长知道，这些学生有渊博的知识做后盾，书本上的知识是难不倒他们的，于是，公司人事部就策划了一个别开生面的招聘会。

招聘开始了，董事长让前六名应聘者一起进来，然后发了 15 元钱，让他们去街上吃饭。并且要求，必须保证每个人都要吃到饭，不能有一个人挨饿。

六个人从公司里出来，来到大街拐角处的一家餐厅。他们上前询问饭菜价格，服务员告诉他们，虽然这儿米饭、面条的价格不高，但是每份最低也得 3 元。他们一合计，照这样的价格，六个人一共需要 18 元，可是现在手里只有 15 元，无法保证每人一份。于是，他们垂头丧气地出了餐厅。回到公司，董事长问明情况后摇了摇头，说："真的对不起，你们虽然都很有学问，但是都不适合在这个公司工作。"

其中一人不服气地问道："15 元钱怎么能保证六个人全都吃上饭？"

董事长笑了笑说："我已经去过那家餐厅了，如果五个或五个以上的人去吃饭，餐厅就会免费加送一份。而你们是六个人，如果一起去吃的话，可以得到一份免费的午餐，可是你们每个人只想到自己，从没有想到凝聚起来，成为一个团队。这只能说明一个问题，你们都是以自我为中心、没有一点团队合作精神的人。而缺少团队合作精神的公司，又有什么发展前途呢？"

听闻此话，六名大学生顿时哑口无言。

（资料来源：百度文库，https://wenku.baidu.com/view/f719425a7ed184254b35eefdc8d376eeaeaa1733.html.）

【思考与启示】

从案例中可以看出，除了团队合作精神外，还有哪些团队重塑的要素？

进入 21 世纪，企业间的竞争日趋激烈，通过团队重塑从而打造高绩效团队已成为加强组织核心竞争力、提高凝聚力和创新力的必要手段。高绩效的团队是每个企业都希望打造和拥有的，重塑一个高绩效团队，应有如下八大基本要素。

一、具有明确而被认同的共同目标

如果没有被认同的、清晰明确的目标，团队绝不可能是高效的；如果没有被认同的目标，一个成员的工作越高效，给团队带来的损失可能就越大。

建立团队目标有以下过程：

第一，对团队进行摸底。对团队进行摸底就是向团队成员咨询对团队整体目标的意见，这非常重要，一方面可以让成员参与进来，使他们觉得这是自己的目标，而不是别人的目标；另一方面可以获取成员对目标的认识，即团队目标能为组织作出什么别人不能作出的贡献，团队成员在未来应重点关注什么事情，团队成员能够从团队中得到什么，以及团队成员个人的特长是否在团队目标达成过程中得到充分发挥等，通过这些广泛地获取成员对团队目标的相关信息。

第二，对获取的信息进行深入加工。在对团队进行摸底收集到相关信息以后，不要马上就确定团队目标，应就成员提出的各种观点进行思考，留下一个空间——给团队和自己一个机会，回头考虑这些提出的观点，以缓解匆忙决定带来的不利影响。正如管理名言所说，"做正确的事永远胜于正确地做事"。

第三，与团队成员讨论目标表述。树立团队目标与其他目标一样也需要满足 SMART 原则：具体的（Specific）、可以衡量的（Measurable）、可以达到的（Attainable）、具有相关性的（Relevant）、具有明确的截止期限（Time-based）。与团队成员讨论目标表述是将其作为一个起点，通过成员的参与而形成最终的定稿，以获得团队成员对目标的承诺。虽然很难，但这一步却是不能省略的。

因此，团队领导应运用一定的方法和技巧，比如，通过头脑风暴法，确保成员的所有观点都讲出来，找出不同意见的共同之处，辨识出隐藏在争议背后的合理性建议，从而达成团队目标共享的双赢局面。

第四，确定团队目标。通过对团队成员摸底和讨论，修改团队目标表述内容，以反映团队的目标责任感；虽然很难让百分之百的成员都同意目标表述的内容，但求同存异地形成一个成员认可的、可接受的目标是重要的，这样才能获得成员对团队目标的真实承诺。

第五，由于团队在运行过程中难免会遇到一些障碍，比如，组织对团队运行缺乏信任、成员对团队目标缺乏足够的信心等。在决定团队目标以后，尽可能地对团队目标进行阶段性的分解，树立一些过程中的里程碑式的目标，使团队每前进一步都能给组织以及成员带来惊喜，从而增强团队成员的成就感，为一步一步完成整体性团队目标奠定坚实的信心基础。

总之，对团队目标达成一致并获得承诺，建立目标责任是团队取得成功的关键。

二、具有一致的信念、理念

泰戈尔说："信念是鸟，它在黎明仍然黑暗之际，感觉到了光明，唱出了歌。"团队成员只有在共同信念的引导和激励下，带着与团队使命一致的文化理念工作，才能自觉地为了团队的使命和利益，勇于和善于付出自己的全部能力和能量。

打造超级团队，有人说靠制度，有人说要靠执行力，有人说靠战略，有人说要靠目标。答案都是对的。我们认为，超级团队的关键是打造超级的团队成员。社会的组成细胞是家庭，企业团队的组成细胞是每个成员。如果每个成员的态度是一流的，并且能力也是一流的，则这个团队自然也是一流的。打造超级团队要有一个信念和三个关键。

第一，我们要树立一种信念，这种信念可以帮助个人迅速成长，同时也能保证团队的超强执行力，这个信念就是："我是问题的根源。""我是问题的根源"代表了一种承诺、一种责任，也代表了一种思想。这种思想就是我对我自己100%负责。拿破仑说过："当每个人都做好自己时，那整个世界马上改变。"同样，当我们每个人真正树立"我是问题的根源"这一信念时，那整个企业也会马上改变。

每个成员都要对自己说一句"我是问题的根源"。因为你的不负责，可能导致其他人没有办法更好地创造价值。销售部要对自己说"我是问题的根源"，因为没有良好的销售，企业就没有办法将产品变成现金，没有现金就好比一个人没有血液。开发部要对自己说一句"我是问题的根源"，因为现在是买方市场，消费者的需求是多样化的，没有强大的创新和开发能力，则很难产生强大的市场竞争力。生产部也要对自己说一句"我是问题的根源"，因为产品就是人品，质量就是企业的生命。采购部也要对自己说一句"我是问题的根源"，因为采购的原料和设备是一切生产中的源头。仓库也要对自己说一句"我是问题的根源"，因为如果仓库的管理和服务不到位就会影响口碑，影响口碑就意味着降低了企业在市场中的形象。

一个团队成功不成功，很多时候并不是取决于干得最好的那个人，而是取决于干得最差的那个人。如果把一家企业比喻成一部机器，则每个成员就是一个零部件，任何一个零部件出问题，都可能影响到整部机器的运转。

第二，打造超级团队的首要关键就是要多学习。个人赚钱靠脑袋，企业发展靠思路。为了提高企业竞争力，只有不断地学习，并且要比竞争对手学得更快、更好。现在社会发展一日千里，新技术、新理念、新方法、新模式层出不穷。只有不断地学习，不断地进步，才能既想做又真正能去做好事情，团队才能成为真正的超级团队。

第三，打造超级团队的另一个关键是敬业多一点。没有敬业就没有卓越。1988年韩国汉城奥运会举办的男子100米蝶泳决赛，领先的是美国名将比昂迪，他已经把其他选手甩在身后。到终点了，比昂迪从水中抬出头来，举起双手，想庆祝自己的胜利。但成绩还没有出来，整个赛场沉寂了几秒钟。很快，成绩出来了，震惊了整个奥运会，一个叫内斯蒂的苏里南选手以0.01秒的优势战胜了比昂迪，获得了冠军。但是在比赛之前，根本没有人注意过这个选手，甚至不知道苏里南这个国家。结果为什么会这样呢？通过慢镜头回放，可以看出，在冲向终点的一瞬间，比昂迪并没有再次保持蝶泳的状态，仅仅依靠自己游动的惯性滑到了终点，但几乎就在同一时刻，内斯蒂始终保持蝶泳的最佳姿态冲向终点，以致他差点把头撞到了前面的墙壁。正因为这样，他在最后关键时刻超越了对手，夺得了第一，成为这次比赛的最大冷门。内斯蒂夺得金牌不仅震惊了奥运会的游泳行家，也震惊了他的同胞。这次比赛后来被人们称为"0.01秒的奇迹"。当接近成功的时候，千万不要松懈下来，而是要保持状态，继续发力，这样才能保证最后的成功。敬业通俗地讲就是敬重自己的职业，努力将事情办好。敬业精神是团队精神的重要组成部分，打造超级团队就必须打造敬业精神。

第四，打造超级团队的第三个关键是建立感恩文化。一个人越懂得感恩，他得到的就越多，如果一个人不懂得感恩，觉得什么都是应该的，是理所当然的，他得到的就越少。我们可以想象一下：当领导感恩下属为团队作出贡献时，下属一定会加倍努力。因为"士为知己者死"。当下属感恩领导给予他培养和支持时，相信领导会给予他更多。因为"感恩才会拥有"。在一个团队里面，如果大家都懂得感恩，感恩所拥有的，感恩别人付出的，这样的团队才是有向心力的团队。有向心力的团队，也必然是优秀的团队。

三、具有高瞻远瞩务实高效的领导

对于一个想高效发展和取得卓越成效的企业、组织、团队来说，高瞻远瞩和务实高效的领导是不可缺少的。高瞻远瞩和务实高效的领导应该具备八大基本特质。

1. 具有"以人为本"的理念

做事先做人，企业竞争的本质是企业人才的竞争。因此，重视人才的培养，是每一位领导必须重点强化的意识。好的领导懂得尊重团队中的每一位成员，除了重视他们的工作，还能对成员生活和感情上的问题提供一些帮助，现在很多"95后"，甚至"00后"员工，和"70后""80后"员工不同，他们是在新时代中成长起来的，在他们的心中，比赚钱更重要的是开心，开开心心地边成长边赚钱。要做到这些并不难，比如合理的晋升渠道、定期的聚餐，发现员工状态不对，及时谈话等。还有很重要的一点是，员工犯错的时候，批评要讲方法，一旦批评方法不对，非常容易伤员工的心。在未来，那些把员工仅仅当成赚钱工具的领导，是留不住优秀人才的。

2. 具有组织协调能力

要想成为一名受部下尊重和爱戴的领导，就必须学会正确的领导方法。在工作上，就是根据员工能力，合理安排工作，让合适的人互相配合，去完成更难的工作。领导必须会组织工作和协调安排，这也是为什么很多团队管理类的书，都要强调"分工"和"授权"，因为这是凝聚团队、提升业绩的基本要素。

3. 具有掌控全局的能力

掌控全局的能力和上边提到的"协调能力"是相辅相成的，先掌控全局，再通过合理分工去推动全局。掌控全局的方法，可以有以下三点：

（1）用思维导图梳理全局情况。

（2）用"四分法"确定事情先后顺序，也就是"重要且紧急""重要不紧急""紧急不重要""不重要不紧急"。

（3）定期和了解本行业的"局外人"沟通学习，学会跳出来纵观全局，毕竟当局者迷、旁观者清。

4. 具有民主决策的能力

绝对的权力，不仅会导致绝对的腐败，还会出现很多决策的失误，把公司拖入泥潭。所以，"一言堂"绝对不可以出现在公司，但要强调一点，这并不是表明完全听从别人的想法，放弃自己的主见，而是把别人的想法，作为自己判断的依据，因为掌握的决策条件越多，作出的决策准确度越高。因此，有民主决策意识的人，比独断专行的人更容易成功。

5. 具有强有力的执行力

聪明的领导，会把公司的奋斗目标，分解为团队每个人看得见、摸得着的目标，用适当的方式，激励每一个团队成员为了这个目标而不断地努力奋斗。可以进行工作任务分解细化和量化，以最大限度激发员工工作的积极性、主动性、参与性和责任感。

6. 具有开放的思想

身为领导，应该不断学习各种先进的思想和能力，学习成功经验的同时，也要了解别人失败的教训，千万不能有"夜郎自大"的心态。"三人行，必有我师"，除了在决策前先充分了解高层或一线员工的想法和建议，在平时，也要多接触比自己在某方面强的人。例如，和公司盈利模式好的人聊天，优化自己公司的盈利模式；和招商做得好的人学习，让自己的企业融到更多的资金；和团队凝聚力做得好的人学习，让自己有一支忠诚的团队。

7. 具有不断创新的理念

"创新是企业的灵魂。"在目前这个快速发展的时代，墨守成规就是自寻死路。当然，创新的方法有很多，例如，把"大的做小""小的做大"，"直接做间接"，"间接做直接"，等等。

8. 具有足够强大的内心

当领导就必须能够承受旁人无法承受的压力和委屈，内心一定要做到足够强大。例如，有肚量，去忍受自己无法改变的事情；有毅力，去改变自己可以改变的事情；有能力，去发现身边若隐若现的机会；有智慧，去辨别和抓住稍纵即逝的机会；有勇气，去承认和面对自己做错的事情；有胆量，接受下属尖锐的批评意见。

综合上述，作为领导，要一直保持自我完善的能力，不断提升自己的综合素质。

四、具有高度责任感的成员

每个成员都能为了团队的使命、任务、利益、荣誉，愿意并勇于承担责任，一切言行都服从、服务和有利于团队的使命、任务、利益、荣誉。

在现代企业竞争中，团队之间的竞争已经成为影响企业发展的关键。团队首先是一个集体，由"集体利益高于一切"这个被大家广泛认可的价值取向，自然而然地衍生出"团队利益高于一切"这个论断。在团队内部，利益驱动是推动团队高效运转的一个重要机制。团队的领导者要想让团队成员更好地完成工作，就必须做好员工的利益协调，培养员工团队利益高于一切的团队精神。

在团队工作中，团队的领导者做好利益的协调可以帮助员工更好地去完成任务，作出正确的决定。无论是在什么时候，必须让团队成员牢记团队利益高于一切。团队利益高于一切其实就是一种极具凝聚力的团队合作精神。只有将团队成员凝聚在一切，不断让他们通过团结协作，得到更多的成就，增强团队意识，才能更好地让他们树立团队利益高于一切的意识。

当然，团队的领导者在进行利益协调的过程中，要让团队成员意识到，团队利益并不仅仅是指自己团队的利益，更多的是指整个企业的利益。团队的领导者必须让员工树立起维护团队与团队、团队与企业之间的价值体系的意识，真正从大局出发，以团队利益为重，才能更好地实现团队的进步和发展，也能帮助团队成员实现个人的价值。团队的领导者可以参考以下两方面的内容。

第一，要在团队之中，为团队成员树立共同的团队目标和明确共同的利益。团队是由每一个成员组成的，团队的领导者要想协调团队利益和个人利益之间的关系，就必须对团队的利益加以重视，尽量做到让团队利益和员工的个人利益一致，也只有这样，才能让团队成员为了实现团队的集体利益而共同努力。

第二，团队的领导者要在团队合作中，培养员工的团队情感。要想让团队成员一切以团队利益为重，就必须培养他们对团队的归属感，培养他们热爱团队的精神。只有对团队有归属感，团队成员才能发自内心地去维护团队的利益，这都需要团队情感来将成员和团队凝聚在一起，成为两者之间无形的纽带。因此，作为团队的领导者，在做好利益协调的过程中，要注重培养团队成员的团队情感，将他们凝聚起来，让他们树立起团队利益高于一切的意识。

因此，团队的领导者要让"团队利益高于一切"的口号深深地印在团队成员的心里，让这个口号成为他们的行为标准，成为一种自觉的意识。也只有这样，才能通过团队的不断发展和进步，带动他们实现个人的发展，才能真正做好双方的利益协调工作，带出一个对企业发展有益的优秀团队。

五、具有角色技能互补的成员

一个团队任务的实现，是由科学、知识、信息、资源、能源等很多因素的投入、加工、整合、变化、积累而形成的，而一个人的精力、能力、能量是有限的，因此需要不同角色的成员协同工作。

人力资源管理的理论依据有很多，其中一个叫互补增值理论。说得通俗一点，就是通过员工之间取长补短，从而达到互补增值，实现整体绩效最大化，也就是我们常说的"1＋1＞2效应"。

上述观点其实涉及人力资源管理的一个常见问题，即员工配置。如何进行员工调配、安排，才能够形成优势互补，是一个单位、一个团队经常会遇到的问题，一个部门、一个小组同样也会遇到这类问题。

大致来讲，需要遵循以下几个方面的互补原则，这样的团队才能实现优势互补却又不至于强强内斗，从而能够确保团队的稳定和绩效的优化。

1. 年龄上的互补

这个比较容易理解，也是一种较为常见的现象。一个团队要确保稳定地向前发展，必须搭配老、中、青三类员工，老年员工富有经验、富有阅历，青年员工富有冲劲、富有创意，中年员工介于两者之间。这样的搭配能够确保队伍的稳定，并且使队伍建设不容易出现断层。

2. 专业上的互补

一所高校，如果只局限于几个优势专业的发展，那么这些专业再怎么厉害，也注定这所高校的层次不可能很高，一个团队也是如此。在一个团队内部，不能只招收某一类或某一个专业的人，就像一个大的单位，除了有技术部门，还要有管理部门、宣传部门、后勤部门等。

3. 人脉上的互补

在团队的配置和建设上，这方面容易被管理层所忽视。对于团队建设的初期，这一点的重要性也许还不那么明显，但是到了团队建设的中、后期，这一点就显得尤为重要。在中国这样一个熟人社会，人脉上的互补能够帮助团队建设少走许多弯路。

4. 性格上的互补

在一个团队内部，员工不能全是沉默寡言、沉稳内敛的，也不能全是中规中矩、按部就班的，更不能全是大大咧咧、性格外向的。在团队内部员工搭配上，性格也需要互补。涉及具体业务的需要仔细认真的员工，涉及对外交流的需要活泼开朗的员工。

5. 性别上的互补

很少有哪个单位或哪个部门都是清一色的男性员工或是清一色的女性员工。男女有别，这种有别体现在能力上，体现在专长上，也体现在岗位上，这种有别是彼此所不能替代的。性别上的差异，能够确保一个团队的良性发展。

六、具有和谐的人文环境

团队和谐的人文环境是文化氛围、正气氛围、创新氛围、创业氛围、成功氛围、激励氛围、信任氛围等的融合；在这里，没有原则的一团和气是没有存在空间的。

在现代社会中，团队已变得越来越重要。团队作为一个任务单元，不仅要不断完成有挑战性的目标，而且还要高效地利用有限的人力资源，加强成员间的交流和协作。毋庸置疑，在今天的经济环境下，和谐的团队文化对团队的成功具有举足轻重的意义。

1. 和谐的团队文化是维系团队的向心力

相同的文化理念和共同的价值、信念及利益追求，对团队中的每一位成员都具有一种无形的巨大感召力，把团队全体成员凝聚在一起，增强团队的凝聚力。和谐的团队文化作为共同价值观念和共同利益的表现，决定了团队行为的方向，规定着团队的行动目标。在和谐的团队文化的引导下，团队建立起反映团队文化精神实质的、合理而有效的规章制度，进而引导着团队及其创业成员朝着既定的发展目标前进。

2. 和谐的团队文化维系团队的沟通力

和谐的文化营造良好的沟通，和谐的文化打造卓越的团队。如果只注重单个团队之间的技巧和经验，而忽略、忽视了沟通，那么团队终会成为一盘散沙，重蹈"三个和尚没水吃"的覆辙。只有时时刻刻重视建设和谐的团队文化，才能改善沟通渠道，为团队成员之间的沟通创造良好的环境；才能适时发挥团队的协作能力，产生"1＋1＞2"的效果；才能使团队在激烈的市场竞争中处变不惊，决胜市场。

3. 和谐的团队文化维系团队的执行力

每一种管理制度往往都反映了团队文化的实质，和谐的团队文化反映在管理制度上，是管理制度的升华，它通过把外在的制度约束内化为自觉的行为，促进团队成员自觉执行任务。而执行的落实与否，则是团队文化的展现。因此，和谐的团队文化中奖惩的杠杆、行之有效的制度是打造团队执行力的几大法宝。

综上所述，和谐的团队文化通过维系团队的向心力、沟通力和执行力，成就团队之高效。只有营造深层次的和谐文化，才能造就充满活力、安定有序、全面的、可持续发展的高效团队。现代团队管理的灵魂就在于构建和谐的团队文化。有了属于自己企业的、和谐的文化，才能产生高效团队和凝聚力，从而"政令"畅通，上下同心，这样的团队才会历经风雨而不垮，才能称为真正的高效团队。

七、具有融洽的沟通氛围

为了完成设定的目标，多种角色的成员需要进行信息、思想和情感的传递和沟通。沟通不可缺少，有效、良好的沟通，能促成和谐的个体和团体的高效工作。

团队的一切活动都与沟通过程相互作用。任何事物的产生都有它的发展过程。我们知道，团队之所以成为当今最受关注的组织形式，一是源于"霍桑实验"的研究成果，二是源于欧洲学者对于自治性群体的实验结论。

1924年，美国哈佛大学教授梅奥主持了美国西方电器公司在霍桑工厂进行的一系列实验，即著名的"霍桑实验"。实验结果显示，改善组织内部的人际关系，满足工人作为"社会人"的需要，可以使生产率得到明显提高。人际关系的参与者们根据梅奥等人的研究，坚信冲突不是天生的，而是恶劣的管理导致的，并且主张通过改善对人的管理，协调人际关系，以提高企业的生产率。同时，梅奥还认为个体的决策并不完全是理性的，而是会受到情感的影响。因此，管理需要掌握新的领导能力，即通过与员工沟通了解他们的感情，提高他们的满意度，鼓舞他们的士气，从而提升劳动生产率。

欧洲学者的研究涉及一个十分著名的矿工实验，它证明了沟通对于优化社会系统和技术系统的作用。在矿场上，矿工们一起工作，互相帮助且经常调换工作。学者们清楚地观察到，一旦矿工们对于他们的工作拥有了更多的自主权，就会表现出更高的生产效率和工作满意度。学者们的研究同时证明：员工参与管理的程度越高，他们对市场变化的反应就越敏感。而这种对外界变化快速反应的能力是大型组织很难具备的。

团队形式已在组织中被频繁地运用。实践证明，团队是一种有效的组织形式，传统的组织模式效率低下，而且对快速变化的市场不够敏感。以团队为单位的运作形式十分精干，灵活机动，适应能力强，应变能力强，员工参与管理或自主式管理的团队早已取代传统的层级组织。

团队的形成和发展大致可分为四个阶段：初创阶段、初见成效阶段、持续发展阶段和成熟阶段。不同阶段的团队沟通有差异。

首先，初创阶段。这一时期的团队沟通表现为谨慎相处型，由于团队刚形成，缺乏稳定性，这样的团队尚未确立统一的愿景，缺乏运作规范，领导职责不明确。从本质上讲，新形成的团队缺少组织文化，所以成员缺乏对团队的认同。这个阶段的团队成员或者表现出谨小慎微，即通过评价其他成员的态度和能力来决定自己该怎样做，他们对团队的归属是暂时性的；或者表现出很强的个人主义意识或对其他组织而非本团队的忠诚。这个阶段团队工作的效率很低，因为成员之间需要时间相互适应。

其次，初见成效阶段。这一时期的团队沟通表现为相互竞争型。一旦确立了统一的愿景，团队便开始完成组织授予的任务。这一阶段，尽管团队成员提出了有关团队使命、目标、运作规范及领导者等问题，但团队本身依然只是名义上的，因为尚未形成团队文化，其成员还是没有明确的团队意识，但是这一阶段相对于上一阶段多了一些活力和协调。这个阶段处于初创阶段与持续发展阶段之间，团队成员表现出或者为了其在组织中的地位或影响力而相互竞争，或者对组织中的事情更加漠不关心。成员之间可能会相互竞争，在目标和主导性问题上发生争执，并且想方设法争取领导权。与此同时，团队成员对彼此的知识和技术能力有所认识。

由于团队成员的经历不同，团队从初创阶段发展到这一阶段的时间长短也不相同。如果团队中的相当一部分人过去曾在一个紧密协作的团队中工作过，这一过程可能会短一些；如果团队是由那些第一次参加团队的人员组成，且领导者试图将一支处于僵局的团队改变成一支具有同一目标的团队，则可能需要更长的时间。然而，有些团队在这一阶段可能会陷入困境，无法在操作程序和优先权的问题上达成共识，甚至有时连应对常规问题都有困难，更不用说如何去面对那些新的难题了。另外，由于团队成员存在个性差异，因此在团队工作过程中，一些成员的性格显得与其他人格格不入。在这个阶段陷入困境的团队，很可能从初见成效变为功能失调。

再次，持续发展阶段。这一时期的团队沟通表现为和谐融洽型。当团队度过竞争阶段时候，建立起了大家认可的正式或非正式的团队运作规则和工作程序，团队成员之间的合作显得比竞争更重要，他们能够像一个整体一样发挥作用。尽管成员在有关新方法或职位等问题上仍会存在分歧，但是这一阶段的团队成员对不一致持开放态度，认为团队中的每个成员都可以发表不同的观点，提出不同的意见。

最后，成熟阶段。这一阶段的团队沟通表现为协作进取型。进入成熟期的团队能够紧密协调的合作，因为团队成员已将团队文化完全消化吸收，进而融为自我意识的一部分。他们了解团队对每个成员的期望，因此会将时间和精力花在实质性问题而非一些程序问题上。和谐的团队通常为自己制定很高的标准，因为他们了解自己的能力，并且相信每个人都能够履行自己的职责。团队成员以自己是团队的一员而自豪，也以自己能为团队的成功作出贡献而感到骄傲。

八、具有规范与创新的管理制度

成功的企业背后一定有规范性与创新性的企业管理制度，规范与创新的企业管理制度要依靠高绩效的团队去规范性地实施。可以说，"制度"和"文化"就好像是企业的两只手，在一段时期内削弱任何一只都不行。同样，对团队而言，制度和文化也同样重要，它左右着一个团队的命运和成败。作为领导，首先要明白，团队是人的组合，每个人都有自己的思想和行为。"无规矩不成方圆"，所以纪律的约束不能缺少。如果一个团队没有纪律，就不能称为团队。

因此，领导必须将纪律作为团队文化的核心，这样才能步调一致，无往不利。对一个团队而言，"制度"是"实"的，"文化"是"虚"的，但这种"虚"的文化会促进"实"的制度落实得更实在。制度文化离开具体的制度文本就会成为无源之水、无本之木，制度文本离开文化的导向便会沦落为单纯的、生硬的条文。所以，领导在进行团队管理时必须做到一手抓制度，一手抓文化。

1. 制度管理：管理团队更高效

对一个团队而言，一套刚性的制度，是在员工的认可下，使领导者的意愿得以彻底贯彻执行，使管理中那些人与人之间的矛盾转化为人与制度之间的矛盾，从而能够更好地约束、管理和规范员工的工作行为，使他们能够更好地工作与融入这个团队。但是制度管理是一个长期的过程，在组建团队的初期，也许会遇到一系列更棘手的问题。但只要有决心，就会有一定的成效，可以试试下面两个方法。

（1）用故事阐述团队制度。

人总是不乐意听长篇大论的教训，相反，对故事却充满兴趣。作为领导，不妨用讲故事的方式向团队成员传达意旨，并强调当中的寓意，以便让员工明白自己该做什么，该如何做。这比指着制度对他说"你去做这做那"要好得多。对领导而言，说故事是一个更简单、更有效的管理方法。有时候，它起到的作用远远超过那些所谓的"硬性制度"，更能改变领导的管理作风。

（2）关注制度管理的细节。

作为领导，明白制度管理的重要性固然重要，但必须掌握一些细节，如让每位成员知道每次任务的目的、目标以及对他们的期望；给自己的团队一个特殊的命名，如"捍卫小组""东方不败"等，以提升士气；根据制度需要，选择适当的成员做适当的事。让每位成员都知道制度管理对他所扮演角色的期待，知道其他组员对他的期待，能够激发他潜在的上进心和责任感；在团队内确立一名比较合适的"领头羊"辅助自己工作，能使团队制度更易实现。

2. 文化管理：凝聚人心

是不是有了刚性的制度，就能说明一个企业的管理机制已经完善、成功了呢？其实不然，这里有个文化的问题。要知道，企业管理的主要对象是有感情、有思想、有理念的人。只有他们的心"凝聚"了，才称得上是文化管理。

美国通用电气集团前董事长兼 CEO 杰克·韦尔奇说："如果你想让列车时速再快 10 公里，只需要加一加马力；若想使车速增加一倍，你就必须要更换铁轨了。资产重组可以一时提高公司的生产力，但若没有文化上的改变，就无法维持高生产力的发展。"这句话说出了文化管理的重要性。仔细观察，不难发现，所有杰出团队的一个共同特点，就是每一个团队都有一个强有力的团队文化。西方学者曾有个说法："制度管理像一座漂浮在大海里的冰山，露出水面的部分占1/3，大体相当于规范、标准的有形管理；隐在水中的部分占2/3，大体相当于组织成员对制度的接受度、认同感、认知率等无形管理。"这个比喻揭示了制度是有形的管理部分，而文化则是无形的管理部分。

企业文化是内聚人心、外树形象和指导企业经营的灵魂和法宝，是企业发展的灵魂。作为领导，既要维护企业形象，又要着手进行团队的文化管理。具体有以下两个方法：

（1）确立共同的价值观。

"三流企业卖产品，二流企业卖品牌，一流企业卖文化。"如今社会已经进入文化制胜的时代，领导如何用团队文化打造和提升团队核心竞争力已成为团队的最佳选择。其实，构成团队文化的核心在于共同的价值观。所谓共同的价值观，是指团队全体成员做人、做事的基本态度，是团队成员关于目标或信仰的共同观念和看法。事实上，一个团队在其成长历程中只有形成所有成员共同认可的价值观、共同遵守的行为准则，才能缔造完美的团队。因此，团队要全面建立自己的文化，首先要确立共同的价值观。

（2）和谐成就高效。

音乐和谐了，才能悦耳动听；美术和谐了，才能赏心悦目。同样，一个团队，团队文化和谐了，就能成就高效。作为领导，通过对团队向心力、沟通力和执行力进行管理，营造深层次的和谐文化，才能造就充满活力、安定有序、全面的、可持续发展的高效团队。

可以说，对一个团队而言，制度管理和文化管理是辩证统一的关系：管理促进文化，反过来文化又影响着制度的制定和实施。制定制度的目的是使团队成员具有主人翁精神，如果人人都具备兢兢业业的主人翁精神，那些所谓"硬性制度"的管理也就没有必要了。

九、实训技能与拓展

李芮是一家杂志社的编辑部主任，也是这个行业内有名的资深编辑。李芮在平时的工作中，一件重要的事情就是分配所有编辑负责编辑的杂志版面。每个编辑的来公司的时间、工作能力、工资待遇都是有所不同的，根据这些因素进行分配就行了。但是，当需要编写一些专业类版面的时候，两位资深编辑并不擅长这些专业版块的内容，就需要分配给其他擅长的人员来编写，这样就影响了这些资深编辑的写稿绩效，毕竟，绩效是按写稿的字数而给的。所以，李芮有的时候很是头疼，要想稿子质量好，就必须按照编辑是否擅长来分，但是这样一来，就损害了这两位资深编辑的利益。

因此，为了更好地做好这些专业类版面的利益协调分配，李芮把这两个资深编辑叫到办公室，先让他们看了看两份杂志销量以及当月的工资情况，一份是由他们两个撰写的杂志，当月的销量并不是很好，自然整个杂志社人员的工资也就随之减少了；还有一份杂志的负责人并非资深编辑，而是几位在某些方面比较专业的编辑，当月后者销量相比前者高出很多，而且大家的整体工资也比上一次有所提高。等他们看完以后，李芮对他们说道："你们的工资虽然和你们的工作量有很大的关系，但更多的是要和整本杂志的销量有着密切的关系。当然，你们的能力我是一直认可的，不然也不可能整个编辑部只有你们两个是资深编辑。只是术业有专攻，这类专业性的杂志还是让那几个编辑来撰写比较合适。你们认为呢？"

两个资深编辑看到那份杂志销量的报告，也恍然大悟，整个编辑部的利益才是自己利益的保障。在之后的工作中，他们便能以杂志社的整体利益为出发点，更好地完成工作，李芮也能够做好工作的协调分配了。

（资料来源：陈志云. 重新定义团队：好团队是怎样带出来的. 北京：北京工业大学出版社，2017.）

实训技能讨论题：

1. 阅读完案例材料后，你得到什么启发？
2. 针对团队重塑的要素，谈谈你的看法？

任务三　团队重塑的实现路径

●实践情景

这是一个颠覆无序、创新无限的时代。任何一个行业或职位都很难常青，都可能被替代。以人工智能、大数据、云计算、区块链等为代表的新一代数字化技术正颠覆着人类的生产和生活方式，正在重塑一切。人力资源作为企业管理的重要组成部分，也在经历着数字化带来的深刻变革。人力资源如何利用新技术进行数字化转型，来实现团队的智慧协同与管理重塑？

（1）京东方是谁。

作为国内半导体显示行业的领头羊，京东方科技集团股份有限公司（BOE）创立于1993年4月，专注为信息交互、人类健康提供智慧端口产品和专业服务，并提供覆盖全球主要地区的物联网体系方案。

2018年，京东方申请专利量为9 000余项，其中发明专利超90%，累计专利超7万多件。京东方在美国的专利授权量为第17位，全球国际专利申请排名第七。自主研发的路上，京东方一直在努力。截至2018年第三季度，京东方智能手机液晶显示屏、平板电脑显示屏、笔记本电脑显示屏、显示器显示屏、电视显示屏出货量均位列全球第一。京东方还拥有北京、合肥等多个制造基地，子公司遍布美国、德国、英国等19个国家和地区，服务体系覆盖欧、美、亚、非等全球主要地区。

为适应规模扩大以及优秀人才的争夺与管理，2016年，京东方引入盖雅考勤管理系统，展开人力资源数字化管理。

（2）需求梳理。

基于对自身经营的深刻解读和了解，京东方评估考勤管理系统的标准十分明确：

其一，功能实现产品化，可直接投入运营，满足大型制造业集团化企业考勤假期管理功能；

其二，拥有强有力的研发团队，并通过持续增高的研发投入确保快速满足京东方后续的业务变化；

其三，持续专注于考勤管理领域，为企业后期考勤管理提供有效帮助。

也正是基于这几点，盖雅在众多招标方案中脱颖而出，不仅协助京东方建立数字化的全新考勤管理系统，更提供了令人满意的对策与后续升级方案。

通过与盖雅工场合作，京东方实现了先从考勤管理的信息化项目入手，通过搭建集团层面统一又能体现各工厂特色的规范化的考勤和劳动力平台，实现企业60 000多名员工的劳动力业务的统一规范化管理，并逐步实现劳动力管理的数字化转型。

（3）优化措施。

京东方在共享人事交付维度，做了大量的工作。其于2016年将原来的eHR系统切换为PS系统，并于同年上线了薪酬福利、考勤系统这样的核心人事。2017年，京东方建立了区域共享中心运营，2017年12月则上线了HR专区。随着共享人事交付模块的持续不断的优化，京东方HR共享服务中心正式运营。2018年，京东方使用HRBI进行相关的数据指标分析。

基于Tableau产品，京东方汇总包括考勤、人员、组织、薪酬、绩效等各HR数据源，建立相应的数据分析模型，从而实现组织效能及人才驱动、保留、引进和发展等多维度的数据可视化分析。同时，将其中关键数据汇总展示成总经理看板，定期发送给一二级经营责任者，为其提供决策支持。

其中考勤数据涉及的主要指标如下：实际出勤天数、理论出勤工时、实际出勤工时、加班工时、理论出勤人数，实际出勤人数、请假人数、异常人数、出勤率、周额外加班数等。为了对京东方员工布局进行更为精准的计算分析，提高组织绩效，盖雅工场采取了一系列立竿见影的优化措施。

首先，对企业考勤数据深度分析，通过建立合理的数据模型，将数据量庞杂的各类考勤数据汇总整合；其次，将实际出勤天数、理论出勤工时等主要指标，套入模型进行计算分析，并以清晰直观的可视化界面展示分析结果。

基于此，京东方可以通过对上下班时间的排布，从组织维度进行横向对比，分析考勤情况以及组织编制的合理性；同时，将加班工时与产能产量相结合进行数据比较，通过分析而检讨该组织的排班的合理性，优化生产效率。目前，京东方还将考勤数据向BI系统汇总，在此基础上进行弹性工时分析，将弹性工作制引入IT组织，推动组织转型。

（4）转型成果。

上线盖雅考勤系统后，京东方集团的劳动力管理状况持续优化，统一规范的劳动力管理平台为企业效能提升带来了明显的帮助：

管理层面：通过线上智能考勤系统，管理者可以直观地了解到本部门的考勤情况，有助于及时决策；

HR 层面：HR 得以摆脱繁重的运营事务性工作，提高运营效率，比如系统上线后，每月考勤结账的时间从原来的 10 个工作日缩短到了现在的 1 个工作日；

员工层面：考勤管理的线上化，更有趣、即时地让员工感受到了管理的公平性和便捷性，提高了员工的参与度，帮助员工实现自主管理，其满意度与敬业度也大大提高。

对京东方而言，数字化运营以其更为科学、合理、直观的模式，让其劳动力管理不再受到人数、地域，以及文化差异的限制，确保各项管理动作能够精准落地。

（资料来源：盖雅工场．京东方：用数字化转型精准定位劳动力管理．http：//www.infoobs.com/article/36592/an－li－jing－dong－fang－yong－shu－zi－hua－zhuan－xing－jing－zhun－ding－wei－lao－dong－li－guan－li.html，有修改．）

【思考与启示】

从案例中看出，除了团队任务分工协作外，团队重塑的路径是什么？

进入 21 世纪，企业外部环境的不确定性大大增加，当组织面临内忧外患之际，团队重塑工作必须提上议事日程，组织领导可以从以下几个方面开展团队重塑工作。

一、重塑组织结构

企业的新型组织结构极少强调等级式的汇报关系，而更加注重横向或平行关系。新型组织结构的核心是领导艺术，而非等级式管理。领导艺术要求高层经理创建关键系统、制定战略方向、制定企业组织的发展日程、把握经营环境中影响战略的条件。组织结构重塑的方式有以下三种：

1. 改良式

这种变革方式主要是在原有的组织结构基础上修修补补，变动较小。它的优点是阻力较小，易于实施，缺点是缺乏总体规划，"头痛医头，脚痛医脚"，带有权宜之计的性质。

2. 爆破式

这种变革方式往往涉及公司组织结构重大的，以致根本性质的改变，且变革期限较短。一般来说，爆破式的变革适用于比较极端的情况，除非是非常时期，如公司经营状况严重恶化，一定要慎用这种变革方式，因为爆破式的变革会给公司带来非常大的冲击。

3. 计划式

这种变革方式是通过对企业组织结构的系统研究，制订出理想的改革方案，然后结合各个时期的工作重点，有步骤、有计划地加以实施。这种方式的优点是：有战略规划、适合公司组织长期发展的要求；组织结构的变革可以同人员培训，管理方法的改进同步进行；员工有较长时间的思想准备，阻力较小。为了有计划地进行组织变革，应该做到：专家诊断，制定长期规划，员工参加。

二、重塑团队领导力

无论是采用自身努力，还是组织培养的方式，团队领导力重塑模型可以归纳为"五领导力"模型，即决策力、执行力、凝聚力、沟通力、学习力。"五领导力"模型中尤以锻造团队领导的情商沟通力和持续的学习力为重中之重，分别阐述如下。

1. 高瞻远瞩，锻造决策力

松下幸之助曾说："在事业经营上，决策是很重要的一件事。要做一件事，首先要决策，然后才去推行。更何况在一个组织中，一个团队里，大家都是根据负责人所做的决策去推行，因此，决策就成为一项重要事情的关键。"

团队领导是掌控组织这艘大船前进的舵手，如何掌握好组织大船前进的方向和速度是组织领导的重要职责，锻造团队领导之高瞻远瞩的决策力是提升其掌舵能力的关键。团队领导在职场中务必自觉锻炼在纷繁复杂环境下的决策力，其高瞻远瞩的决策力锻造方法有：采用"三个臭皮匠顶个诸葛亮"的民主决策法；采用"不怕不识货，就怕货比货"的比较决策法；采用"仁者见仁，智者见智，去粗取精，去伪存真"的筛选决策法；采用"边试验边决策、摸着石头过河"的试点决策法；采用"如离弦之箭，快刀斩乱麻"的应变决策法。

2. 构筑团队，强化执行力

《周易》中写道："二人同心，其利断金。"毛泽东说过："团结一致，同心同德，任何强大的敌人，任何困难的环境，都会向我们投降。"组织目标一旦确定，就成为团队成员矢志不渝为之努力的方向。团队领导在职场中，务必时刻铭记"团队制胜"的管理精髓，唯有构筑强大的工作团队，其执行力才可以得到充分的保障。

团队领导在职场中务必要构筑具有强大执行力的工作团队；务必学会现代企业人力资源管理中的"选人、用人、育人、留人"的八字方针；务必深刻领会中国传统管理文化之"用人之所长、避人之所短、内举不避亲、外举不避仇"的精神实质；务必学会团队构建之"因才器用、用人所长；量才而用、人尽其能；因事择人、人岗和谐；容才纳贤、高风亮节；用人不疑、疑人不用；德才兼备、保质保量"的用人原则。

3. 榜样示范，增强凝聚力

"其身正，不令而行；其身不正，虽令不从。"身体力行，别人就会听从；只说不做，别人就会不听。"教者，效也，上为之，下效之。"团队领导示范带头，以身作则是一种榜样的力量，是最好的执行力，是最好的助推器，是凝聚并指引团队成员前进的方向。

团队领导在职场中切勿频繁使用刚性命令来管理团队成员，因为表面的服从并不意味着心里服从，领导者要想提高自己的凝聚力，一定要让团队成员从内心佩服你，唯有这样才能够发挥正面的积极效应。领导就是凝聚力的极致发挥，从而促使他人合作和达成目标的一种过程。从领导效能的观点来看，"凝聚力远胜过权力"；从领导的特征来看，"与其做一位实权在手的领导者，不如做一位浑身散发无比凝聚力的领导者"。团队领导可以通过"注重个人的凝聚力、激发他人的追随动机、让每个人融入团队"的三大策略及"深厚涵养、以诚取信、行得正、立得直、情绪管控、以身作则"的六大方法来增强团队凝聚力。团队领导在职场历练中要用无声的语言来说服下属，才能形成亲和力，才能表现出高度的凝聚力。

4. 情商修炼，培育沟通力

"情商之父"美国哈佛大学博士丹尼尔·戈尔曼在《情商》一书中写道："情商就是管理情绪的能力。智商高、情商也高的人，春风得意；智商不高、情商高的人，贵人相助；智商高、情商不高的人，怀才不遇；智商不高、情商也不高的人，一事无成。"团队领导在职场中，需要逐步训练自己的人际情商，提升自己的人际沟通能力。

团队领导在职场中要深刻领悟一条人生成功等式，即"人生成功 = 20% IQ + 80% EQ"，这就要求团队领导不仅需要较高的智商，还需要较高的情商，着重修炼情商的"十六字真言——自我认知、社会认知、控制自己、处理关系"。

"自我认知"要求团队领导客观评价和深度剖析自己的优点和缺点，切勿把自己视为"完人"或"圣人"，切勿做"自命清高"或"非我莫属"之事，切勿有"离了我地球都不转"之傲慢，而应以谦虚的语言、"三人为师"的心态和低调的姿态来向他人学习，全面提升自己适应他人和社会的能力。

"社会认知"要求团队领导具有使命感和紧迫感，充分把握时代的脉搏，紧随时代的步伐。团队领导要以"适者生存"的生物进化论原理来充分发挥自身在工作中的积极性、主动性和参与性；要以"同舟共济扬帆起，乘风破浪万里航"的工作态度来融入组织和激活团队；要以"世界唯一的不变是改变，世界唯一的改变是改变自己"为座右铭来促进自身的与时俱进。

"控制自己"要求团队领导控制好自己的情绪，发飙、生气、急躁及暴跳如雷等均是团队领导职场挫折的情绪归因，良好的情绪管控能力是团队领导职场稳健的关键因素之一。团队领导要修炼自身强大的"内控机制"，以和蔼可亲的笑容、乐观自信的态度来面对组织发展过程中的各种困境和瓶颈，切勿让团队成员产生"大难来时各自飞"的感觉，团队领导唯有控制好自我的冲动和管理好自我的情绪，方可凝聚团队力量，积累强大的人脉，为组织发展和个人晋升奠定坚实基础。

"处理关系"要求团队领导通过对各类社会关系的处理来营造自身的人脉关系。人脉积累的关键不在乎你认识多少人，而在于你能吸引多少人，吸引对方的关键在于你能够为对方提供多少让对方满意的价值，比如：社会价值、商业价值、信用价值、情感价值、学术价值、娱乐价值及其人脉延伸价值等。团队领导处理人脉关系的重点在于处理好团队内部员工关系和团队外部客户关系；要领悟人际沟通中人性的三大弱点，即为"人人都想有话语权，人人都喜欢获表扬，人人都愿有双重面具"；要采用"一听二问三说"的人际沟通方式来全面锻造自身的人际沟通能力和经营自身的人际人脉关系。

5. 内外兼修，提升学习力

众所周知，打造学习型组织是培育组织核心竞争力的关键，培育学习型领导是打造学习型组织的重中之重。主管做得好，并不意味着部门经理就做得好；部门经理做得好，并不意味着职能副总就做得好；职能副总做得好，并不意味着组织总裁就做得更好。因此团队领导在职场中务必率先垂范、快速成长，唯有通过持续、不间断的自我学习方可提升自身的领导能力，整个组织才有一个本质的飞跃。团队领导可以通过体验式学习、强化式学习和裂变式学习来锻造自己的学习力。

"亲身历练，体验式学习"要求团队领导要领悟战争中将军的成长之路。商场如战场，在商场拼杀的职场领导犹如带兵打仗的将军，但凡具有卓越指挥能力的将军，必定从最初的班长、排长和连长做起，亲身历练下的体验式学习能够促进团队领导的快速成长。俗话说："读万卷书不如行万里路，行万里路不如阅人无数，阅人无数不如名师指路，名师指路不如自己去悟。"在体验中学习，在学习中提升感悟，相互促进，良性循环，必成大器。

"积极训练，强化式学习"要求团队领导借助情景模拟或沙盘演练，实施自我学习的积极强化。美国哈佛商学院的MBA案例教学读本就是以全球各个国家或地区的真实企业个案作为学员学习的经典教案，为学员在将来开展对应国家或地区的经营管理工作做了事前的强化训练。团队领导在职场中需要不断实践，尽最大可能减少组织的学习成本和试错成本。

"量变积累，裂变式学习"要求团队领导具有从"量变—质变—裂变"的持续性学习态度。普通的学习是一个从量的积累到质的飞跃之渐进过程。现代的学习已经并非传统的累加式学习，因为这种学习的效率较低，效果也难以保证。现代的学习要求学习者找到导火索，用以引燃积累知识的爆炸，达到豁然开朗、恍然大悟、茅塞顿开的感觉，在较短时间内让自己已有的知识体系和新的知识体系进行有效碰撞，创造新知识、新方法。裂变式学习要求在学习过程中不断寻找这种顿悟的感觉，这将促使团队领导尽快适应瞬息万变的内外经营环境。

综上所述，团队领导要正确区分领导权力与领导能力，在团队工作中着重培养自己热情、热心、诚信、正直、积极、无私、担当和坦荡的领导品质，与此同时，借力"五领导力"模型来锻造自己的决策力、执行力、凝聚力、沟通力和学习力，特别需要历练自己的人际情商沟通力和持续的学习力。"五领导力"模型是卓越领导力的五大支柱，它将领导活动变得生机勃勃、鲜活如新，将领导品质变得有一种吸引人的魔力。正如被尊称为"世界第一CEO"的美国通用集团前董事长兼CEO杰克·韦尔奇所说，"当你成为领导者之前，成功只同自己的成长有关；而当你成为领导者以后，成功都和别人的成长有关"。

三、重塑企业人力资源

随着信息技术在人力资源工作领域的广泛应用，越来越多企业的人力资源部门对行政事务性的人事管理工作逐渐标准化、自动化或外包化，人力资源管理者的职责逐渐转为从事战略性人力资源管理工作。因此，人力资源管理部门已逐渐由原来的功能性部门转而成为企业经营业务部门的战略伙伴，为业务部门提供增值服务。人力资源职能部门的权力淡化，各级经理人员的人力资源管理责任增加，员工自主管理的意识逐渐强化。上述转变要求人力资源管理人员扮演多种角色，具备多种技能。人力资源管理职能可界定为四个基本角色：战略伙伴、管理专家、变革推动者和员工激励者。

1. 以企业发展战略为导向，再造人力资源管理模式

人力资源战略的制定，应以企业总体的发展战略为指导，以远景规划所规定的目标为方向。实施战略性的人力资源管理，通过系统管理使整个企业及其各项活动成为一个大的人力资源系统。加强人力资源专业人员与业务管理人员的协调配合，建立伙伴关系；让人力资源管理工作成为各级管理人员的共同职责，让每位管理人员都成为人力资源管理的专家，从而使企业人力资源工作达到整体最优的状态。

2. 建立严格的人力资源会计制度

实行严格的人力资源成本核算，进行科学的人力资本经济效果分析，克服人力无成本的观念。在现代企业竞争中，人力资本在企业中的地位已经从自然性资源层面上升到资本性资源层面。对人力资源进行经济计量和货币反映已成为世界先进企业的普遍做法，即建立企业的"人力资产"账户，将企业人员选录、培训、教育、重置发生的一切费用均纳入人力资源成本核算，并以其为依据对企业作出正确、经济的人力资源预测和决策。这些做法对企业在人才竞争和企业之间的竞争中取胜具有重要作用。

3. 关注员工成长的职业生涯管理

职业生涯管理是指组织为其员工实现职业目标所进行的一系列计划、组织、领导和控制等管理活动。现代企业组织结构趋于扁平化、网络化，传统的职位晋升的机会愈来愈少，企业可以采用多样化的职业发展模式取代传统的职业发展模式，为员工提供职业生涯发展规划、创造不同的职业发展阶梯。在组织内部为员工提供岗位和重新选择的机会；同时把员工的个人需要与组织的需要统一起来，营造企业与员工共同成长的组织氛围，做到人尽其才，最大限度地调动员工的积极性，让员工对未来充满信心和希望，觉得在组织中大有可为，前程似锦，从而极大地提高其组织归属感。

4. 员工培训规范化

培训的目的主要是使员工从适应企业当前工作需要转为对"企业人"的塑造。员工培训既要考虑企业生产经营的需要，又要考虑员工个人发展的需要，要与员工的个人职业生涯规划结合起来，促使企业经营与员工个人成长协调发展。要让企业成为学习性组织。

（1）培训需求。培训需求信息有两种来源：内部来源包括战略层、组织层和个人层；外部来源包括国家关于培训的方针和政策、行业信息、社会发展、科技进步、供应商、中间商和顾客等。培训需求信息可以用信息收集表来加强其规范性。此时要注意信息的来源是否完善、可靠，再加以确认。

（2）培训计划与培训支持计划。培训计划包括长中短期培训计划、学历与学位培训计划、非学历学位培训计划和项目培训计划等。培训支持计划则包括培训师资计划、培训人员计划、培训财力支持计划、培训教学设施计划、培训成本分析等，即有关培训的人、财、物的安排。在此阶段要注意监控计划的完整性、满足需求性、可操作性和经济性。

（3）实施培训。这是培训的主体阶段。首先要进行动员，在了解员工的特殊需求后，介绍培训相关的情况，综合不同意见，消除负面因素，端正培训纪律。培训时可采用现场演示法（课堂教授）、传递法（在岗培训、角色扮演等方法）、团队建设法或外委培训法（攻读学位、项目培训）。本阶段监控重点要放在教学实施过程、教学效果——现状与目标的差距上。

（4）培训效果评估。在综合评估培训的直接成本、间接成本后，测评培训所带来的直接效益和间接效益。直接效益体现在生产规模扩大、销售增长、盈利率提高、废次品率及返修率降低、耗材率降低、生产效率提高等方面。间接效率则表现在出勤率高、人员流动率低（即重置成本降低）、不满意度和抱怨率低、情绪饱满引起效率提高。

5. 建立动态目标管理的绩效评估体系

绩效评估是实现人力资源控制与调整功能的主要手段，其评估的侧重点应为与动态目标管理相结合的评估体系，将企业的经营目标和战略目标同员工的个人目标完美地统一起来。企业需注意的问题有：

（1）克服绩效评估中的主客体对抗心态，尊重员工的价值创造，消除对绩效评估的错误及模糊认识。同时把绩效评估过程看成是传递企业目标和价值的过程。

（2）新型的绩效考核主要采用目标管理的方法，为每个员工确定明确的工作目标，增加上下级间的沟通，从而实现员工的自我控制，在企业中形成人力资源的优胜劣汰的竞争环境。

（3）让绩效评估正确反映企业的价值创造体系和价值分配体系。企业的价值创造体系就是要关注那些能够为企业创造出巨大价值的人。价值分配体系不仅包括各种物质分配，也包括对挑战性的工作岗位的分配、职位的晋升等。

（4）充分考虑到绩效评估多因性、多维性、动态性的特点，全面分析问题。

（5）主管人员在绩效评估过程中要克服主观偏差。主观偏差严重影响绩效评估的有效性，它的表现形式多种多样，主要有首因效应、近因效应、趋中效应、晕轮效应、暗示效应、感情效应等，如果不能克服这些社会知觉偏差，就不能科学客观公正地评价企业每个员工。

6. 建立新型激励机制

激励是对人的行为动机的激发，通过特定的方式调动人的工作积极性和创造性，激励是一种重要的人力资源管理职能。新型的激励机制应更加完善、全面，主要是针对群体进行的，强调通过激励形成一种积极向上的团队精神。其工作主要包括以下内容：

（1）目标激励。通过给各级员工制定各个时期的工作目标，从而构成企业的总体目标，再以企业发展的蓝图激励每一位员工，使员工产生强烈的成就感。

（2）管理激励。让企业员工通过民主管理参与企业的重大决策，激发员工的责任感。

（3）人群关系激励。通过建立协调的人际关系，增强员工的归属感。

（4）竞争激励。合理运用企业内、外部的竞争，使员工时刻保持危机感，从而激发其潜力。

（5）产权激励。企业将完善产权制度，逐渐建立一种把员工同企业发展前景紧密联系在一起的共担风险、共享收益的新型分配机制。其中，最有效的是风险交易型员工持股制。它是人力资本和物质资本之间的交易行为，既具有投票权和参与企业经营管理的权利，又具有承担风险的性质，符合收益和风险对称的原则。

四、重塑企业文化

企业必须结合所处的环境进行企业文化重塑，没有一套标准的企业文化可以移植到任何一家企业。影响企业文化的环境是包含诸多因素的动态环境。任何企业在产生、发展过程中必然有其独特的民族文化背景、宏观经济体制背景、行业特点、行业的历史和发展状况。真正的企业文化，是通过管理者和员工相互间以及与外界的交往，包括对用户的一举一动体现出来的，是整个企业的行为导向，应与企业其他管理系统协调一致，使员工、企业、社会成为和谐的整体。

1. 以企业精神为核心，分层整合

以企业精神为核心，分层整合，这是系统重塑企业文化的重要环节。它围绕企业精神的培育和塑造，在物质、制度和精神三个层面同时展开和完成。

（1）企业精神的提出和确认。企业要提出具有一定感召力和鲜明个性的企业精神。

（2）倡导和培育企业精神。在物质文化整合层面上，统一企业环境文化，如厂服、厂歌、厂旗和厂徽等。利用广播、报纸和画廊等宣传形式大力宣传企业精神，使广大员工对企业精神的内容有深刻的了解，强化企业精神，促进认同感。在制度化整合层面上，主要是制定和推行企业制度、行为准则以及企业生产经营管理制度。要用法律和厂规等规范约束员工，做到企业和员工自觉地按照规章制度来运行。在精神文化整合层面上，主要是企业精神和价值观的培育，使企业精神从自发状态逐渐演变为员工的自觉行为，使员工的行为实现由"要我做"转变为"我要做"，使企业精神成为企业发展的王牌动力。

（3）发展深化企业精神。这是在前一基础之上向更深的层次发展。这一阶段重在培养，使企业精神发生潜移默化的影响。具体措施就是要将企业精神人格化，使广大员工成为具有企业精神的企业人。要注意企业领导层的示范作用。

2. 追求和强化企业个性

企业要在市场激荡中生存发展，必须有自己的个性，以区别于其他的企业。企业文化特别是企业精神就要反映这种个性化特征。为此，必须对企业有深刻的认识，有科学的概括和提炼，有简洁准确的表达，有高效成功的推行。

（1）个性化企业精神的塑造。主要任务是再造企业的个性和认识企业面临的内外环境特征；弄清要使企业充满活力，形成强大凝聚力，需要一个什么样的企业精神。在现代企业的再造中，可以将市场机制引入企业内部，企业一切生产经营活动都与市场挂上钩，模拟市场核算，实行成本否决。

（2）由再造小组推行企业精神。可以通过示范、激励教育、培训等多种形式，让员工认识到企业的发展与员工个人生存发展之间的关系，增强员工自我规范意识，使员工个人价值观与企业价值观趋于一致。如海尔的"模拟市场管理"。

（3）采取措施强化形成的企业精神，使之真正成为全体员工个人精神生活的一部分，以稳定地保持再造企业的个性。这需要通过规章制度来保持企业个性，在制度上始终把握一个"严"字，不迁就、不照顾、不讲客观。

3. 与企业形象系统（Corporation Identity System，CIS）相结合，实施一体化战略

CIS 系统与企业文化在内容结构上具有相通性，它必将为企业文化再造开辟一条新的道路。CIS 系统的理念识别属于企业精神文化的范畴，它的行为识别则为企业制度文化层面所包容，而它的视觉识别内容又与企业物质文化层面相通。由于二者在内容结构上的相通性，又使得它们在具体运作上必然产生相辅相成、相得益彰的功效。CIS 系统是一种文化制胜的战略，它必然求助于企业文化重塑的开展，才能获得原动力。另一方面，它既然是一种企业经营战略，又必然从经营文化的侧面推动企业文化建设的整体发展。

4. 以人为本，以德治企

这是指在再造的过程中，坚持"以人为本"的指导思想，把员工的利益作为出发点和落脚点，兼顾公司各层员工的利益。一种新的企业文化是否真正适合再造后的企业，除了看其能否使企业走出困境，获得新的发展空间，更重要的一点便是企业员工是否认同和支持它。

同时，坚持"以德治企"的原则，在明确长远目标的基础上，将中国传统文化和西方文化的精华与现代先进的管理理念创造性地相结合，并通过各种有效的途径在企业中进行倡导和

宣扬，使之成为企业文化最基础、最广泛的部分。把员工的思想、感情、理念的整合作为一项重要的内容和目标。

5. 虚实结合

企业文化是企业管理的基础，而要让一种新的企业文化扎根下来，还要靠机制的创新，做到虚实结合，共同发展。这些机制包括：

首先，建立起灵活、有效的绩效工资制度，有效地激发员工的工作热情，提高他们的工作质量和效率，为企业扭亏为盈创造条件；

其次，制定一整套严格的员工上岗竞争、晋职、晋级和奖励制度。员工有了危机感，才能自觉学习业务知识。

最后，按照现代人力资源管理要求，建立起责权明晰、考核严密、奖罚分明的人事劳动制度，真正实现优胜劣汰。

这些机制为企业文化整合提供了刚性的约束力，实现了规范化运作。通过制度的改革与约束机制的建立，员工将呈现新的工作积极性、创造性。

五、实训技能与拓展

马克思与恩格斯的革命友谊

马克思和恩格斯的友谊是人类友谊的典范。从1842年马克思和恩格斯第一次会晤起，40年里，他们在领导国际共产主义运动的伟大斗争中，团结作战，患难与共，建立了真挚的友谊。由于革命斗争需要，他们曾身处两地近20年，但他们之间的关系不仅没有因此而疏远，反而联系得越来越密切。他们几乎每天都要通信，交谈各种政治事件和科学理论问题，共同指导着各国的无产阶级革命运动。马克思不仅十分钦佩恩格斯的渊博学识和高尚人格，而且对恩格斯的身体也很关心。

有一个时期，恩格斯生病，马克思时时挂在心上，他在给恩格斯的信中说："我关切你的身体健康，如同自己患病一样，也许还要厉害些。"恩格斯为了"保存最优秀的思想家"，在经济上资助贫困的马克思，使其能专心致力于革命理论的研究，他违背自己本来的意愿，到父亲经营的公司中去从事那"鬼商业"的工作。

当《资本论》第一卷付印的时候，马克思给恩格斯写信说："其所以能够如此，我只有感谢你！没有你为我的牺牲，我是绝不可能完成三卷书的巨大工作的。我满怀感激的心情拥抱你。"恩格斯尽管作出了巨大牺牲，但他始终认为，能够同马克思并肩战斗40年，是一生中最大的幸福。

马克思与恩格斯之间的这种崇高的革命友谊，正如列宁所赞扬的，它"超过了古人关于友谊的一切最动人的传说"。

（资料来源：故事大全，https：//www.gushidaquan.com.cn/mingren/9754.html.）

实训技能讨论题：

1. 你阅读完案例材料后，有什么启发？

2. 针对团队重塑的路径，谈谈你的看法？

●项目小结

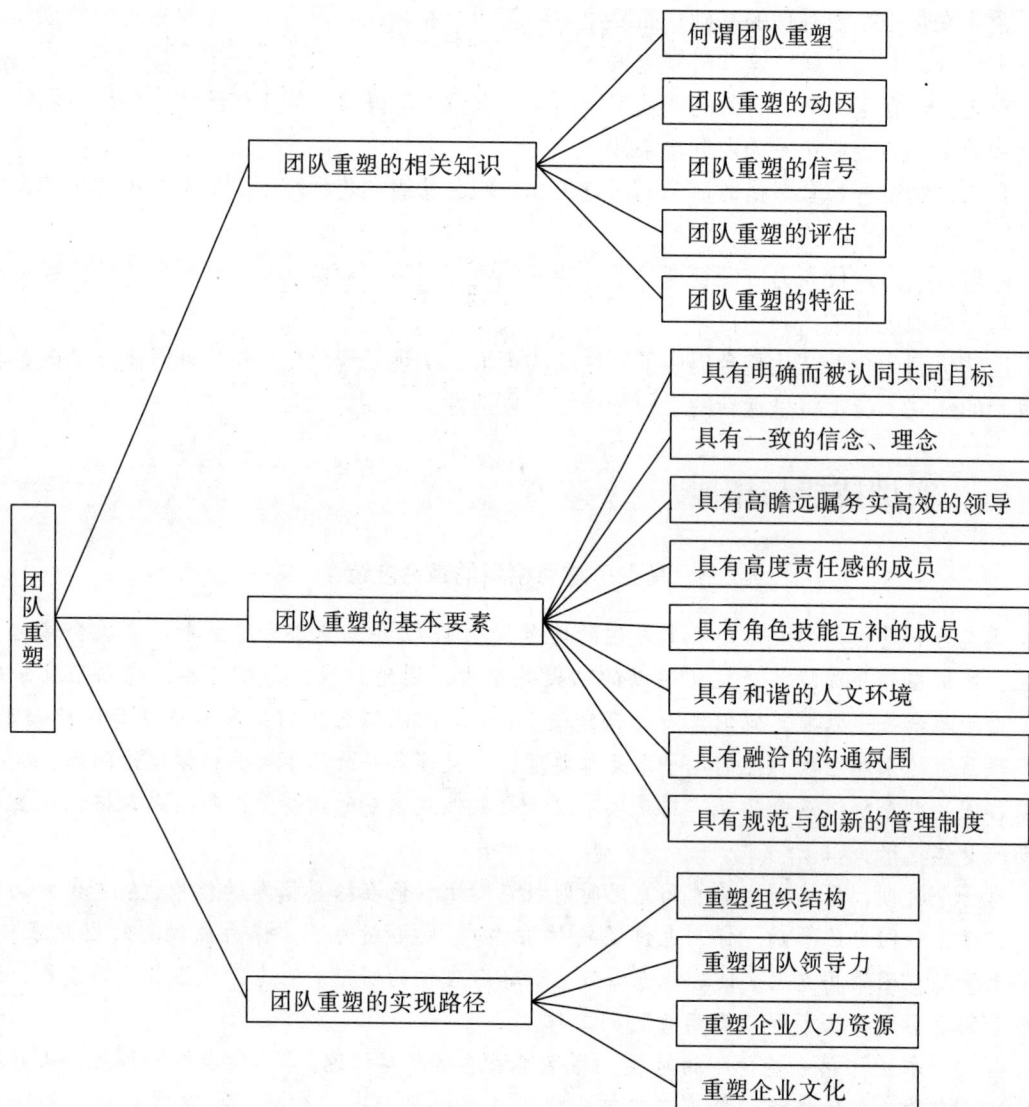

●复习思考题

1. 团队重塑的相关知识有哪些?
2. 团队重塑的基本要素有哪些?
3. 团队重塑的实现路径有哪些?

●延伸阅读

六招改进不团结的团队

当工作团队出现了不团结、不干事、牢骚多的情况，作为主管应该怎么做呢？

第一，作为主管要主动承担由此带来的所有责任，并接受领导处理（一定要做）；

第二，明确职责，编制部门岗位分布及岗位职责；

第三，设定目标，重新设定本部门的工作目标，并编制详细的实施计划（最好让全体队员参与编写）；

第四，流程细化，队员之间相关联的工作必须有明确的工作流程；

第五，建立考核体系，重点放在激励上，以调动队员的积极性；

第六，搭建沟通平台，采取会餐、郊游、文艺活动等多种方式创造队员之间相互沟通的机会，在娱乐中体会其他队员的工作困难和动力，促进相互理解和相互支持。

参考文献

1. 伊莱恩·比奇. 团队建设 49 件经典工具. 管新潮, 译. 上海: 上海科学技术出版社, 2006.

2. 斯蒂芬·P. 罗宾斯. 组织行为学. 孙健敏, 李原, 译. 北京: 中国人民大学出版社, 2005.

3. 胡丽芳, 张焕强. 团队管理实务. 深圳: 海天出版社, 2004.

4. 尚水利. 团队精神. 北京: 时事出版社, 2001.

5. 余世维. 完美沟通成就完美结果: 有效沟通. 北京: 机械工业出版社, 2006.

6. 姜旭平. 我的冲突处理课堂. 上海: 上海交通大学出版社, 2006.

7. 杜映梅. 绩效管理. 北京: 对外经济贸易大学出版社, 2003.

8. 姜宝均. 实用组织行为学. 北京: 高等教育出版社, 2008.

9. 刘崇林. 人力资源管理基础. 北京: 电子工业出版社, 2006.

10. 张智慧. 团队精神Ⅱ: 打造黄金团队. 北京: 新华出版社, 2007.

11. 李慧波. 团队精神: 企业真正的核心竞争力. 北京: 新华出版社, 2004.

12. 付遥. 业绩腾飞. 北京: 北京大学出版社, 2005.

13. 李慧波. 团队执行打造企业卓越执行力. 北京: 中国城市出版社, 2007.

14. 江乐兴. 没有谁能独自成功: 赢自团队. 北京: 中国纺织出版社, 2006.

15. 郑日昌. 大学生心理诊断. 济南: 山东教育出版社, 1999.

16. 张志诚. 赢在团队: 如何打造高绩效团队. 北京: 世界知识出版社, 2007.

17. 陈春花, 等. 组织行为学: 互联网时代的视角. 北京: 机械工业出版社, 2016.

18. 后藤俊夫. 工匠精神: 日本家族企业的长寿基因. 王保林, 周晓娜, 译. 北京: 中国人民大学出版社, 2018.

19. 宋志平. 问道管理. 北京: 中国财富出版社, 2019.

20. 吴隽, 邓白君, 王丽娜. 从 0 到 1 一起学创业. 天津: 南开大学出版社, 2019.

21. 高慕. 这才叫创业合伙人: 从携程、如家到汉庭的启示. 广州: 广东经济出版社, 2017.

22. 武帅. 不懂合伙, 必定散伙. 北京: 中信出版集团, 2017.

23. 雷妮. 敏捷性理论视角下组织学习过程模型实证研究———以企业为例. 湘潭大学学

报，2015（1）.

24. 王昆. 团队学习法：解密中化、中粮、华润管理之道. 北京：机械工业出版社，2020.

25. 邱昭良. 复盘——把经验转化为能力：3版. 北京：机械工业出版社，2019.